サイバー犯罪対策

Cybercrime Strategy: present and future

中野目 善則　　四方　光 編著
Nakanome Yoshinori　　*Shikata Kou*

成文堂

は し が き

　日本の刑法犯認知件数は、本書執筆時点において年々減少しており、一般に我が国の治安情勢は安定しているように受け止められているが、他方、サイバー犯罪は、国の機関や大企業に対するサイバー攻撃、情報セキュリティが相対的に弱くならざるを得ない個人や中小企業を狙った財産犯、いまや個人の生活の場の一部となったSNS上での経済取引や人間関係をめぐるトラブルが嵩じた犯罪が多発するなど、悪化の一途をたどっている。

　また、サイバー犯罪は、インターネットやICT技術の進化とともに、月単位、日単位の急速な変化を継続しており、立法や政策は次々に生じる新たな事態に迅速に対処しなければならない。

　このような状況は、日本だけでなく世界各国において見られ、かつ、インターネット空間において敢行されるというサイバー犯罪自体がグローバルな性質を有しており、サイバー犯罪対策は世界的な視野をもって検討しなければならない。

　サイバー犯罪は、現実社会の課題としても法律学の学問的な課題としても、実に様々な問題を提起しており、実務上の新たな法的課題への対応、学問における既存理論の見直しを迫まっているのである。

　このような情勢の下、編者らは、サイバー犯罪の現実を踏まえた上で、法理論の基礎に立ち返った現実的なサイバー犯罪対策を考察する総合的な著作の必要性、それに基づいた法学教育の必要性を痛感してきた。

　そこで、本書の執筆者の皆さんに本書の刊行についてご協力を仰いだところ、快く賛同いただき、今日発刊に至った次第である。ここに、推薦のことばを頂戴した椎橋隆幸先生、河原淳平警察庁長官官房審議官、執筆者の皆さん、そして編集の労に当たっていただいた成文堂の田中伸治さんに心から感謝申し上げたい。

中野目　善則

四　方　　光

推薦のことば

中央大学名誉教授・弁護士 **椎橋　隆幸**

　近年、新聞やテレビ等においてサイバー犯罪に関する記事を頻繁に目にする。企業の情報がサイバー攻撃により盗まれたり、盗んだ情報と引き換えに恐喝されたり、また、通信、電力、鉄道など重要な社会のインフラが攻撃を受けるなどサイバー攻撃により財産や社会の安全に大きな被害を与えている。国の中枢機関へのサイバー攻撃は国の安全に脅威を及ぼすものである。そして、サイバー攻撃をしかけているのは犯罪集団のみならず国家が関与しているとも報道されている。通信技術の発達は社会に多大の便益を産出させたが、他方で、通信技術を悪用した組織的な犯罪集団が企業や国家に与える損害は甚大なものとなっており、また、武器を用いた戦争の前にはサイバー攻撃が必ずあるともいわれている。サイバー犯罪から個人、企業、国家を守ることが今日極めて重要であるが、サイバー犯罪の手口は日を追って巧妙さを増しているのが現実である。

　本書は、サイバー犯罪対策に精通した編者と中央大学関係の研究者及びサイバー犯罪捜査の専門家たる中央省庁関係者そして通信技術の最先端で活躍している法律家の共著であり、この研究者と実務家との組合せが良い相乗効果を生み出している。本書は、編者によれば、中央大学法学部の選択科目・国際情報学部の必修科目の教科書として、また、警察幹部向けのサイバー犯罪対策の入門書、そして、刑事法研究者に向けた概説的基本書として使うことを目的としている。この目的は、やや欲張っているように見えるが、読み進めていくと達成されていると思われる。サイバー犯罪関係の用語は難解なものが多い。しかし、各執筆者は難解な用語、例えば、サイバー犯罪の様々な手口、法律上の用語などを分かり易く、丁寧に解説している。

　本書は4部から構成され、第1部では、サイバー犯罪の現状と対策研究の意義が記述され、また、従来の犯罪学との比較でサイバー犯罪の特徴を適切

に位置づけている。第2部では、サイバー犯罪が実体法上どのように規制されているかが記述され、実体法上の規定の解釈の可能（妥当）性とその限界（課題）が示されている。サイバー犯罪に最も脆弱な対象といえる児童の保護の必要性にも言及されている。第3部では、サイバー犯罪捜査とその証拠化について憲法や刑事訴訟法との関係で注意すべき事柄が詳細に論じられている。証拠が国外に存在する場合の捜査方法として国際捜査共助にも言及されている。第4部では、サイバー犯罪対策として、わが国のサイバーセキュリティ基本法を中心としたサイバーセキュリティ対策の現状を詳述している。また、サイバー犯罪が国境を越えて実行されることが多く、一国だけの対策では不十分であることから、各国間の助力による国際的な取組みが必要とされる。そこで、サイバー犯罪対策として国際共助条約（MLAT）に基づく国際捜査共助やサイバー犯罪条約等による国際的取組みが記述される。その際、米国とドイツを中心とした諸外国のサイバー犯罪対策が参考になる例として紹介・解説されている。最後に、日本のサイバー犯罪対策の今後の課題が論じられている。

　本書は、前述の内容の概略の紹介からも分かるように、サイバー犯罪対策を考えるうえで必要な情報が全て盛り込まれており、教科書・入門書として使用するという編者の狙いは達成されている。読者は、情報通信技術の最先端を知り、その負の側面であるサイバー空間の脆弱性、そして、サイバー犯罪の悪質性・危険性に対する技術的・法的対応等が今日最重要課題であることを認識するであろう。しかし、本書の特徴はこれに止まるものではない。一例を挙げれば、越境捜査が許されるかはサイバー犯罪対策として極めて重要な論点であるが、憲法35条、刑事訟法218条以下の捜索・押収法の規定でどこまで、いかなる要件の下で許されるか、特定性の要件を満たすのか、また、国外に蔵置されている情報（被疑事実に関連する蓋然性があることが前提）を取得することは外国の主権を侵害し、違法となり許されないのか等々につき、複数の執筆者が各自の見解を開陳している。しかし、各執筆者のアプローチが異なっていることから重複しているとの感覚はなく、読み比べることにより、読者の理解が深まる効果がある。その他、証拠の同一性、関連性を損なわないような、適正かつ、細心な捜査と証拠化を実現するための捜査

実務の在り方の記述も有益である。研究者にも必読の書となるであろう。サイバー犯罪から個人の法益、社会・国家の安全を守ることは全ての人の関心事である。そのことを知る最適の書として本書を多くの方々にお薦めしたい。

令和3年2月

推薦のことば

警察庁長官官房サイバーセキュリティ・情報化審議官　　河原　淳平

　2020年、新型コロナウイルスの世界規模での感染拡大という緊急事態を経験し、我々の日常生活は大きく変わることとなった。テレワークやオンライン授業の本格実施、電子決済サービスの普及、行政手続のオンライン化など、これまで対面が前提であった社会経済活動の多くがサイバー空間を介した非接触環境においても可能になり、サイバー空間は、一部の専門的知見を有する人々のみならず、子どもから高齢者まで多くの国民が参加する、より公共性の高い場所へとなりつつある。

　その一方、スマートフォン決済サービスの本人確認の不備を突いた不正利用事犯や企業を狙う二重恐喝型ランサムウェアといった新たな手口のサイバー犯罪が相次いで発生し、外国政府の関与が疑われるサイバー攻撃も依然として後を絶たないなど、サイバー空間をめぐる脅威の情勢は一層深刻化しているのも事実である。

　国民生活や企業活動のサイバー空間への依存度が高まる中、サイバー空間の脅威から国民の安心・安全を守っていくためには、法執行機関によるサイバー犯罪の摘発に加え、情報通信を活用したシステムやサービスのセキュリティの確保、国民や組織のサイバーセキュリティに関するリテラシーの向上、そして日々変容するサイバー空間の現状に適応した法制度の整備など、正に社会が総力を挙げて対策を講じていくことが必要である。そのためには、各分野の関係者がサイバー空間及びそこから生じる脅威の本質を理解し、課題について考えを深めることが求められる。

　サイバー空間は現実世界のアナロジーとしてとらえられる側面もあるが、日進月歩の情報通信技術に支えられたインターネット上に構築されており、

物理的な国境が存在しないこと、匿名での活動が容易であること、発展の過程でサイバー空間独特の文化が育まれたことなどから、サイバー空間における犯罪の研究には法律学や技術論だけでなく社会学的視点を含めた学際的なアプローチが不可欠である。

　本書は、気鋭の法律学者、法律家及び技術系実務家がサイバー犯罪の意義、捜査に係る学説・判例、直面する課題について体系的に整理し、初学者にも分かりやすく解説したものであり、サイバー犯罪対策の研究を志す若手研究者やサイバー犯罪対策の分野に新たに配置された警察官諸氏にとって格好の入門書であるとともに、既に民間企業や公的機関においてサイバーセキュリティを担当されている方々にとっても業務を進める上で頼もしい指南役となってくれるはずである。

　サイバー空間が国民にとって身近な場所となった以上、国民一人一人がサイバーセキュリティに関するリテラシーを高め、自らを守ることもこれまで以上に重要となる。そのためにも、世代や職業を超えできるだけ多くの方々が本書を手に取り、サイバー犯罪に関する理解を深めていただくことを期待するばかりである。

令和3年1月

目　次

第1部　サイバー犯罪とは

第 I 章　サイバー犯罪の現状と対策研究の意義

中野目　善則・四　方　光

第2章　サイバー犯罪の犯罪学

四　方　光

第9章　デジタルデータの証拠法

島　田　健　一

第10章　サイバー犯罪対策の国際協力の枠組み

川　澄　真　樹

第4部　サイバー犯罪対策

第11章　日本のサイバーセキュリティ政策

人　見　友　章

第12章　サイバー犯罪の越境捜査とその課題

四　方　　光

第13章　諸外国のサイバー犯罪対策

四　方　　光・中野目　善則・滝　沢　　誠

Ⅰ　アメリカのサイバー犯罪対策

Ⅱ　ドイツのサイバー犯罪対策

第14章　日本のサイバー犯罪対策の今後の課題
——サイバー犯罪の現状から求められる対処の必要——

中野目　善則

凡　例

1　法　　令

医薬品医療機器等法：医薬品、医療機器等の品質、有効性及び安全性の確保等に関する法律

刑訴法：刑事訴訟法

携帯電話不正利用防止法：携帯音声通信事業者による契約者等の本人確認等及び携帯音声通信役務の不正な利用の防止に関する法律

個人情報保護法：個人情報の保護に関する法律

児童ポルノ法：児童買春、児童ポルノに係る行為等の規制及び処罰並びに児童の保護等に関する法律

ストーカー規制法：ストーカー行為等の規制等に関する法律

捜査共助法：国際捜査共助等に関する法律

DV防止法：配偶者からの暴力の防止及び被害者の保護等に関する法律

特定電子メール法：特定電子メールの送信の適正化等に関する法律

特定秘密保護法：特定秘密の保護に関する法律

風営法：風俗営業等の規制及び業務の適正化等に関する法律

不正アクセス禁止法：不正アクセス行為の禁止等に関する法律

景品表示法：不当景品類及び不当表示防止法

プロバイダ責任制限法：特定電気通信役務提供者の損害賠償責任の制限及び発信者情報の開示に関する法律

麻薬特例法：国際的な協力の下に規制薬物に係る不正行為を助長する行為等の防止を図るための麻薬及び向精神薬取締法等の特例等に関する法律

リベンジポルノ防止法：私事性的画像記録の提供等による被害の防止に関する法律

2　判　　例

判例集・判例収録誌の略称は、次の例によるほか、一般の慣例に従う。

例）最（一小）判平成24・2・13刑集66巻4号482頁：最高裁判所第一小法廷判決平成24年2月13日最高裁判所刑事判例集第66巻第4号482頁以下

最大判	最高裁判所大法廷判決
最（一小）判（決）	最高裁判所第一小法廷判決（決定）
最（二小）判（決）	最高裁判所第二小法廷判決（決定）
最（三小）判（決）	最高裁判所第三小法廷判決（決定）
高判	高等裁判所判決
地判	地方裁判所判決
支判	支部判決
刑集	最高裁判所刑事判例集
裁判集刑	最高裁判所裁判集刑事
高刑集	高等裁判所刑事判例集
判時	判例時報
判タ	判例タイムズ

第 **1** 部

サイバー犯罪とは

第1章
サイバー犯罪の現状と対策研究の意義

中央大学法学部教授　**中野目　善則**

中央大学法学部教授　**四　方　　光**

1　は じ め に
2　サイバー犯罪の動向
3　サイバー犯罪対策研究の意義

1 はじめに

　本書執筆当時、我が国の刑法犯認知件数は10年以上にわたり減少を続けているものの、サイバー犯罪は年々深刻さを増している。この傾向は、他の先進国でもみられるものであり、サイバー犯罪対策は国際的な課題の一つとなっている。

　この章では、サイバー犯罪対策を学び始めるに当たって、我が国におけるサイバー犯罪の現状がどのような状況になっているのかを知り、それに対処するため、どのような検討が必要でどのように対処していくべきかを考察する手掛かりを提供する。

2 サイバー犯罪の動向[1]

1　サイバー犯罪の意義

　サイバー犯罪 cybercrime は、文字通りサイバー空間に関わる犯罪であるので、サイバー犯罪の概念は、理論的には、サイバー空間との関連をどこまでとるか、及び法律上どのような行為が犯罪とされているかによって定められることになる。

（1）　この項目は、四方光「サイバー犯罪の動向」犯罪社会学研究45号（2020年）123～
　　130頁の「1　サイバー犯罪の動向」を加筆修正したものである。

　サイバー空間との関わりについては、歴史的にも概念の変遷がみられる。サイバー犯罪に相当する概念は、当初はコンピュータという機械に着目して「コンピュータ犯罪 computer crime」といわれ、次に機械よりもテクノロジーに注目した「ハイテク犯罪 high-tech crime」という言葉が用いられた。現在では、インターネットによって世界的に広がるサイバー空間で敢行されることを重視して「サイバー犯罪 cybercrime」と呼ばれることが通常であるが、インターネットにつながっていない単体のコンピュータに関わる犯罪をことさらにサイバー犯罪の概念から排除していないことが多いと思われる。

　海外の犯罪学においても、概念定義によるよりも、犯罪類型 typology によってサイバー犯罪の範囲を画する場合が多いように見受けられる。例えば、Graham & Smith. 2020[2]では、cybertrespass（サイバー空間上の不法侵入）、cyberdeception and theft（サイバー空間上の財産犯）、cyberpornography（サイバー空間上のわいせつ文書）、cyberviolence（サイバー空間上の暴力）をもってサイバー犯罪としている。

　我が国においても、「サイバー犯罪」という言葉について法律上の定義、あるいは学問上通説となっている定義があるわけではない。警察庁は、国民に対してサイバー犯罪の現状を知らせるための統計として計上する範囲として、①不正アクセス禁止法に規定された不正アクセス、②刑法に規定された不正指令電磁的記録に関する罪及びコンピュータ・電磁的記録対象犯罪、③インターネットを主な手段とした各種の犯罪の総称であるインターネット利用犯罪をもって「サイバー犯罪」としている[3]。

2　サイバー犯罪の主な手口

　上述した Graham & Smith. 2020 の分類に従って、サイバー犯罪の主な手口を概観する。我が国で現在話題になっている手口については、独立行政法

（2）　Graham, R. S. & Smith, S. K., 2020, *Cybercrime and digital deviance.* Routledge.

（3）　警察庁「令和元年におけるサイバー空間をめぐる脅威の情勢等について」（令和2年3月5日）参照（http://www.npa.go.jp/publications/statistics/cybersecurity/data/R01_cyber_jousei.pdf〔最終閲覧2020. 9. 19〕）。

人情報処理推進機構2020年[4]を参照されたい。

(1)　サイバー空間上の不法侵入 cybertrespass

サイバー空間上の不法侵入の典型的手口は、利用が ID・パスワード等によって管理されたコンピュータに対するハッキング hacking である（我が国では不正アクセス禁止法の不正アクセス罪）。他人の ID・パスワードを無断で使用する不正ログイン型と、コンピュータ制御の脆弱性を突いて侵入する脆弱性攻撃型とがある。

犯罪学では、不正アクセスに用いるウイルス computer virus の使用（我が国では刑法のウイルス供用罪）等や、不正アクセスによって行われる重要な情報の窃取（我が国では例えば不正競争防止法の営業秘密漏えい罪）もこの類型として論じられる。特定の標的をウイルスに感染させることを目的に、当該標的の知人になりすましたメールを送付する標的型メール攻撃 speared mail attack が横行している。

この類型のサイバー犯罪を敢行する犯罪者は、相応の高い技術力を有することが普通であるから、犯罪学としては、この類型の犯罪者である hacker ないし cracker の行う犯罪全般をひとまとまりの類型とすることが便宜である。そのような意味で、害悪の作用としては cyberviolence というべき D-Dos 攻撃（大量の情報を標的となったコンピュータに集中的に送付して機能を停止させる手口）や、指定の金額を支払わないとコンピュータの機能を停止したままにすると脅す企業恐喝に使用されるウイルス ransomware も、この類型として論じられる。

D-Dos 攻撃や各種のウイルスの感染のために使用されるのが、ボットネット bot-net である。これは、犯罪者が多数の他人のサーバをウイルスに感染させて指令サーバ C&C server として支配し、この多数の指令サーバを通じて、ウイルスに感染させた数千から数百万に及ぶ他人のコンピュータに犯罪の指令を送ることによって、標的のサーバに通信を集中させたり、多数のコンピュータに偽メールを送付したりする、ウイルスに感染したコンピュータ

（4）　独立行政法人情報処理推進機構『「情報セキュリティ10大脅威 2020」各脅威の解説資料』（2020年）（https://www.ipa.go.jp/security/vuln/10threats2020.html〔最終閲覧 2020.9.19〕）。

のネットワークである。「ボット」とは、ウイルスに感染して支配下においた「ロボット」の意味である。

　サイバー犯罪の犯罪者が犯罪の道具を交換する場所が、ダークウェブ dark web である。潜入捜査官を警戒し、仲間を裏切らない「信頼のおける」犯罪者でないと利用できないものもあるという。

　通信記録から発信者をたどれなくするための仕組が用意されている。犯罪者は、サイバー犯罪の取締りの緩慢な国に設置された、通信記録を残さず捜査にも協力しないプロキシサーバ proxy server を使用することが多い。また、世界中の数千から数万ともいわれる協力サーバを仲介して、発信元をたどれない技術を用いたネットワークである Tor（The Onion Rooting）も構築されている。

⑵　サイバー空間上のわいせつ文書 cyberpornography

　サイバー空間上のわいせつ文書の典型は、文字通りわいせつ文書 obscene document のウェブ上の公開、販売、広告である。インターネットは、画像の頒布において現実空間とは比較にならない力を発揮する。

　児童ポルノ child pornography は、今日では、わいせつ文書というより、児童の性的虐待の記録 child sexual abuse images として扱われることが多い。リベンジポルノ revenge porn や SNS 上の売買春の誘引 sexting は、海外でも問題となっている。

⑶　サイバー空間上の暴力 cyberviolence

　サイバー空間上の暴力とは、インターネット上で展開される言葉の暴力のことである。技術力のあるハッカーが行うのではなく、匿名性を背景に、普通のインターネット・ユーザーが過激な言動に出る。

　日本でも問題となっているネットいじめ cyberbullying、インターネットを用いたストーカー行為 cyberstalking、炎上 flaming、ヘイトスピーチ hate speech、ネット上の名誉棄損 online shaming が、海外でも問題となっている。

⑷　サイバー空間上の財産犯 cyberdeception and theft

　架空の取引により代金や商品を詐取するインターネット詐欺 cyber scam、財産の隠匿を企図する大富豪を名乗って巨額の謝礼を支払う代わりに当面必

要な資金の提供を求めるナイジェリア詐欺 advance fee fraud、インターネットを通じて相手に恋愛感情を持たせて金品を要求するロマンス詐欺 romance scam、暗号資産への投資を名目とした詐欺 cryptocurrency fraud、インターネットを利用した著作権侵害 digital piracy なども、日本でも海外でも見られる犯罪である。

　技術力のない者であってもノウハウの教示を受けて敢行することのできる財産犯であり、潜在的な犯罪者の数は多いものと考えられ、今後の広がりが懸念される。

3　統計にみる我が国のサイバー犯罪の動向

(1)　警察の検挙統計

　毎年3月に警察庁が発表している前年のサイバー犯罪に関する統計（上掲警察庁2020年）によれば、サイバー犯罪の検挙件数は増加傾向にあり、近年は9千件台（2019年は9,519件）に達している。

　内訳としては、不正アクセスの検挙件数は千件未満（2019年は816件）、ウイルス罪等の刑法上のコンピュータ犯罪の検挙件数は500件未満（2019年は436件）、ネットワーク利用犯罪は8千件を超えている（2019年は8,267件）。ネットワーク利用犯罪のうち最も多いのは児童ポルノで、ネットワーク利用犯罪の約2割を占める。次いで多いのは、児童に対する淫行、詐欺、わいせつ物頒布で、それぞれネットワーク利用犯罪の1割程度を占めている。

　近年国内で話題となっているサイバー犯罪は、標的型メール攻撃、インターネットバンキングを対象とした不正送金事件、スマホ決済に必要な情報を不正取得して商品等を不正に取得したコード決済の不正利用事件、感染したパソコンのメールの内容等を窃取するウイルスの一種である EMOTET の流行である（警察庁同上）。警察庁が把握した標的型メール攻撃の件数は、年間数千件に達している（2019年は5,301件）。インターネットバンキングを対象とした不正送金事件は、近年増減を繰り返しているが、2019年は増加に転じて、被害件数は1,872件、被害金額は25.2億円に上った。

　警察統計は基本的には検挙件数の統計であるから、暗数が大きい可能性があることに留意する必要がある。また、警察の限られた捜査力をどの罪種に

より多く投入するかが検挙件数に大きな影響を与えるので、上記の数値は実際に生じたサイバー犯罪の数とは相当に異なるものと考える必要があろう。

　サイバー犯罪に関して警察に対してなされた相談件数は、10万件を超えている（平成30年版警察白書図表特‐50）。また、警察庁が不正アクセスの動向を調べるために設置したセンサーへの1日・1IPアドレス当たりのアクセスは年々飛躍的に増加しており、2019年では4,192.0件に達した。

(2)　公的機関による被害実態調査

ア　法務省による犯罪被害実態（暗数）調査

　2008年に行われた第3回調査（標本数6,000人中有効回収数3,717人（回収率62%））では、調査前年1年間にクレジットカード詐欺の被害に遭った人は12人（0.3%）、ネットオークション詐欺の被害に遭った人は29人（0.8%）であったという。捜査機関に届け出た割合を見ると、クレジットカード詐欺2人（16.7%）、ネットオークション詐欺3人（10.3%）であった[5]。

　2012年に行われた第4回調査（対象者数4,000人中回答者2,156人（回答率53.9%））では、クレジットカード等を所有していると答えた人（1,509人）のうち過去5年間にクレジットカード情報詐欺の被害に遭ったと答えた人は20人（1.3%）、調査対象者（2,156人）のうち過去5年間にインターネットオークション詐欺の被害に遭ったことがあると答えた人は20人（0.9%）であったという。クレジットカード情報詐欺の被害に遭ったことがあると答えた人（20人）のうち捜査機関に被害を届け出たと回答したのは3人、インターネットオークション詐欺の被害に遭ったことがあると答えた人（20人）のうち捜査機関に被害を届け出たと回答したのは1人にとどまった[6]。

　2019年に行われた第5回調査（標本数6,000人中有効回収数3,709人（回収率61.8%））では、クレジットカード等を所有していると答えた人（2,329人）の

（5）　法務総合研究所『第2回犯罪被害実態（暗数）調査（第2報告）　国際比較（先進諸国を中心に）』（2008年）（http://www.moj.go.jp/housouken/housouken03_houkoku39.html〔最終閲覧2020.9.19〕）。

（6）　法務総合研究所『犯罪被害に関する総合的研究──安全・安心な社会づくりのための基礎調査結果（第4回犯罪被害者実態（暗数）調査結果）──』（2013年）（http://www.moj.go.jp/housouken/housouken03_00066.html〔最終閲覧2020.9.19〕）。

うち過去５年間にクレジットカード情報詐欺の被害に遭ったと答えた人は59人（2.5％）、調査対象者（3,709人）のうち過去５年間にインターネットオークション詐欺の被害に遭ったことがあると答えた人は46人（1.2％）であったという。クレジットカード情報詐欺の被害に遭ったことがあると答えた人（59人）のうち捜査機関に被害を届け出たと回答したのは８人、インターネットオークション詐欺の被害に遭ったことがあると答えた人（46人）のうち捜査機関に被害を届け出たと回答したのは８人にとどまった[7]。

イ　総　務　省

　総務省が毎年行っている通信利用動向調査[8]では、平成14年から、サイバー犯罪の被害状況についても調査が行われている。

　平成30年４月１日現在の40,592世帯に対する調査によれば、自宅で利用するパソコン、携帯電話（ＰＨＳを含む）及びスマートフォンからインターネットを利用していて何らかの被害を受けた世帯は63.9％に達している。内訳としては、「迷惑メール・架空請求メールを受信」が55.3％、「ウイルスを発見又は感染」が26.6％、「フィッシング」が7.7％、「不正アクセス」が3.7％と、かなりの高率となっている。

　また、同調査のうち5,877企業に対して平成30年９月末時点の状況について行なった調査によれば、情報通信ネットワークを利用している企業のうち、コンピュータウイルスへの感染や不正アクセス、スパムメールの中継利用など何らかの被害を経験した企業の割合は54.4％となっているという。内訳をみると、「コンピュータウイルスを発見したが感染しなかった」が36.5％、「コンピュータウイルスを発見し、少なくとも１回は感染した」が9.5％、「標的型メールが送られてきた」は35.0％となっている。

（７）　法務総合研究所『第５回犯罪被害実態（暗数）調査──安全・安心な社会づくりのための基礎調査──』（2020年）（https://www.moj.go.jp/housouken/housouken03_00019/html〔最終閲覧2021.2.10〕）。

（８）　総務省、令和２年５月29日「令和元年通信利用動向調査の結果」（https://www.soumu.go.jp/menu_news/s-news/01tsushin02_02000148.html〔最終閲覧2020.9.19〕）。

4　サイバー犯罪の特徴

　サイバー犯罪が現実世界の犯罪と相当に異なることは、感覚的に理解できよう。サイバー犯罪とその対策を検討する前に、サイバー犯罪の特徴を整理しておきたい。

(1)　変化のスピードの速さ

　サイバー空間の変化の速さを喩えて、「ドッグイヤー」という言葉が用いられることが多い。これは、寿命の短い犬にとって、人間にとっての1年に相当する期間はとても短いように、現実空間における1年分の変化は、サイバー空間においてはもっと短期間に生じることを表すものである。

　サイバー空間を具体的に構成するものは、いわゆるプラットフォームやソーシャルネットワークサービス等である。サイバー犯罪は、これらサイバー空間の構成要素として新たな舞台が登場する際、セキュリティの完成度が高まる前にさらに次のものが登場する状況を利用して、次々に生じる脆弱性を突くことによって行われることが多い。したがって、サイバー犯罪の変化は、サイバー空間の変化と同じように速くなる[9]。また、サイバー空間の変化が人間の創造性によって加速するのと同様、サイバー犯罪の変化も犯罪者の創造性によって加速されるといえる[10]。

　そうすると、従来の刑事実体法では捉えられない不当な行為が新たに出現したり、従来の刑事手続法では対処ができない犯罪事象が生じたりすることがしばしば生ずるのである。実際、我が国のみならず諸外国においても、サイバー犯罪に対処するための刑事立法は、他の分野に比べて頻繁である。

　このような現状を踏まえると、サイバー犯罪対策の分野においては、これまで法律学では必ずしも重視されてこなかった立法論の重要性が格段に高まるとともに、既存の法律の条文の本質に添った解釈による柔軟な対応の必要性も高まることとなる。すなわち、サイバー犯罪の変化に対して立法が柔軟に行われる必要があり、そのための努力がなされなければならないが、それでも立法には相当な期間を要することが通常であり、解釈論における柔軟な

（9）　Dupont, B. 2020. The ecology of cybercrime. In R. Leukfeldt & T. J. Holt Eds. *The Human Factor of Cybercrime*. New York, NY: Routledge 参照。

（10）　四方光「複雑系としてのサイバー犯罪」法学新報127巻9・10号（2021年）1頁。

対応も求められるのである。

　もちろん、刑事法の解釈における柔軟な対応は、罪刑法定主義や強制処分法定主義との関係で重大な問題を生じかねないものではあるが、解釈によって可能かつ柔軟な対応をしないことによりサイバー犯罪の著しい変化に伴う重大な不公正を相当期間放置することは、上記問題をはるかに凌駕する不正義をもたらし、ひいては刑事司法に対する信頼を著しく低下させることになりかねない。

⑵　日常的な越境性

　現実世界の犯罪は、従来一国の領域内において行われるのが通常であった。周知のとおり、サイバー空間はインターネットにより国境を自由に超える通信によって構成されており、人々の行動が国境を越えることは日常的な出来事となっている。

　そのため、サイバー犯罪はもちろん、現実世界の犯罪であっても、関係者の日常活動や意思疎通の記録を求めようとすると、直ちに国境を越える捜査活動を要することとなる。

　ところが、捜査権や裁判権は、国家主権の最たるものであるから、他国の領域においては証拠収集活動を行うことができないのが今日でも原則である。したがって、国境を超える捜査を行う場合には、どんな軽微な犯罪、どんな軽微な手続であっても、何らかの国際捜査共助の手続によらなければならないのが原則である。それをどのようにして円滑化するかが、我が国だけでなく国際社会においても大きな課題となっている。

⑶　電気通信として行われることに伴う特徴

　サイバー空間におけるあらゆる活動が電気通信として行われることに伴う特徴が、いくつか指摘できる。

　まず第一に、サイバー犯罪のターゲットは、直接には電磁的記録として記録されている情報であり、際限なく複製・回復することが可能で排他性がないことから、現行刑法においては財産犯の対象となる財物とされていない。そのため、サイバー犯罪に対しては、伝統的な刑事実体法は適用することができず、適切に規制するためには新たな犯罪として刑罰法規を新設することが必要となるのが通常である。

　第二に、現実空間の犯罪に比べて、サイバー犯罪は可視性が低いことが挙げられる。電気通信は、人間にとって可視的なものではないので、サイバー犯罪の存在は一見して明らかではない。何らかの電気通信が行われている場合、それが通常の行為なのか犯罪に該当するかは、何らの準備なしに直ちに判別できるものではない。後述するように、被害者ですら犯罪被害を認識することは難しい。そのため、サイバー犯罪の捜査においては、通信傍受のようにリアルタイムで把握する場合も、通信記録に対する捜索差押えにより事後的に把握する場合も、ある程度包括的に把握した上で、犯罪に当たる、あるいは犯罪の証拠となる情報を選別する方法によらざるを得ないこととなる。

　第三に、サイバー犯罪の捜査は、通信ないしその記録に対する捜査となることが多いので、憲法上、電気通信事業法上の通信の秘密が問題となることがしばしばある。したがって、尾行や張り込みのような現実世界であれば任意捜査として認められるような捜査が、サイバー犯罪においては、通信の秘密やプライバシーを侵害するものとして強制捜査として行われる必要が頻繁に生じることとなる。このことは、ウェブページにおける書込みのように、最終的には通信の内容が公表されるような通信であっても、公表される前の通信の状態での当該通信やその記録の捜査に関しても同様である。

　さらに、通信の結果としてウェブサイト上で行われる行為は、憲法上保護される表現となる。そのため、サイバー犯罪を規制する刑事実体法は、表現の自由の侵害とならないかが問題とされることが多い。

⑷　暗数の多さ

　サイバー犯罪は、他の罪種に比べて暗数が大きいものと推測される。それは、第一に、サイバー犯罪には個々の被害は僅少なものも多く、かつ、他の罪種に比べ捜査が困難なため届け出ても犯人が検挙される見通しは低く、被害者にとって被害を届け出るメリットを感じない場合が少なくないため、被害者が被害を届け出ない割合が高いと考えられるからである。このことは、前述したサイバー犯罪に関する被害実態調査の結果としても示されている。

　第二に、サイバー犯罪の中には、被害者が被害を認識できないタイプのものが少なくない。例えば、不正アクセスとそれに引き続くウイルスの感染や

情報の窃取などは、被害者に気付かれないように巧妙に行われるので、被害者が被害を認識していない場合が非常に多いと推測される。実際、前述したボットネットという多数のパソコン等をウイルスに感染させる仕組みでは、警察等が把握し、通知して初めて感染を認識する被害者が非常に多い。

　したがって、上に紹介したサイバー犯罪に関する統計数値は、氷山の一角と考えざるを得ないということである。

⑸　ICT に関する専門的知識技能の必要性

　以上のような特性を有するサイバー犯罪に対処するための立法や政策立案、犯罪捜査や訴訟活動においては、必然的に ICT に関する専門的知識技能を要することとなる。

　立法事実や政策判断の基礎となる事実は、法の適用の対象となる個別的事実とは異なり、立法や政策の決定後当分実施される当該立法や政策の正当性の根拠となるものであるから、個別的事実ではなく少なくとも当面は妥当する一般的事実すなわち同種の事実に関する法則性でなければならない。そうすると、これら立法事実等を把握するためには、同種事案が発生する仕組みやメカニズム、当該立法や政策が効果をあげる仕組みやメカニズムが合理的に理解されなければならない。このような仕組みやメカニズムは、通常人の常識的理解によって把握することができることも少なくないが、対象となる事象が特に複雑な場合には、専門家の知見を要することとなる。

　サイバー犯罪は、まさにそのような専門家の知見を要するタイプの社会事象といえ、立法や政策の立案に当たっては、サイバー空間や ICT 技術に関する専門家の知見が参照されることが通常である。

　もっとも、このような専門家の知見を踏まえて立法や政策を立案するためには、そのような専門家の知見の法律的政策的な意義を理解できることが前提となる。すなわち、立法者や政策立案者は、専門家の知見を理解することができる程度には ICT 技術を理解できることが必要となる。

　それでは、個別のサイバー犯罪の捜査や裁判においては、どうであろうか。サイバー犯罪の捜査においては、電子証拠がどこに存在するのか、電子証拠が記録されている場所や媒体が判明したとしても、そこに記録されている膨大な電子データの中で当該犯罪の証拠となるものがどれかを把握する作

業は、デジタル・フォレンジックといって、それ自体高度なICT技術を要するものである。さらに抽出された電子証拠の法的意義を理解するためには、やはり最低限のICT技術に関する理解が必要となる。

さらに、サイバー犯罪に関連する条文の解釈に当たって、同種事案に対しても適用することを前提とする規範を定立する作業は、上述した立法作業に類似し、当面の将来に発生する類似の事案に対しても適用されることが正当化されるものとして規範が定立される以上、同種事案が発生し、当該規範が合理的であることを基礎付けるその種事案の仕組みやメカニズムを理解しておかなければならないはずである。

そのように考えると、サイバー犯罪対策においては、立法段階、捜査段階に限らず、裁判段階においても、これに従事する担当者は、サイバー犯罪に関するある程度の専門的知識を有していなければならないこととなる。

本書の目的は、法曹、公務員、企業関係者など、今後の社会生活の多くの分野において、サイバー犯罪に対処しなければならないことが予想されることから、そのために必要となる知識の第一段階を提供することにある。

3 サイバー犯罪対策研究の意義

前項で紹介した他の犯罪類型にはない様々な特徴を有するサイバー犯罪への対策を検討することは、法律学にとって大いなる挑戦となる。

法律学は、伝統的には、法的価値は変化の激しい現実からは独立した普遍性のあるものであるから、法律とりわけ公平性が重視される刑事法は、頻繁に改正すべきものではないと考えられてきたのではなかろうか。ところが、サイバー犯罪の著しい変化の状況にかんがみると、むしろ刑事法こそ現状に対応して迅速に法改正がなされるべきようにみえる。すなわち、サイバー犯罪対策は、現実と法的価値と実定法やその解釈の関係について、法律学に対して一定の再整理を迫るものといえる[11]。

また、日常的な越境性が認められるサイバー犯罪への対策を検討するに当たっては、他の法律問題にも増して、諸外国の法制との整合性に関する比較法的な検討、国際協力を促進するための国際法的な観点が重要である。多忙

な実務の世界では、これらの観点からの研究には制約が生じざるを得ない。比較法的、国際法的な検討は、学問的研究による貢献が最も期待される分野である。

　サイバー犯罪対策は、学際的な研究を要する分野でもある。上述したように、サイバー空間における行動は電気通信として行われるから、その法的統制に関しては情報法や憲法の観点からの研究も重要であり、実際、我が国におけるサイバーセキュリティに関する研究は、現時点では、情報法の観点からの研究が刑事法の観点からの研究を大きく先行している。また、当然のことならが、ICT 技術や情報セキュリティ技術に関する研究との協働も必要である。

　第２章において詳述するが、サイバー犯罪は、犯罪学にとっても新しい分野である。欧米ではインターネットが多くの人々に普及し始めたころから、サイバー犯罪に関する犯罪学的研究が始まっているが、我が国ではまだ緒に就いたばかりである。犯罪学における伝統的な理論が、サイバー犯罪という新しい犯罪形態に対しても有効であるかが問われている。

　以上のように、サイバー犯罪対策は、ほとんど手つかずの学問的研究対象の宝庫といっても過言ではなく、多くの研究者、特にデジタルネイティブ世代の若手研究者による新規参入が待たれる。そして、新たに対応しなければならない論点が多いだけに、学問的研究の成果が立法や政策立案における実務的実際的な問題解決に資する場面が多いと予想されるのである。

　本書が、サイバー犯罪対策に対する学問的研究の基礎となり、実務上必要な基礎的知識を提供するものとなれば幸いである。

（なかのめ・よしのり／しかた・こう）

---

(11)　四方は、現状に照らして法的価値を維持、増進するための制度的技術が実定法であると位置付ける。四方・前掲注(9)、四方光「現代社会における刑事政策学・犯罪学の任務に関する若干の考察：ナレッジマネジメント論を手がかりに」（2019年）法学新報125巻11・12号103〜131頁参照。

第2章
サイバー犯罪の犯罪学

中央大学法学部教授　　**四　方　　光**

1 海外におけるサイバー犯罪の犯罪学の動向[1]

1　はじめに

　海外では米国を中心におよそ20年位前から、サイバー犯罪に関する犯罪学的研究が行われてきた（Bossler, 2020、Yar & Steinmetz, 2019、Stalans & Donner, 2018、Holt & Bossler, 2016、四方光2020年等参照）。犯罪学研究者の関心の一つは、サイバー犯罪は手段が ICT 技術を用いているというだけで基本的には従来の犯罪と異なるものではないと言えるか、したがって従来の犯罪学理論がサイバー犯罪にも通用するのではないか、新たな理論構築は必ずしも必要ではないのではないかということであった。この問題は、比喩的に、サイバー犯罪は Old wine in new bottles なのか New wine in new bottles なのかとして語られることが多い（Wall, 1998、Grabosky, 2001、Yar, 2005）。海外におけるサイバー犯罪の犯罪学の論考を見渡すと、従来の犯罪学の学説がサイバー犯罪にも適用可能とする学説が多いようであるが、はたしてそうなのか、研究が続けられる必要があろう。

　本書の読者は事前に犯罪学理論に関する知識をお持ちとは限らないので、ここでは、各項目ごとに、それぞれの理論が概ねどのような理論であるのかを紹介した後に、その理論をサイバー犯罪に適用した研究を紹介する。

（1）　この項目は、四方光「サイバー犯罪の動向」犯罪社会学研究45号（2020年）123〜
　　130頁の「2　サイバー犯罪の犯罪学の動向」を加筆修正したものである。

2　社会学習理論 Social learning theory

　社会学習理論は、人は、犯罪や非行に許容的な態度を示す友人等、近い関係にある者と頻繁に接触するという社会環境の中で犯罪を学習し、犯罪者となっていくとする理論である。Sutherland, 1939の分化的接触理論 differential association theory が、その先駆的な研究とされる。この理論は、その後行動主義心理学の学習理論を取り入れた Aker 1973により、犯罪的な交友関係である differential association だけでなく、犯罪による報酬や懲罰 differential reinforcement ／ punishment、犯罪への評価 definitions、模倣 imitation の4要素を重視する理論として発展させられた。

　この社会学習理論は、サイバー犯罪の犯罪学的分析において最もよく用いられる理論の一つである。サイバー犯罪の様々な犯罪類型において、犯罪者・非行少年は、インターネット上の非行仲間からサイバー犯罪の方法を習得することが認められる（Leukfeldt et al., 2017、Holt et al., 2012、Skinner & Fream, 1997）。ハッカーなど技術力を要するサイバー犯罪では、その傾向が強いとされる（Jordan & Taylor, 1998）。

3　サブカルチャー論 subculture theory

　サブカルチャー論を展開したのは、Cohen, 1955である。サブカルチャー論は、アメリカの少年非行の多くが下流階層に属する少年によって行われていることを重視し、社会的経済的に不利な立場に置かれている下流階層の少年たちが主流派の文化・価値観に敵対感情を抱き、その反動として形成されたサブカルチャーの価値観に従って行動することによって非行が生まれると主張する。

　サイバー犯罪は、必ずしも下流階層の少年によって行われるものではなく、高い技術力を要する犯罪はむしろ上流・中流階層の青少年によって行われているが、このように高い ICT 技術を有する青少年は、一般の人々とはやや異なる価値観を形成しているようにみえる。Holt, 2007によれば、ハッカー文化には5つの掟（normative orders）があるという。すなわち、①技術に深い関心を有すること（Technology）、②ハッキングの技術に関する知識とその習得を重んじること（Knowledge）、③ハッキングの知識を絶えず

習得し続け、ハッカーとしての人生を送ること（Commitment）、④真のハッカーとは何かを考え、それになれるよう努めること（Categorization）、⑤ハッキングを規制する法令に関心は持つが、ハッキングに不可欠な違法行為を正当化し、ハッキングを止めないこと（Law）である。そして、一般国民の有する価値体系とは異なるハッカー文化が、ハッキングやマルウェア作成に影響するとされる（Holt et al., 2017、Holt, 2007、Jordan & Taylor, 1998）。Holt, et al. 2018によれば、ハッカー文化は現行法制の方が不当だと考え、ハッカーは自らの行為を正当化するという。

　サブカルチャー論とは理論的系譜を異にするが、犯罪者が、一般の人々とは異なるアイデンティティを形成する過程を説明した学説として、Tannenbaum, 1938、Lemart, 1951、Becker, 1963らのラベリング論 labelling theory がある。同理論によれば、犯罪者が検挙されて刑事司法手続に載せられることによって、当人が犯罪者としてのアイデンティティを獲得してしまい、かえって犯罪を継続することとなる。

　ハッカーにラベリング論を適用しようと多数のハッカーにインタビューを行った Turgeman-Goldschmit, 2011は、ハッカーは犯罪者としての悪い自己像ではなく、技術力を用いて社会の壁を突破する者としての良い自己像を有していることを発見した。これは、サブカルチャー論に基づく上記 Holt, et al. 2018と同様の事態を認めたものといえる。

4　正当化理論・漂流理論 neutralization / drift theory

　Sykes & Matza 1957 は、犯罪者や非行少年は、犯罪を行うに当たって、自己像を悪くしないよう、自己の行為が社会的に非難されるべきものではないとする**正当化の技術** techniques of neutralization を用いると指摘した。具体的には、責任の否定 denial of responsibility、加害の否定 denial of injury、被害者の否定 denial of the victim、非難者に対する非難 condemnation of the condemners、高度の忠誠心への訴え appeal to higher loyalties という技術が用いられる。

　さらに、Matza 1964は、非行少年は恒常的に非行を行っているのではなく、通常は合法的な活動を行っているが、時に正当化の技術を用いて非行を

行うに過ぎないとする**漂流理論** drift theory を主張した。

　普通の人も、著作権侵害等の軽微なサイバー犯罪を正当化する傾向がある（Smallridge & Roberts 2013、Morris & Higgins, 2009、Moore & McMullan, 2009）。ハッカー文化に感化されたハッカーは、ハッキングを正当化している（Holt et al., 2018、Morris, 2010）。Goldsmith & Brewer, 2015は、インターネット空間の匿名性が、ユーザーの倫理観や責任感を低下させるとして、インターネット・ユーザーが正義と非正義の間を行き来することを Digital Drift と呼んでいる。

5　緊張理論 strain theory

　社会学的犯罪学の確立に大きな功績のあった E. Durkheim は、社会の大多数の人々が共有する道徳的感情である集合意識を侵害する行為が犯罪であるとし、社会における犯罪の駆動力と統制力とのギャップが犯罪を生じさせると考えた。後における社会学的犯罪学の理論的対立軸の一つは、この犯罪の駆動力と統制力のいずれを重視するかの対立ともいえる。

　Merton, 1938が提唱した**緊張理論**は、犯罪の駆動力を重視する学説の一つで、犯罪は、社会が共有する文化的目標、アメリカ社会であればアメリカン・ドリームの追求と、それを達成するための合法的手段との間の緊張によって生じるとする。また、技術革新は、そのような理想と現実との乖離を埋めるために行われるものだとする。Larsson et al. 2012は、インターネット上の著作権侵害やそのためのツールの開発は、Merton1938のいう理想と現実の乖離を埋めるための技術革新であるとする。

　緊張理論を発展させて一般緊張理論を展開したのは、Agnew 1992である。この理論によれば、犯罪は、ストレスの強い状態によって生ずる心理的緊張状態に対処するための問題解決行動であると理解される。一般緊張理論は、インターネット上のいじめ（cyberbullying）の分析に用いられることが多く、インターネット上のいじめを行う者は、悪い学業成績、差別など何らかの緊張を有する傾向にあるとされる（Lianos & McGrath, 2018、Patchin & Hinduja, 2011）。また、インターネット上のいじめが、各種のサイバー犯罪を行う要因たる緊張となるとする研究もある（McCuddy & Esbensen, 2017、Patchin &

Hinduja, 2011）。

6　自己統制理論 self-control theory

　統制理論は、人をして犯罪を行わないようにする社会的ないし内面的な統制力を重視する。その先駆的な研究は、Reiss 1951の社会統制理論だとされ、社会的統制力として社会的な絆を重視する Hirschi 1969のボンド理論（絆理論）bond theory も展開された。その後、社会的な統制力より個人の自己統制力を重視する Gottfredson & Hirschi 1990の自己統制理論 self-control theory が有力に展開された。

　技術的に容易なサイバー犯罪では、自己統制力が低いと犯行に直結することとなる（Marcum et al., 2014、Holt et al., 2012、Hinduja 2012）。これに対し、高度な技術力を要するサイバー犯罪では、逆にある種の自己統制力がないと高度な技術力を獲得することができない（Bossler & Burruss, 2011）。

　また、自己統制力の低さが、サイバー犯罪の被害者になるリスクになるとの研究もある（Reyns et al., 2019、Bossler & Holt, 2010）。

7　合理的選択理論・抑止理論 rational choice / deterrence theory

　犯罪学の始祖は、C. Beccaria や J. Bentham といった古典派経済学者であった。彼らの犯罪学は、**古典派犯罪学** classical school of criminology といわれる。古典派の特徴は、人間を自由意思を持った合理的存在とみなすことにある。人間は合理的計算に基づいて犯罪を犯すので、政府も合理的に刑罰を設定すべきだとする。刑罰の効果は、執行の迅速性、確実性、厳格性によるとされる。

　古典派犯罪学の考え方は新古典派経済学者らに引き継がれ、Becker 1968は犯罪の経済分析 economic analysis of crime を展開し、そこから**新古典派犯罪学** neo-classical criminology が発展した。新古典派犯罪学は、さらに**抑止理論** deterrence theory、**合理的選択理論** rational choice theory（犯罪を抑止する状況に注目することにより後述する**環境犯罪学**につながっていく。）及び後述する**日常活動理論** routine activities theory の3理論に分かれる。

　ハッカーは、合理的に行動し、リスクを伴う行動を避けるとされる（Hui

et.al. 2017、Bachmann, 2010)。合理的選択理論からすると、犯罪に影響を与えるのは犯罪収益の期待値であるから、これに影響を与える政策変数である刑罰と検挙率の影響は、理論的には等価であるはずである。しかし、実証研究では、刑罰の重さよりも検挙率の高さの方が犯罪抑止の効果は高いとされている。このことは、サイバー犯罪についても認められている (Higgins et al., 2005)。

　サイバー犯罪の捜査は現実世界の犯罪の捜査よりも相当に困難なため、サイバー犯罪の検挙率は現実世界の犯罪のそれに比べると相当に低い。そのためサイバー犯罪に対する刑事司法制度自体の抑止効果は限定的だとされている (Brenner, 2007)。また、警察のサイバー犯罪の犯罪者の解明能力が抑止の効果を有するのは、警察が行う解明方法を知っている犯罪者に限られるとする研究もある (Guitton 2012)。

　警告バナーの効果に関する研究もあり、不正アクセスに関する警告は、アクセス時間の長さを短くするだけであって、不正アクセスを諦めさせたり、頻度を低くする効果はないとの報告がある (Maimon et al. 2013)。

8　日常活動理論 routine activity theory

　日常活動理論は、Cohen & Felson, 1979によって提唱されたもので、犯罪は、動機を持った犯罪者、適当な被害者、監視者の不在という3要件が満たされた場合に成立するとし、その成否を犯罪者の日常活動の中に見つけようとするものである。上記のとおり新古典派犯罪学の一つともされるが、内容としては犯罪が生ずる社会環境を重視する**環境犯罪学** environmental criminology に合理的意思決定の観点を導入したものといえる。

　日常活動理論は、サイバー犯罪の分析に最もよく用いられる理論の一つである。Cohen & Felson, 1979は、戦後の劇的な社会の変化が戦後の犯罪の急増をもたらしたことを説明するものであったが、Brady et al. 2016は、今日のサイバー空間の劇的な進化もサイバー犯罪を増加させているとする。Reyns et al., 2011も、動機を持った犯罪者、適当な被害者、監視者の不在という3要件は、現実空間よりサイバー空間でこそよく満たされるとする。

　また、インターネットの利用時間の長さや特定のウェブサイトの利用がサ

イバー犯罪被害に影響することが認められている（Holt & Bossler, 2013、Bossler et al., 2012）。これらの研究では、加害者も被害者もリスクの高いウェブサイト等を利用する機会が多いので、インターネット上の非行と被害の相関関係は高いとされる。また、ICT技術が高いこと自体が、サイバー犯罪とその被害両方と関係が深いとされる（Kranenbarg et al., 2017）。

セキュリティ・ツールの使用（Holt & Turner, 2012、Williams, 2016）やセキュリティ体制の確立（Williams et al., 2018）に被害防止の効果があるとされる。

9　統合理論 integrated theory / integrating theory

何をもって**統合理論** integrated theory / integrating theory と考えるかは論者によって異なる。単に複数の理論を統合的に説明しようとする試みを、統合理論と呼ぶ場合もある。多数の非行少年を長年にわたって観察する縦断的調査に基づき、各人の人生に変化をもたらした様々な要因を解明した**ライフコース理論** life-course theory は、人をして犯罪に導きやすい要因を危険要因 risk factor、犯罪を食い止めやすい要因を保護要因 protective factor として解明したが、これら両要因の中には、生物的要因、心理的要因、社会的要因のいずれも認められた。そこで、伝統的犯罪学では統一的に説明されてこなかったこれらの要因を包括的に扱うという意味において、統合理論と呼ぶこともある。

サイバー犯罪の犯罪学においても、伝統的な犯罪学理論を組み合わせようとする理論がみられる。

自己統制理論と日常活動理論の組合せにより、自己統制力の低い者がインターネット上でリスクの高い行動をすることにより、サイバー犯罪の被害に遭いやすいと説明される。また、上述したように、自己統制力が低い者が仲間からサイバー犯罪の方法を習得することによって犯行に至るとされる（Bossler & Holt, 2010）。

10　エコロジー論 ecological theory

Bronfenbrenner 1979は、心理学の立場から、家庭、学校、地域社会や企

業が人間の発達成長にもたらす影響を重視し、かつ、個人とこれら集団との相互作用を認めて、生態学的システム論 ecological systems theory を展開した。これが、一般に人間科学・社会科学分野での**エコロジー論** ecological theory とされる。犯罪学では、環境犯罪学の中でも個人と社会との相互作用を重視する Bursik & Grasmick, 1993 や Bottoms, 2007の立場が犯罪生態学 Social Ecology of Crime と呼ばれる。

　サイバー犯罪に関して、Dupont, 2020は、ICT 産業、犯罪者集団、セキュリティ産業の相互作用により形成されるエコシステムを検討する。まず、ICT 産業では、激しい開発競争にさらされているため、脆弱性への対応は常態的に後回しにされる。犯罪者集団は、脆弱性が発見され手当てがなされる前に十分な稼ぎを得ることができる。属地的に権限を持つに過ぎない警察は、国境を越えて活動するサイバー犯罪に十分には対応できないため、市場に情報セキュリティ・サービスを求める潜在的被害者たる企業の需要に応えて、セキュリティ産業が発達し、技術力を高めている。そこで、警察とセキュリティ産業との連携が重要になるとしている。

　Lusthaus, 2018は、企業組織論の枠組みを参考に、多数の最先端のサイバー犯罪者に対するインタビューによって、大小のインターネット上の犯罪者向けフォーラムを舞台として巧妙に分業化された犯罪グループを形成し、時によっては犯罪企業を立ち上げて、「匿名産業 Industry of Anonymity」が形成されていることを明らかにしている。犯罪者が検挙されないためにはインターネットの匿名性が不可欠であるが、この匿名性は犯罪者が信頼できる共犯者を見つけることの妨げにもなる。そこで、インターネット上の犯罪者は、比較的長く同じニックネームを使用し、その名前で犯罪者としての評判や信頼を高めることによって、互いに信頼のできる共犯者を見つけるのだという。その意味で、インターネット上の犯罪者が集う大小のフォーラムは、「匿名産業」のインフラになっているとのことである。Lusthaus 2018の分析は、エコロジー論に基づくものではないが、これと理論的に類似する面を持つ North 1991の新制度派経済学の影響を受けており、匿名産業の生態を明らかにしたものといえる。

2 我が国におけるサイバー犯罪研究

1 犯罪学以外の分野での研究

　サイバー犯罪の研究が最も盛んなのは、情報セキュリティ分野の技術的な研究である。現実空間での犯罪でのアナロジーでいえば、建築学分野でまちづくりや住宅の建築の段階での安全対策に相当する研究である。安冨潔＝上原哲太郎2019年、羽室英太郎2014年等が分かりやすい。

　法学分野では、個人情報やプライバシー保護の観点からの情報法（例えば、林紘一郎2017年、小向太郎2020年）や表現の自由や通信の秘密の保護の観点からの憲法学の研究者による研究が先行しているといえる（例えば、大沢秀介監修2015年）。刑事法では、刑法、刑事訴訟法でそれぞれ少数の研究者が鋭意研究を展開している（例えば、河村博他編2018年）。

2 犯罪学的研究

　犯罪学の分野では、筆者が四方光2011年や同2014年を著わしているが、犯罪学の伝統的な理論枠組みによった分析ではない。犯罪類型の一つとして、サイバー犯罪に言及する著作はある（川崎友巳2014年）。

　2010年に財団法人社会安全研究財団の「情報セキュリティにおける人的脅威対策に関する調査研究会」（委員長：辻井重男中央大学研究開発機構教授）が、技術的な観点と犯罪心理学的な観点とを融合させて、情報漏えいの内部犯行者に関する研究を行っている（社会安全研究財団2010年。渡邉和美2010年も参照）。それによれば、内部犯行事件は、システム悪用、システム破壊と2種類の情報流出の合計4類型に分類され、それらの犯行の動機としては、システム悪用では経済的動機や不満・不安、システム破壊では所属組織への不満、情報流出では経済目的のものと所属組織への不満とが見られた。

　公的機関の調査以外で、学問的研究として我が国で初めて行われたインターネット空間上の犯罪被害実態調査は、金山泰介2017年といえる。この調査は、2016年6月に全国の16歳以上のパソコン、スマートフォン等のユーザー13,000人を対象として、インターネットリサーチ会社に委託して行われたものである。これによれば、前年2015年中に何らかのサイバー犯罪被害を

受けたと回答した者は全体の9.6％であり、被害を受けた者のうち警察に届け出た者の割合は10.4％であった。被害の内訳としては、「コンピュータ──またはスマートフォンの動作に支障が生じた」が4.6％、「現金をだまし取られた」が1.2％、「コンピュータ──またはスマートフォンの情報を流出させられた」が1.2％、「ID やパスワードをだまし取られた」が1.1％となっている。

この調査では、パソコン等の利用時間やIT 習熟度に関する問いも設定しており、利用時間が長くなるほど、あるいはIT 習熟度が高まるほど、被害率が高まる傾向があったとしており、上記社会学習理論や日常活動理論の知見に合致するといえる結果が示されている。

金山泰介2019年は、同様の調査を6,489人を対象に2018年2月に行ったものである。サイバー犯罪の被害を受けた者は2.39％、そのうち警察に届け出た者は12.3％であった。

3　今後の展望

(1)　概　　観

環境犯罪学の登場以降、犯罪は犯罪者、被害者、犯罪機会（場所）という3つの観点から研究される。

サイバー犯罪は、犯罪機会（場所）が従来の現実世界の犯罪と大きく異なるという点では異論はないであろう。大きく異なっても分析枠組み自体は変わらず従来の環境犯罪学が通用すると考えるか、環境犯罪学の考え方自体も変容せざるを得ないと考えるかには議論がある。従来の環境犯罪学においては、犯罪予防の手段としての都市環境は人為的に変更できるとまでは想定していたが、都市全体が急速に変化する事態、まして人為的計画的に都市が全く異なるものとなったり、犯罪者の犯罪手段が犯罪者自身の創意工夫によって急速に高度化するような事態はあまり想定されていなかったように思われる。上述した Dupont, 2020の研究にも見られるとおり、サイバー空間では、新たなプラットフォームすなわち新たな生活空間が次々に出現し、犯罪者もより高度な犯罪技術を次々に考案するので、犯罪環境を動的に把握する必要が格段に高まっている。このような動的把握が従来の環境犯罪学にも備わっ

ていると評価するのか、新たに検討を要するものと評価するかによって、従来の環境犯罪学の評価が変わることになろう。

　犯罪の場所とは異なり、犯罪者と被害者は人間である。サイバー空間の変容は、人間の生物としての発達成長にはほとんど影響を与えないと考えられるが、人間の心理学的又は社会学的な成長発達にどれほど影響が生じるのかは現段階では十分に解明されていない。家庭、学校、地域社会や企業、市場が人間の発達成長において重要な場所であることは当面変わりそうもないが、本稿の冒頭にも述べたとおり、サイバー空間が人間にとって生活や他者との交流の場所としての重要性を急速に増している現在においては、これら伝統的な人間の生活空間が変化する可能性は十分にある。第 3 次産業革命によって農村から都市へ、大家族から核家族へと人間の成長発達の環境が劇的に変わったのと同様、第 4 次産業革命とも第 5 次産業革命ともいわれる今日のサイバー空間の発展は、人間の成長発達にも大きな影響を及ぼさざるを得ないのではないか。先に紹介した、サイバー犯罪は Old wine in new bottles なのか New wine in new bottles なのかという問題設定に即していえば、New wine made of new grape with old DNA grown up on old soil in new climate なのかも知れないのである。従来の犯罪学の理論枠組は、おそらくは old DNA や old soil の影響の分析にはほぼそのまま適用できるが、new climate の分析には既存の理論の修正ないし新たな理論が必要かもしれない。なぜなら、人間は特殊な grape であって、自らの手でサイバー空間という climate を劇的に変え続けているからである。

　そのような意味において、サイバー犯罪の犯罪学研究は、単に一つの犯罪類型の研究にとどまらず、犯罪学全体の将来に影響する問題なのである。

⑵　**複雑系システム論 complex system によるサイバー犯罪の理解**

ア　複雑系システムとは

複雑系システム論 complex system は、我が国ではあまり紹介されていないが、戦後、物理学、化学、生物学、心理学、社会学、経済学など多くの学問分野に浸透しつつある、新たな科学哲学を基礎とした学問体系である。先に紹介した Bronfenbrenner の生態学的システム論 ecological systems theory は、複雑系システム論の一つと考えてよい。

　複雑系システムとは、要素と全体の相互作用ないし関係性によって形成されるシステムである。要素は全体の影響を受けるが、全体によって要素が一方的に支配されるわけではなく、要素の動きや性質が全体に影響する。複雑系システムには、要素と全体の相互作用ないし関係性がまったく変化しない静的システムも理論上あり得るが（そのようなシステムは、通常は複雑系システムとはいわれない。）、複雑系システムの概念がその力を発揮するのは、当該システム内の相互作用ないし関係性が内部的要因ないし外部的要因によって変動する動的システムである場合である。

　複雑系システムは、要素と全体の相互作用ないし関係性によって、当該要素と全体の相互作用ないし関係性を維持する機能を有することが多い。このように、複雑系システムが自己を維持する機能を、自己組織性 self-organization という。自己組織性を有する複雑系システムが、自己組織性システム self-organizing system である。例えば、生命体の細胞は、DNA 内の遺伝情報によって、細胞の構成要素たる分子が、栄養摂取や代謝によって交替していっても細胞は存続する。生態系は、一定のエネルギー流量の中で自然環境や生物の食物連鎖が維持されており、多少の変動があっても元の状態を維持することができる。あるいは自然人を社員とする社団は、団体を維持するための体制や規約があり、社員が交替しても団体は存続し続ける。これらが、自己組織性システムである。

　複雑系システムの自己組織性が強固であれば、当該システムはあまり変化しない。生物は突然変異と自然淘汰によって徐々に進化するが、そのスピードは人間の寿命を標準とするとほとんど変化しないといってよい。会社のような社団も、団体によってかなりの個性はあるが、その仕組みの基礎的な部分を規定する会社法の基本的な仕組みは長らく維持されていて、頻繁に劇的な変化があるわけではない。すなわち、複雑系システムは、自己組織性を有するためにその姿を維持し、これを観察する立場からも、相当の長期にわたって継続する法則性が存在するものと期待できる。あるいは、変化が生じつとしても、その変化に法則性があることもある。それがゆえに、人間科学・社会科学は、近代科学の方法によって、複雑系システムによって構成される人間社会を観察して、一定の法則性を求めることができるといえる。

　しかし、複雑系システムは、このようにあまり変化しないものばかりではないし、変化が法則性に従うとは限らない。感情や価値観を有する人間は、その感情や価値観に照らして「よいもの」すなわち新たなシステムを人間の知性内部において自由に構想し、さらにそれを現実世界において実現することができるので、現代社会では予想もしなかった新たなものが次々に生まれることとなる。筆者は、自らの価値観に従い自らを成長させていく複雑系システムを、自己成長性システム self-evolving system と呼んでいる（四方光2007年）。先に、会社はその基本的な仕組みはあまり変わっていないと述べたが、個々の会社は、その意思決定者が有する価値観に従って変わっていく。市場という複雑系システムにも一定の自己組織性があるので、個々の会社が変わっても市場全体の姿はある程度維持されることが多いが、それでも多くの会社が一斉に変化すれば市場全体が大きく変わる。

　現代社会において、最も劇的な変化を遂げているのがICT技術であり、サイバー空間である。サイバー空間は、物理的には電気通信回線によって接続されたコンピュータ（ハードウェア）の集合体であるが、むしろ情報の内容やその流通に着目し、コンピュータに蔵置されたプログラムやデータ（ソフトウェア）がインターネットによって世界中で接続され有機的に機能する環境として理解されるのが通常であろう。そして、個々のプログラムやデータの単位ではなく、一定の完結性を有する機能の集合である「プラットフォーム」の連合体、すなわち多数のプラットフォームによって構成される複雑系システムとしてインターネットを理解することができる。すると、サイバー空間の急速な発達は、予想を超えるような新たなプラットフォームの絶え間ない登場や既存のプラットフォームの変化として理解することができる。

　この章の初めに述べたように、問題は、このようにして生ずるサイバー空間の急速な発達や、それに伴って不可避的に発生しているサイバー犯罪が、本当に従来の人間科学・社会科学の発見してきた法則に従っているのか、これまで構築されてきた犯罪学の諸学説に従うものなのか、ということである（四方光2021年）。

　ビル・ゲイツやスティーブ・ジョブズ、マイケル・ザッカーバーグの行っ

てきたことを思い起こしていただきたい。彼らは、社会法則や歴史法則に従って新たなプラットフォームを構築してきたわけではないであろう。むしろ、これまでの常識を覆すような、人々がアッと驚くような創造性の高いプラットフォームの構築を求め、実現してきたのではないか。確かに、これらのプラットフォーマーには高い創造性や付加価値を求めようとしてきたという点においては共通性があるが、創造性の内容においては何らかの法則性があるわけではない。プラットフォーマーは、彼ら固有の価値観と独創性に従って、創造性の高いまったく新たなプラットフォームを構築してきた。そして、このような新たなプラットフォームの創造による変化は、市場の自己組織性によって元の姿に収れんされるものではなく、市場全体を新たな均衡に移動させる。

　上述した Dupont, 2020 が述べているように、プラットフォーマーを取り巻く経済環境も、新たなプラットフォーム出現の速度を速めている可能性がある。すなわち、サイバー空間においては経済競争がより激しいため、プラットフォーマーは、より迅速に創造性に満ちた新たなプラットフォームを構築して、市場に出す必要に迫られるのである。急いで構築された新たなプラットフォームには、予め何もかもがうまく機能するようには設計されておらず、常に何らかの不具合があり、運用しているうちに不具合が発見され、改善されていくのが通常である。新たなプラットフォームには必ずバグという不具合があるのであるが、プラットフォーマーにとっては、厳しい市場競争に打ち勝つため、すべてのバグを発見して不具合を完全に修正してから市場に出す余裕はなく、一応機能するシステムを構築できたら、多少のバグが存在する可能性があってもいち早く市場に投入し、運用しながらバグを発見、修正していかざるを得ない。

　こうしたことがあちこちで生ずるから、サイバー空間は一定の不安定性を内包しつつ、バグを修正するという作業を通じて安定性を回復しようとする。しかし、完全に安定する間もなく、また新たなプラットフォームが構築される。言い換えれば、サイバー空間は、不完全な自己組織性に甘んじながら、次々と自己成長を遂げていく複雑系システムであるということができる。

　サイバー空間の犯罪者は、このようなサイバー空間の不完全性、すなわち新たなプラットフォームが修正される前のバグをいち早く見つけて、それを利用して犯罪を敢行して利益を得る。バグのある新たなプラットフォームは次々と登場するから、前のプラットフォームが修正されても、新たなプラットフォームが修正される前に十分な犯罪収益を得ることができる。サイバー犯罪の手口が、既存の法律では犯罪とはされていない不正行為である場合には、刑事法の改正という対処も必要となる。

　サイバー空間の犯罪者は、現実世界の犯罪者と同じく生身の人間であるから、犯罪者を生む犯罪原因は、現実世界の犯罪者と大きく異なることはない可能性があり、その限りにおいて伝統的な犯罪学の諸学説はサイバー犯罪に対して有効である可能性がある。先に紹介してきた、伝統的な犯罪理論がサイバー犯罪においても適用できたのは、犯罪者や被害者という人間に関する局面においてであった。

　しかし、犯罪者と被害者の接触の場となるサイバー空間は急激に変化しているのであるから、サイバー空間という環境がサイバー犯罪の予防にとっても大切であるということが一般的にいえたとしても、具体的に犯罪を予防するためのプラットフォームの修正は、新たなプラットフォームごと、バグごとの特殊性、サイバー犯罪の手段の特殊性に基づいたものにならざるを得ないであろう。このような事態においては、近代科学の一分野としての犯罪学がこれまでにやってきたように、バグの一般的傾向やサイバー犯罪の手口の一般的傾向を解明して対処策を発見するのではなく、セキュリティ技術者が行っているように、当該プラットフォームのバグはどのようなものか、犯罪に用いられているウイルスや不正アクセスの手段はどのようなものであるのか、個々の事例におけるプログラムや通信記録等を直接に閲覧することにより犯罪の特殊性を「読み解いて」、その特殊性に適したプログラムの修復や仕組みの改正を行うのが最も効率的な方法となろう。

　これを理論的に整理して述べると、様々なプラットフォームやこれを狙うサイバー犯罪によって構成されるサイバー空間という複雑系システムには、共通性と特殊性（個別性）の両方の要素が含まれているということである。そして、この特殊性（個別性）は、偶然生じたものではない。プラット

フォームの特殊性は、プラットフォーマーがより大きな付加価値を得られるように意図的に構築した特殊性であり、サイバー犯罪の犯罪者が考案する手口も、セキュリティ技術者や捜査官の裏をかくべく予想がつかないような手口が意図的に考案される。これらの特殊性は、平均からの誤差や偶然ではないから、この特殊性に焦点を当てた分析が求められる。

　近代科学とは科学哲学を異にする複雑系システム論の理論的価値は、ここにある。科学的法則性すなわち個別の事案の間の普遍的共通性の解明を任務としてきた近代科学の方法は、複雑系システムの共通性の解明には依然として適しているといえるが、複雑系システムの有する本質的な特殊性や個別性の分析には限界があるのではないか。複雑系システム論は、かつて科学的でないと批判されてきた社会生態学、シカゴ学派犯罪学、心理臨床家の見立て、警察実務家の暗黙知に、近代科学とは少し異なる科学理論を与える可能性のある理論である。

〈参考文献〉
　［邦語文献］
・財団法人社会安全研究財団情報セキュリティにおける人的脅威対策に関する調査研究会
　『情報セキュリティにおける人的脅威対策に関する調査研究報告書』（2010年）（https://www.syaanken.or.jp/wp-content/uploads/2012/05/cyber2203_01.pdf 最終閲覧2020. 3. 20）
・大沢秀介監修、『入門・安全と情報』（2015年、成文堂）
・金山泰介「サイバー犯罪被害実態調査（第1回）の結果について」危機管理学研究創刊号（2017年）102〜111頁
・金山泰介「サイバー犯罪及び詐欺被害の実態と対策について：平成29年犯罪被害実態調査結果から」警察政策21巻（2019年）181〜214頁
・川崎友巳『犯罪タイポロジー：犯罪の類型学［第2版］』（2014年、成文堂）
・河村博他編『概説サイバー犯罪——法令解説と捜査・公判の実際』（2018年、青林書院）
・小向太郎『情報法入門［第5版］』（2020年、NTT出版）
・四方光『社会安全政策のシステム論的展開』（2007年、成文堂）
・四方光「我が国におけるサイバー犯罪の現状と若干の犯罪学的及び刑事政策学的考察」法学新報117巻7＝8号（2011年）407〜441頁
・四方光『サイバー犯罪対策概論:法と政策』（2014年、立花書房）
・四方光「サイバー犯罪の動向」犯罪社会学研究45号（2020年）123〜130頁
・四方光「複雑系としてのサイバー犯罪」法学新報127巻9・10号（2021年）1頁
・羽室英太郎『情報セキュリティ入門［第3版］』（2014年、慶應義塾大学出版会）
・林紘一郎『情報法のリーガルマインド』（2017年、勁草書房）

- 安冨潔＝上原哲太郎編著『基礎から学ぶデジタル・フォレンジック』（2019年、日科技連）
- 渡邉和美「サイバー犯罪における人的脅威に関する研究」日本心理学会第74回大会報告書（2010年）451頁

［海外文献］
- Agnew, R. 1992. Foundation for a general strain theory of crime and delinquency. *Criminology*, 30 (1), 47-88
- Aker, R.L. 1973. *Deviant Behavior: A Social Learning Approach*. Belmont, CA: Wadsworth
- Bachmann, M. 2010. The risk propensity and rationality of computer hackers. *International Journal of Cyber Criminology*, 4, 643-656
- Becker, G.S. 1968. Crime and punishment: An economic approach. *The Journal of Political Economy*, Vol. 76, No. 2. 169-217.
- Bossler, A.M. 2020. Contributions of criminological theory to the understanding of cybercrime offending and victimization. In R. Leukfeldt & T.J. Holt Eds. *The Human Factor of Cybercrime*. New York, NY: Routledge
- Bossler, A.M. & Burruss, G.W. 2011. The general theory of crime and computer hacking: Low self-control hackers? In T.J. Holt & B.H. Schell Eds., *Corporate Hacking and technology-driven crime: Social dynamics and implication*. Hershey, PA:IGI-Global
- Bossler, A.M., & Holt, T.J. 2010. The effect of self-control on victimization in the cyberworld. *Journal of Criminal Justice*, 38, 227-236
- Bossler, A.M., Holt, T.J., & May, D.C. 2012. Predicting online harassment among a juvenile population. *Youth and Society*, 44, 500-523
- Bottoms, A.E. 2007. Place, space, crime, and disorder. In *The Oxford handbook of criminology*. 4th ed. Edited by Mike Maguire, Rod Morgan, and Robert Reiner. Oxford York: Oxford Univ. Press.
- Brady, P.Q., Randa, R., & Reyns, B.W. 2016. From WWII to the World Wide Web: A research note on social changes, online 'places,' and a new online activity ratio for routine activites theory. Journal of *Contemporary Criminal Justice*, 32 (2), 129-147
- Brenner, S.W. 2007. "At light speed": Attribution and response to cybercrime/terrorism/warfare. The Journal of Criminal Law and Criminology, 97, 379-475
- Bronfenbrenner, U. 1979. The Ecology of Human Development: Experiments by Nature and Design. Cambridge, MA: Harvard University Press
- Bursik, R.J. Jr. & Grasmick, H.G. 1993. *Neighborhoods and crime: The dimensions of effective community control*. New York: Lexington Books; Toronto: Maxwell Macmillan Canada; New York: Maxwell Macmillan International.
- Cohen, A.K., 1955. *Delinquent Boys: The Culture of the Gang*. New York: The Free Press,
- Cohen, L.E. & Felson, M. 1979. Social change and crime rate trends: A routine activity approach. *American Sociological Review* 44, 588-608

· Dupont, B. 2020. The ecology of cybercrime. In R. Leukfeldt & T.J. Holt Eds. *The Human Factor of Cybercrime*. New York, NY: Routledge

· Grabosky, P. N. 2001, Virtual criminality: Old wine in new bottles? *Social and Legal Studies*, 10, 243–249

· Goldsmith, A. & Brewer, R. 2015. Digital drift and the criminal interaction order. *Theoretical Criminology*, 19, 112–130

· Gottfredson, M. & Hirschi, T. 1990. *A General Theory of Crime*. Palo Alto, CA: Stanford University Press

· Graham, R.S. & Smith, S.K. 2020. *Cybercrime and digital deviance*. Routledge

· Guitton, C. 2012. Criminals and Cyber Attacks: The Missing Link between Attribution and Deterrence. *International Journal of Cyber Criminology*, Vol 6 (2): 1030–1043

· Higgins, G.E., Wilson, A.L., & Fell, B.D. 2005. An Application of Deterrence Theory to Software Piracy. *Journal of Criminal Justice and Popular Culture*, 12 (3), 166–184

· Hinduja, S. 2012. General Strain, Self-Control, and Music Piracy. *International Journal of Cyber Criminology*, Vol 6 (1): 951–967

· Hirschi, T. 1969. *Causes of Delinquency*. Berkeley, CA: University of California Press

· Holt, T.J. 2007. Subcultural evolution? Examining the influence of on- and off-line experiences on deviant subcultures. *Deviant Behavior*, 28, 171–198

· Holt, T.J. & Bossler, A.M. 2013. Examining the relationship between routine activities and malware infection indicators. *Journal of Contemporary Criminal Justice*, 29, 420–436

· Holt, T.J. & Bossler, A.M. 2016. Applications of criminological theory to cybercrimes. In T.J. Holt & A.M. Bossler, *Cybercrime in Progress: Theory and prevention of technology-enabled offenses*. Crime Science Series. London: Routledge

· Holt, T.J., Bossler, A.M., & May, D.C. 2012, Low self-control, deviant peer association, and juvenile cyberdeviance. American Journal of Criminal Justice, 37, 378–395

· Holt, T.J., Brewer, R., & Goldsmith, A, 2018. Digital drift and the "sense of injustice": Counter-productive policing of youth cybercrime. *Deviant Behavior*

· Holt, T.J., Freilich, J.D., & Chermak, S.M. 2017. Internet-based radicalization as enculturation to violent deviant subcultures. *Deviant Behavior*, 38 (8), 855–869

· Holt, T.J. & Turner, M.G. 2012. Examining risk and protective factors of on-line identity theft. *Deviant Behavior*, 33, 308–323

· Hui, K.L., KIM, S.H. & WANG, Q.H. 2017. Cybercrime deterrence and international legislation: Evidence from distributed denial of service attacks. *MIS Quarterly*. 41, (2), 497–523

· Jordan, T., & Taylor, P. 1998. A sociology of hackers. *The Sociological Review*, 46, 757–780

· Kranenbarg, M.W., Holt, T.J., & van Gelder, J. 2017. Offending and victimization in the digital age: Comparing correlates of cybercrime and traditional offending-only, victimization-only, and the victimization-offending overlap. *Deviant Behavior*, 40, 40–55

- Larsson, S., Svensson, M., & de Kaminski, M. 2012. Online piracy, anonymity and social change: Innovation through deviance. *Convergence: The International Journal of Research into New Media Technology*, 19 (1), 95–114
- Leukfeldt, E.R., Kleemans, E.R., & Stol, W.P. 2017, Cybercriminal networks, social ties and online forums: Social ties versus digital ties within phishing and malware networks. *British Journal of Criminology*, 57, 704–722
- Lianos, H., & McGrath, A. 2018. Can the general theory of crime and general strain theory explain cyberbullying perpetration? *Crime & Delinquency*, 64, 674–700
- Lusthaus, J. 2018. *Industry of anonymity: inside the business of cybercrime*. Harvard University Press
- Maimon, D., Kamerdze, A., Cukier M., & Sobesto, B. 2013. Daily trends and origin of computer-focused crimes against a large university computer network. *British Journal of Criminology*, 53, 319–343
- Marcum, C.D., Higgins, G.E., Ricketts, M.L., & Wolfe, S.E. 2014. Hacking in high school: Cybercrime perpetration by juveniles. *Deviant Behavior*, 35 (7), 581–591
- Matza, D. 1964. Delinquency and Drift. New York, NY: John Wiley & Sons, Inc.
- McCuddy, T. & Esbensen, F. 2017. After the bell and into the night: The link between delinquency and traditional, cyber-, and dual-bullying victimization. *Journal of Reserch in Crime and Delinquency*, 54, 409–411
- Merton, R.K. 1938. Social structure and anomie. *American Sociological Review*, 3, 672–682
- Moore, R. & McMullan, E.C. 2009. Neutralizations and Rationalizations of Digital Piracy: A Qualitative Analysis of University Students. *International Journal of Cyber Criminology*, Vol 3 (1): 441–45
- Morris, R.G. 2010. Computer hacking and the techniques of neutralization: An empirical assessment. In T.J. Holt & B.H. Schell Eds., *Corporate Hacking and technology-driven crime: Social dynamics and implication*. Hershey, PA:IGI-Global
- Morris, R.G., & Higgins, G.E. 2009. Neutralizing potential and self-reported digital piracy: A multitheoretical explanation among college undergraduates. *Criminal Justice Review*, 34, 173–195.
- North, DC. 1991. Institutions. *Journal of Economic Perspectives*, 5, no.1 (1991), 97–112
- Patchin, J.W., & Hinduja, S. 2011. Traditional and nontraditional bullying among youth: A test of general strain theory. *Youth & Society*, 43, 727–751
- Reiss, A.J. 1951. Delinquency as the failure of personal and social controls. *American Sociological Review*, 16, 196–207
- Reyns, B.W., Henson, B., & Fisher, B.S. 2011. Being pursued online: Applying cyberlifestyle-routine activities theory to cyberstalking. *Criminal Justice and Behavior*, 38, 1149–1169
- Reyns, B.W., Fisher, B.S., Bossler, A.M., & Holt, T.J. 2019. Opportunity and self-control: Do they predict multiple forms of online victimization? *American Journal of Criminal*

Justice, 44, 63–82

・Skinner, W.F., & Fream, A.M. 1997, A social learning theory analysis of computer crime among college students. *Journal of Research in Crime and Delinquency*, 34, 495–518

・Smallridge, J.L. & Roberts, J.R. 2013. Crime Specific Neutralizations: An Empirical Examination of Four Types of Digital Piracy. *International Journal of Cyber Criminology*, Vol 7 (2): 125–140

・Stalans, L.J. & Donner, C.M. 2018. Explaining why cybercrime occurs: Criminological and psychological theories. In H. Jahankhani Ed. *Cyber Criminology*. Springer Nature Switzerland AG

・Sutherland, E.H. 1939. *Principles of Criminology 3rd edn*. Phladelphia, PA: Lippencott.

・Sykes, G. & Matza, D. 1957. Techniques of neutralization: A theory of delinquency. *American Sociological Review*, 22, 664–670

・Turgeman-Goldschmit, O. 2011. Identity construction among hackers. InK. Jaishankar ed. *Cyber Criminology: Exploring Internet Crimes and Criminal Behavior*. Boca Raton, FL: CRC Press

・Wall, D.S. 1998. Catching cybercriminals: Policing the Internet, *International Review of Law, Computers, & Technology*, 12, 201–218

・Williams, M.L., 2016. Gardians upon high: An application of routine activity theory to online identity theft in Europe at the country and individual level. *British Journal of Criminology*, 56, 21–48

・Williams, M.L., Levi, M., Burnap, P., & Gundur, R.V. 2018. Under the corporate radar: Examining insider business cybercrime victimization through an application of routine activities theory. *Deviant Behavior*

・Yar, M. 2005, The novelty of "cybercrime": An assessment in light of routine activity theory. *European Journal of Criminology* 2, 405–417

・Yar, M. & Steinmetz, K.F. 2019. *Cybercrime and society. 3rd ed*. Sage Publication

（しかた・こう）

第 2 部

サイバー犯罪実体法

第3章
不正アクセス

東京都都民安全推進本部総合推進部都民安全推進課長
（元警察庁生活安全局情報技術犯罪対策課課長補佐）　　渡辺　和巳

1　不正アクセス行為の禁止等に関する法律の概要
2　不正アクセス行為の現状
3　IoT機器と法

1 不正アクセス行為の禁止等に関する法律の概要

1　立法の経緯

　1990年代には、コンピュータ・ネットワークが発展し、国民生活に浸透する中、ハイテク犯罪も急増し、その抑止が課題とされた一方、国際的にも、ハイテク犯罪対策に関する議論が進む中、我が国のみが不正アクセスを処罰する法制度を欠くことになれば、我が国がハイテク犯罪対策上の抜け道となるおそれが生じていた。こうした内外の情勢から、警察庁と郵政省がそれぞれの観点から不正アクセス対策法制について検討を行い、両省庁間で調整のうえ、通商産業省を共管に加え、国会に提出された。

2　法の目的等

　不正アクセス行為の禁止等に関する法律（平成11年法律第128号。以下この章において単に「法」という。）の目的は、「不正アクセス行為を禁止するとともに、これについての罰則及びその再発防止のための都道府県公安委員会による援助措置等を定めることにより、電気通信回線を通じて行われる電子計算機に係る犯罪の防止及びアクセス制御機能により実現される電気通信に関する秩序の維持を図り、もって高度情報通信社会の健全な発展に寄与すること」（法第1条）とされている。

　これは、不正アクセス行為等の禁止・処罰という行為者に対する規制と、

不正アクセス行為を受ける立場にあるアクセス管理者に防御措置を求め、アクセス管理者がその防御措置を的確に講じられるよう行政が援助するという防御側の対策という2つの側面から、不正アクセス行為の防止を図ろうとするものである。

　なお、法は、電子計算機等に記録されている情報を保護したものではない。電子計算機に記録された情報が不正に持ち出されるなどした場合、当該持出し行為そのものについては、対象となる情報が他の法令（例えば、不正競争防止法、特定秘密保護法等）で保護されている場合には、それらの法令に抵触することとなる。

　また、法は、電子計算機の無権限使用を禁止しているものではなく、アクセス制御機能の付加されていない電子計算機については、法の保護対象ではない。

　例えば、個人が私用で用いるノートパソコンは、一般的にはアクセス制御機能が付加されていないと考えられるところ、これらに対してトロイの木馬型のマルウェアに感染させ、外部から遠隔操作を行うような不正なアクセスについては、法で規定する不正アクセス行為に当たらない場合が多いと考えられる。

3　不正アクセス行為

　不正アクセス行為は、本来アクセスする権限のないコンピュータを利用する行為であり、「不正ログイン型」（法第2条第4項第1号）及び「セキュリティ・ホール攻撃型」（同第2号及び第3号）に大別される。

(1)　不正ログイン型

　不正ログイン型は、次のように定義されている。

　「アクセス制御機能①を有する特定電子計算機②に電気通信回線を通じて当該アクセス制御機能に係る他人の識別符号③を入力して当該特定電子計算機を作動させ、当該アクセス制御機能により制限されている特定利用④をし得る状態にさせる行為（当該アクセス制御機能を付加したアクセス管理者⑤がするもの及び当該アクセス管理者又は当該識別符号に係る利用権者⑥の承諾を得てするものを除く。）」

①　アクセス制御機能とは、特定電子計算機の特定利用を正規の利用権者等以外の者ができないように制限するために、アクセス管理者が特定電子計算機又は特定電子計算機と電気通信回線で接続されている電子計算機に持たせている機能であり、具体的には、特定電子計算機の特定利用をしようとする者に電気通信回線を経由して識別符号（識別符号を用いてアクセス管理者の定める方法により作成される符号と当該識別符号の一部を組み合わせた符号を含む。）の入力を求め、正しい識別符号が入力された場合にのみ利用制限を自動的に解除し、正しい識別符号でなかった場合には利用を拒否するコンピュータの機能である。

この機能を持たせる電子計算機は、特定利用を制限しようとする電子計算機そのものである必要はなく、それら電子計算機と電気通信回線で接続された認証サーバやゲートウェイサーバを用いてもよい。

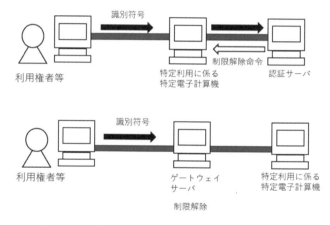

なお、コンピュータに何らかのセキュリティに関する機能が備わっていれば直ちにアクセス制御機能があるわけではない（例えば、一般にいうファイアーウォールは識別符号を利用していないことからアクセス制御機能に当たらない）ことに留意が必要である。

②　特定電子計算機とは、電気通信回線（インターネット回線、企業内LAN等）に接続された電子計算機をいう。

③　識別符号とは、利用権者及びアクセス管理者（以下、利用権者及びアクセス管理者を「利用権者等」という。）ごとに定められている符号で、アク

セス管理者がその利用権者等を他の利用権者等と区別して識別するために用いるものであり、次のいずれかに該当する符号又はつぎのいずれかに該当する符号とその他の符号を組み合わせ、利用者等の識別及びなりすましの排除の機能を有するものをいう。

ア　アクセス管理者によって、その内容をみだりに第三者に知らせてはならないものとされている符号（第2条第2項第1号）

　一般にいうパスワードがこの代表例である。IDと組み合わせて運用されるパスワードについては、一般に、IDにより利用権者等の識別を、パスワードによりなりすましの排除を行っていることから、パスワードのみでは識別符号に当たらず、IDとの組合せにより識別符号としての役割を果たすことになる。

　また、一連の文字列であっても、利用者等の識別となりすましの排除の両方の機能を有する場合がある。

イ　利用権者等の身体の全部若しくは一部の影像又は音声を用いてアクセス管理者が定める方法により作成される符号（同項第2号）

　ここにいう影像の例としては、指紋や虹彩が挙げられる。アクセス管理者が定める方法とは、これら影像の特徴を数値化・符号化する方法である。こうして作成される符号については、それらのみで識別符号となっているもののほか、ID等のその他の符号と組み合わされて識別符号になっているものがある。

ウ　利用権者の署名を用いてアクセス管理者が定める方法により作成される符号（同項第3号）

　署名の形状や筆圧、動態等から特長を取り出して数値化・符号化するようなものを指し、第2号と同様に、それらのみで識別符号となっているもののほか、ID等のその他の符号と組み合わされて識別符号になっているものがある。

　④　特定利用とは、特定電子計算機を電気通信回線を通じて利用することをいう。

　⑤　アクセス管理者とは、特定電子計算機の利用につき、その動作を管理する者をいい、個人、法人の別を問わない。なお、法人がコンピュータを運

用している場合、アクセス管理者は、システムの管理に任ぜられた個人ではなく、当該法人自体である。

　アクセス管理者は、コンピュータの動作を管理していればよく、コンピュータを所有しているかどうかは関係ない。例えば、インターネット・サービス・プロバイダのサーバの一部を利用してホームページを開設している者については、当該ホームページの閲覧という特定利用について、誰に認めるかなどについて管理していることから、その限度において、アクセス管理者といえる。当然、物理的には1台のコンピュータについて、2以上のアクセス管理者が存在することもあり得る。また、同様に、自社のシステムをレンタルサーバ事業者等のクラウド上に構築する企業も増えてきていると思われるが、当該システムについてのアクセス管理者は、レンタルサーバ事業者ではなく、システムを運用するユーザ企業と考えられる。

　現在、仮想化技術等により、2以上のコンピュータを1台のマシンとみなして運用することが増えてきているものと思われるが、そうした場合には、それら全体についてのアクセス管理者が存在すると解することが自然と考えられる。

　⑥　利用権者とは、特定電子計算機を特定利用することについて、アクセス管理者の許諾を得た者をいう。

⑵　セキュリティ・ホール攻撃型

　セキュリティ・ホール攻撃型は、法第2条第4項第2号においては、次のように定義されている。

　「アクセス制御機能を有する特定電子計算機に電気通信回線を通じて当該アクセス制御機能による特定利用の制限を免れることができる情報（識別符号であるものを除く。）又は指令を入力して当該特定電子計算機を作動させ、その制限されている特定利用をし得る状態にさせる行為（当該アクセス制御機能を付加したアクセス管理者がするもの及び当該アクセス管理者の承諾を得てするものを除く。次号において同じ。）」

　これは、いわゆるセキュリティ・ホール（アクセス制御機能のプログラムの瑕疵、アクセス管理者の設定上のミス等のコンピュータ・システム上の安全対策の不備）がある場合に、特殊な情報や指令を入力することにより、本来識別

符号を入力しなければ行うことができない特定利用をし得る状態にさせることである。

　このことからもわかるように、法は、アクセス管理者の意図に反するアクセス制御機能におけるプログラムの瑕疵や設定上の不備の存在を想定しており、仮に識別符号を入力する以外の方法によっても識別符号を入力した場合と同じ特定利用ができる場合にも、直ちにアクセス制御機能がないとはいえないが、アクセス管理者が当該特定利用を誰にでも認めているような場合には、アクセス制御機能による特定利用の制限がないものと解される。

　アクセス管理者またはその承諾を得た者が行う場合は禁止の対象から除外されているが、これは、セキュリティチェック等の正当な利用形態が想定されるためである。

　なお、同項第3号は、認証サーバではなく、利用対象サーバに対して直接セキュリティ・ホール攻撃を行う方法について規定したものである。

不正アクセス行為の類型

第1号（不正ログイン）

他人の識別符号

不正アクセス行為者　　　認証サーバ

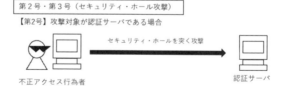

第2号・第3号（セキュリティ・ホール攻撃）

【第2号】攻撃対象が認証サーバである場合

セキュリティ・ホールを突く攻撃

不正アクセス行為者　　　認証サーバ

【第3号】認証サーバではなく、利用対象サーバを直接攻撃する場合

セキュリティ・ホールを突く攻撃

不正アクセス行為者　　　利用対象サーバ

認証サーバ

⑶　不正アクセス行為に用いられる典型的な攻撃類型

ア　総当たり攻撃（brute force attack）

　総当たり攻撃とは、考えられる ID・パスワードのパターンについて、片っ端から検証する方法である。英名の "brute force" の原義は「力づく」である。攻撃者が文字列の組合せを認証サーバに片っ端から入力することによりアクセス制御機能による制限の解除を試みた場合に、当該組合せが識別符号に合致した場合には、不正ログインに該当すると考えられる。また、当該組合せが識別符号に当たらないものの、セキュリティ・ホールを突くことによりアクセス制御機能による制限を解除することがあり得、この場合、セキュリティ・ホール攻撃に当たると考えられる。

　また、辞書に掲載されている言葉を参考に片っ端から入力することにより、効率的に識別符号を割り出そうとする攻撃手法を、辞書攻撃（dictionary attack）という。

　総当たり攻撃や辞書攻撃への対策としては、サービスのアカウントにログイン試行回数を設定すること等が挙げられる。

イ　パスワードリスト攻撃

　パスワードリスト攻撃とは、インターネットサービスから流出した ID・パスワードのリストを用いて他のインターネットサービスのアカウントに対してログインを試みる手法であり、複数のサービスで同一の ID・パスワードを使いまわしている場合に、一つのサービスで使用している ID・パスワードの流出が他のサービスのアカウントの乗っ取りにつながってしまう。

　管理が杜撰なシステムに侵入して直接情報を不正入手するほか、別の攻撃者からリストを購入する場合もあると考えられる。

　また、ID として利用者のメールアドレスを用いるシステムについては、同一 ID を使いまわしているという推測が成り立ちやすいため、パスワードリスト攻撃の標的になりやすいと考えられる。

　パスワードリスト攻撃については、不正ログイン型の不正アクセス行為が成立する場合が多いと考えられるが、セキュリティ・ホール攻撃型が成立する場合もあり得ないわけではない。

　防止のためには、ユーザが複数のサービスで同一の ID・パスワードを使

いまわさないことが必要である。

ウ　SQL インジェクション攻撃

SQL とは、データベースを操作するためのプログラミング言語のことであり、インターネットの Web サイト等の入力画面に対して、直接 SQL 命令文の文字列を入力することで、同サイト等に脆弱性があると、サイト側が SQL 文を命令と認識し、内部のデータベースの操作が可能となってしまう。

一般に SQL インジェクション攻撃は、セキュリティ・ホール攻撃に該当すると考えられる。

防止のためには、サイト管理者側が、そもそも開発段階で脆弱性を生じさせないよう努めることに加え、入力欄に SQL 文を入力させないため入力可能文字数に制限を設けること、ファイアウォール等によりその種攻撃を防止することが考えられる。

エ　セッションハイジャック

Web サイトに ID・パスワードを入力して認証を行いログインした場合、ログアウトしてその Web ページを退出するまでの間、Web サイト側からユーザの端末のブラウザにセッション ID を付すなどしてログイン状態を保存することがある。そうしたセッション ID 等を何らかの方法で推知・窃取等して偽装することにより、同セッション ID 等を割り振られたユーザになりすまして同 Web サイトを利用することをセッションハイジャックという。

セッション ID 等は、機器との接続状態を維持するためのものであり、利用権者等の識別に用いられるものではないことから、識別符号には当たらないと考えられ、セッションハイジャックは、一般にセキュリティ・ホール攻撃に当たると考えられる。

セッションハイジャックを防止するためには、

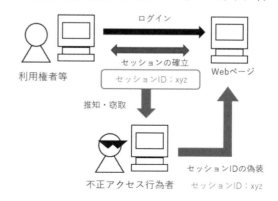

Web サイト管理者側がセッション ID を推知されにくくするための各種対策を講じることが考えられる。

⑷　フィッシング行為

法第 7 条では、いわゆるフィッシング行為が禁止されている。ここでいうフィッシング行為は、アクセス管理者が公開したウェブサイト（第 1 号）又はアクセス管理者が送信した電子メール（第 2 号）であると利用権者に誤認させて、アクセス管理者が ID・パスワードの入力を求める旨の情報を閲覧させようとする行為であり、実際に他人の識別符号を取得することは要件ではない。典型的には、アクセス管理者の名称やロゴを用いてその種のウェブサイトを構築したりメールを送信する行為が考えられる。

利用権者を誤認させようとする意図が必要であり、例えば、実際に発生したフィッシングの画面を、被害にあったアクセス管理者や情報セキュリティ事業者が注意喚起のために公開する行為等は、本条の禁止行為に当たらない。なお、フィッシング（phishing）は、魚釣り（fishing）と洗練（sophisticated）から作られた造語であるといわれており、一般用語として使われた場合には、識別符号のほか、クレジットカード番号等の重要な個人情報を盗み出す行為も含まれることがあり、また、フィッシング詐欺と表現されることもある。

⑸　その他の禁止行為

ア　不正取得の禁止

法第 4 条では、他人の識別等符号を不正に取得することを禁止している。「取得」とは、識別符号を自己の支配下に移す行為をいい、具体的には、識別符号が記載された紙や識別符号が記録された USB メモリ等を入手すること、自らが使用するコンピュータの画面上に識別符号を表示させること、再現可能な状態で識別符号を記憶すること等をいう。

【ショルダーハック】

キーボード等により入力しているところを後ろから盗み見て、パスワード等の重要な情報を不正に入手する方法であり、ソーシャルエンジニアリング（人間の心理的な隙等を突いて、コンピュータに侵入するための情報を盗み

出すこと。）の手法のひとつで、肩越しに覗くことから、このように命名されている。これに対しては、一般に、パスワード入力画面で入力した文字を非表示にする、ATM等においては入力キーの配置の変更を可能とするなどの対策が講じられている。

イ　助長行為の禁止

法第5条では、不正アクセス行為を助長する行為として、他人の識別符号を無断で第三者に提供する行為が禁止されている。近年、一人の人間が同一の識別符号を多数のWebサービスで使いまわすことが一般化している結果、パスワードリスト攻撃のリスクが増大していることから、どの特定電子計算機の特定利用に係るものか必ずしも明らかでない識別符号を提供する行為についても、禁止の対象となっている。

なお、業務その他の正当な理由による場合は、禁止から除外されている。例えば、情報セキュリティ事業者が、ダークウェブを含むインターネット上に流出している識別符号のリストを、不正アクセス対策のため、契約している企業に提供する行為等がこれに当たると考えられる。

ウ　不正保管の禁止

法第6条では、不正に取得された他人の識別符号を不正アクセス行為の用に供する目的で保管することを禁止している。

(6)　不正アクセス行為からの防御措置

法は、不正アクセス行為の発生の防止のため、禁止規定や罰則のみならず、防御措置等についても規定している。

法第8条では、アクセス管理者に対し、不正アクセス行為からの防御措置として、識別符号の適正な管理、アクセス制御機能の有効性の検証や高度化等に関する責務を定めている。

また、法は、アクセス管理者が適切にそうした責務を果たすことができるよう、第9条ではアクセス管理者に対する都道府県公安委員会からの援助等について、また、第10条では国による広報啓発活動について規定している。

2 不正アクセス行為の現状

1 不正アクセス行為の認知件数

　国家公安委員会、総務省及び経済産業省は、法第10条第1項に基づき、毎年、不正アクセス行為の発生状況等を公表している。それによると、令和元年に警察が認知した不正アクセス行為の認知件数は、2,960件であった。過去10年間の数値は下記のとおりであり、一定の傾向を読み取ることはできない。

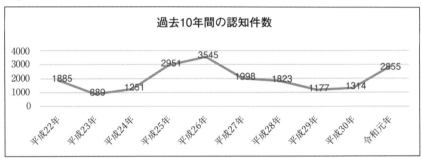

2 不正アクセス行為を伴う身近な犯罪手口の例

(1) インターネットバンキングに係る不正送金事犯

　金融機関の提供するインターネットバンキングサービスの利用の増加に伴い、それらサービスに係る ID・パスワードを何らかの方法で不正に取得し、不正にログインを行った上で口座から第三者の口座に対して送金を行うなどの手口の犯罪が発生するようになっており、警察庁では、平成24年からその種の犯罪に関する統計を公表している。平成26年から平成27年にかけてピークを迎えた被害は、金融機関による不正送金に用いられた IP アドレスの監視、ワンタイムパスワードの導入等の対策により減少していたが、令和元年度には、再び増加に転じた。

　ID・パスワードを不正に取得する手口としては、

　・改ざんしたウェブサイトの閲覧や添付ファイル付き電子メール等からウィルスに感染させ、インターネットバンキング利用時に精巧な銀行のニセの画面を表示させて、インターネットバンキングにおける ID・パ

　　スワード、乱数表、合言葉等の認証情報を入力させるもの

・銀行を装ったニセのメールを送るなどして、銀行のログイン画面を精巧
　に模倣したニセのホームページに誘導し、インターネットバンキングに
　おける ID・パスワード、乱数表、合言葉等の認証情報を入力させるも
　の

等がある。

　なお、一般財団法人日本サイバー犯罪対策センター（Japan Counter
Cybercrime Center: JC3）の分析によると、令和元年度の被害の急増に係る手
口としては、銀行を騙ったフィッシングメールによりフィッシングサイトに
誘導し、インターネットバンキングのパスワードを入力させるというもので
あり、SMS（ショートメッセージサービス）を悪用する、JP ドメインを使用
する、ID・パスワードのみならずワンタイムパスワードを入力させる等の
特徴があったという。

(2)　コード決済サービスの不正利用事案

ア　概　　　要

　平成30年から平成31年にかけて、コード決済サービスに係る大規模な不正
利用事案が続発した。このうち、不正アクセス行為によるものとしては、個
人アカウントに登録したクレジットカード等による不正なチャージやチャー
ジ済み残高を不正に使用するなどの手口がみられた。

　なお、2019年 7 月に発生した株式会社セブン・ペイが運営するバーコード
決サービス7pay のアカウントに対する不正アクセスに関して、同社等が行っ
た内部調査によると、当該不正利用の手口は、攻撃者がどこかで不正に入手
した ID・パスワードのリストを用い、7pay の利用者になりすましつつ不正
アクセスを試みる、いわゆる「リスト型アカウントハッキング」（パスワー
ドリスト型攻撃）である可能性が高いとされている。

イ　検　挙　事　例

　中国国籍の男（29歳）は、令和元年7月、不正に取得した ID・パスワード
を使用してコード決済システムに不正アクセスし、コンビニエンスストアに
おいて、持っていたスマートフォンに表示した他人がユーザ登録した同シス
テムのバーコード画面を提示し、電子タバコカートリッジを詐取した。令和

元年10月、熊本県警察は、男を不正アクセス禁止法違反（不正アクセス行為）及び詐欺で検挙した。

(3) その他の検挙事例

ア 企業に対する不正アクセス行為に関する例

高校生の少年（16歳）らは、平成27年５月から同年11月までの間、SQL インジェクションによる不正アクセスにより、企業のサーバコンピュータから多数の他人のID・パスワードを不正に取得し、同ID・パスワードを使用してショッピングサイトに不正にアクセスして玩具を購入した。28年９月、宮城県警察は、不正アクセス禁止法違反（不正アクセス行為）等で検挙した。

イ 職場のシステムに対する不正アクセス行為に関する例

公務員の男（50歳）は、平成29年１月から平成31年２月までの間、勤務先のサーバに対して、勤務先の職員のID・パスワードを無断で使用して不正アクセスし、データを不正に入手した。令和元年９月、長崎県警察は、男を不正アクセス禁止法違反（不正アクセス行為）で検挙した。

ウ オンラインゲームに係る不正アクセス行為に関する例

会社員の男（39歳）は、平成30年５月、他人のID・パスワードを使用してスマートフォン用オンラインゲームのデータ引継ぎ機能に不正アクセスし、他人のゲームデータを乗っ取った。同年11月、福島県警察は、男を不正アクセス禁止法違反（不正アクセス行為）、私電磁的記録不正作出・同共用等で検挙した。

エ フィッシング行為に関する例

高校生の少年（16歳）は、平成28年７月から同年10月までの間、他人のID・パスワードを不正に取得するため、SNS サイト等を模したフィッシングサイトをインターネット上に公開し、当該サイトを閲覧した者にID・パスワードを入力させてこれを取得した。29年６月、宮城県警察等は、不正アクセス禁止法違反（識別符号の入力を不正に要求する行為）で検挙した。

3　IoT機器と法

1　IoT機器に不正なアクセスを行うマルウェアの出現

　平成28年9月には、マルウェア「Mirai」に感染しボットネットと化した IoT機器から大量のDDoS攻撃が行われるなど、IoT機器を踏み台にしたサイバー攻撃が顕在化していた。「Mirai」については、パスワード設定等が脆弱なIoTに対して不正なアクセスを行い、感染するマルウェアであり、日本国内でも、相当数のIoT機器が既に感染している、または、容易に感染する可能性があると推測されたところ、2020年に東京でのオリンピック・パラリンピック開催を控え、IoT機器を踏み台とした大規模なサイバー攻撃を防止するため、現にインターネットに接続されている国内のIoT機器の実態を把握し、対処する必要が生じていた。

2　IoT機器に対する調査の実施

　このような状況に対し、平成29年には、総務省では、一般社団法人ICT-ISAC及び横浜国立大学等と連携し、国民生活・社会生活に直接影響を及ぼす可能性の高いものを中心に、インターネットに接続されたIoT機器について調査を行い、脆弱な状態のIoT機器を発見した場合には、所有者に対する注意喚起等を行う取組を実施した。

　他方、アクセス制御機能の付されたIoT機器に対して許可なく他人の識別符号を入力する行為は、不正アクセス行為に該当するおそれがあることから、パスワード設定の脆弱さについて調査を行おうとした場合、公開されているマニュアルに記載され、設定変更がなされていないID・パスワードを放置しており、およそアクセス制御機能が付加されているとはいえない機器しか対象とできないという限界があったと考えられる。

　そのため、平成30年には、アクセス制御機能の付加されているIoT機器を含め、パスワード設定の不備のある機器の実態調査を行うため、国立研究開発法人情報通信研究機構法（平成11年法律第162号。以下「NICT法」という。）が改正され、国立研究開発法人情報通信研究機構（National Institute of Information and Communications Technology：NICT）の業務にパスワード設

定等に不備のある IoT 機器の調査等が加えられた（5年の時限措置）。

　同法は、同年11月に施行され、これに基づき、平成31年2月から、総務省及び NICT は、IoT 機器調査及び利用者への注意喚起の取組「NOTICE（National Operation Towards IoT Clean Environment）」を開始した。

　NOTICE は、NICT が①インターネット上の機器に、容易に推測されるパスワードを入力するなどして、サイバー攻撃に悪用されるおそれのある機器を特定し、②当該機器の情報をインターネットサービスプロバイダ（ISP）に通知し、③ISP が当該機器の利用者を特定し、注意喚起を実施するという取組であり、令和元年12月までの同注意喚起の対象となった件数は、延べ1,328件であった。

　①の段階で行われるパスワードの入力行為は、対象となる IoT 機器のアクセス管理者や利用権者の承諾を得ずに行うものであり、NICT 以外の者が行えば、たとえ正当な調査・研究目的によるものであっても、不正アクセス行為に該当し得る。そこで、NICT 法では、NICT が、自らの端末設備等を送信元とし、アクセス制御機能を有する特定電子計算機に対して他人の識別符号であって一定の基準を満たさないものを入力し、特定利用をし得る状態にさせる行為を「特定アクセス行為」として、不正アクセス行為から除外している。

　NOTICE に関する実施計画によると、特定アクセス行為において用いられる識別符号の方針は、過去の特定のサイバー攻撃で用いられたマルウェアやその亜種で利用されている識別符号、同一の文字のみの暗証符号を用いているもの（1111、aaaa 等）、連続した文字のみの暗証符号を用いているもの（1234、abcd 等）、連続した文字のみを繰り返した暗証符号を用いているもの（12341234、abcdabcd 等）等である。なお、同方針に基づき具体的に入力する識別符号については、公表されていない。

3　Society5.0に向けて

　Society5.0とは、サイバー空間（仮想空間）とフィジカル空間（現実空間）を高度に融合させたシステムにより、経済発展と社会的課題の解決を両立する、人間中心の社会（Society）であり、狩猟社会（Society 1.0）、農耕社会

（Society 2.0）、工業社会（Society 3.0）、情報社会（Society 4.0）に続く新たな社会を指すもので、第5期科学技術基本計画において我が国が目指すべき未来社会の姿として初めて提唱された。

　Society5.0では、IoTで全ての人とモノがつながり、様々な知識や情報が共有され、今までにない新たな価値を生み出すことで、様々な社会の課題や困難を克服することとされており、今後、アクセス制御機能を備えたIoTが国民生活においてさらに普及していくことが予想される中、法の重要性は今後ますます高まっていくものと考えられる。

　他方、一部のセキュリティ研究者から、法が研究開発の妨げになるとの懸念が提起されているなど、法の正確な内容は必ずしも広く一般に認識されていないおそれがあることから、引き続き関係省庁・業界が協力して周知に努めることが必要である。

　また、個別の機器やサービスの仕様にもよるが、IoT機器を所有・管理する者が広くアクセス管理者となり得ることから、NOTICE等の単発の取組にとどまらず、法第8条に規定するアクセス管理者の責務について、広く国民に周知し、必要な者に順守を呼びかけることも、今後重要になっていくものと考えられる。

〈参考文献〉
・一般社団法人全国銀行協会　ネットバンキング犯罪　（2020年8月8日、https://www.zenginkyo.or.jp/hanzai/7316/）
・一般財団法人日本サイバー犯罪対策センター　インターネットバンキングの不正送金の被害に注意　（2020年8月8日、https://www.jc3.or.jp/topics/banking/phishing.html）
・株式会社セブン＆アイ・ホールディング　「7pay（セブンペイ）」サービス廃止のお知らせとこれまでの経緯、今後の対応に関する説明について　（2020年5月4日、https://www.7andi.com/company/news/release/201908011500.html）
・警察庁　令和元年中におけるサイバー空間をめぐる脅威の情勢等について　（2020年8月3日、https://www.npa.go.jp/publications/statistics/cybersecurity/data/R01_cyber_jousei.pdf）
・警察庁　平成30年中におけるサイバー空間をめぐる驚異の情勢等について　（2020年8月3日、https://www.npa.go.jp/publications/statistics/cybersecurity/data/H30_cyber_jousei.pdf）
・警察庁　平成29年中におけるサイバー空間をめぐる驚異の情勢等について　（2020年8月3日、https://www.npa.go.jp/publications/statistics/cybersecurity/data/H29_cyber_

jousei.pdf）
・警察庁　平成28年中におけるサイバー空間をめぐる驚異の情勢等について　（2020年 8 月
 3 日、https://www.npa.go.jp/publications/statistics/cybersecurity/data/H28cyber_jousei.
 pdf）
・警察庁　不正アクセス行為の禁止等に関する法律の解説　（2020年 8 月 3 日、https://
 www.npa.go.jp/cyber/legislation/pdf/1_kaisetsu.pdf）
・国家公安委員会、総務大臣及び経済産業大臣　不正アクセス行為の発生状況及びアクセ
 ス制御機能に関する技術の研究開発の状況　（2020年 8 月 3 日、https://www.npa.go.jp/
 cyber/pdf/R020305_access.pdf）
・国家公安委員会、総務大臣及び経済産業大臣　不正アクセス行為の発生状況及びアクセ
 ス制御機能に関する技術の研究開発の状況　（2020年 8 月 3 日、https://www.npa.go.jp/
 cyber/statics/h26/pdf041.pdf）
・総務省　IoT機器に関する脆弱性調査等の実施（2020年8月4日、https://www.soumu.
 go.jp/menu_news/s-news/02ryutsu03_04000088.html）
・総務省　IoT機器調査及び利用者への注意喚起（NOTICE等）（2020年 8 月 8 日、
 https://www.soumu.go.jp/main_content/000687300.pdf）
・総務省サイバーセキュリティ統括官室　国立研究開発法人情報通信研究機構法（平成11
 年法律第162号）附則第 8 条第 2 項に規定する業務の実施に関する計画の認可申請の概
 要　（2020年 8 月 8 日、https://www.soumu.go.jp/main_content/000595925.pdf）
・総務省　国民のための情報セキュリティサイト　（2020年 8 月 8 日、https://www.soumu.
 go.jp/main_sosiki/joho_tsusin/security/glossary/03.html及　びhttps://www.soumu.
 go.jp/main_sosiki/joho_tsusin/security/enduser/security01/05.html）
・高市早苗　サイバーセキュリティ対策④：セキュリティ研究者・技術者の法的保護
 （2020年 8 月 8 日、https://www.sanae.gr.jp/column_detail1207.html）
・内閣サイバーセキュリティセンター　2020年及びその後を見据えたサイバーセキュリ
 ティの在り方について ── サイバーセキュリティ戦略中間レビュー ──　（2020年 8 月 4
 日、https://www.nisc.go.jp/active/kihon/pdf/csway2017.pdf）
・内閣府　Society5.0　（2020年 5 月10日、https://www8.cao.go.jp/cstp/society5_0/index.
 html）
・不正アクセス対策法制研究会『逐条不正アクセス行為の禁止等に関する法律［第 2 版］』
 （2012年、立花書房） 1 ～16、28、56～58頁

（わたなべ・かずみ）

第4章
刑法上のサイバー犯罪

筑波大学情報学群知識情報・図書館学類助教　　**髙 良　幸 哉**

1　は じ め に
2　コンピュータ・電磁的記録に対する罪
3　ネットワーク利用犯罪
4　不正指令電磁的記録に関する罪
5　お わ り に

1 はじめに

　サイバー犯罪は大きく分けると、コンピュータ・電磁的記録に関する罪、ネットワーク利用犯罪、不正アクセス禁止法違反に分けられる。サイバー犯罪はICTの進歩とともに、その犯罪形態が多様化しており、これらの犯罪に対し、刑法は種々の法改正により対応してきた。1987年改正においては、コンピュータ・電磁的記録に関する各構成要件が規定され、1990年代以降はパソコンネットやインターネットを利用した犯罪が増加し、2011年刑法改正において、一部のネットワーク利用犯罪について立法による対応がなされた。また、2011年改正では、コンピュータウイルスに関する罪である不正電磁的記録作出等罪が規定されている。本章では、刑法典上規定されているサイバー犯罪類型について概観する。

2 コンピュータ・電磁的記録に対する罪

1　電磁的記録不正作出等罪（刑法161条の2）

(1)　概　　要

　電磁的記録不正作出罪は1987年刑法改正において新設された。本罪は、刑法第17章文書偽造の罪において規定されており、「電磁的記録に対する公共

の信用」を保護法益とする。電磁的記録とは「電子的方式、磁気的方式その他人の知覚によっては認識することができない方式で作られる記録であって、電子計算機による情報処理の用に供されるもの」であり（刑法7条の2）、それ自体では可視性や可読性をもたないものである。行政文書等が電子化される中、電磁的記録の証明機能を保護する必要があり、従来の文書偽造罪では対処困難となっていた[1]。刑法161条の2の新設はかかる状況に立法的解決を行ったものであり、これに関連し、公正証書原本不実記載等罪（刑法157条）の客体に電磁的記録が加えられている。

(2)　構成要件

刑法161条の2第1項は、「人の事務処理を誤らせる目的で、その事務処理の用に供する権利、義務又は事実証明に関する電磁的記録を不正に作った者は、5年以下の懲役又は50万円以下の罰金に処する」とする。

161条の2の客体は「事務処理の用に供する権利、義務又は事実証明に関する電磁的記録」である。ここにいう「事務」処理とは、財産上、身分上のものに限定されず、広く社会生活に影響を及ぼす仕事の処理を意味し、「用に供する」とは当該事務処理のために使用できる性質を有することである。「権利、義務又は事実証明に関する」とは、私文書偽造罪（159条）における限定と同様であり、権利や義務の得喪に関するもの、法律上あるいは社会生活上重要な事実の証明に関するものを意味する。

本条1項について、かかる電磁的記録を「人の事務処理を誤らせる目的」で「不正に作り出」すことが本罪の構成要件であり、主観的構成要件として「人の事務処理を誤らせる目的」が要求される。この目的は、私文書偽造罪における「行使の目的」に対応するものである。ここにいう「人」とは、行為者以外の者であり法人も含まれ、当該「人」の社会生活に広く影響を及ぼす事項の処理を「誤らせる」目的をもって行為することを要する。

（1）　改正以前に電磁的記録の文書性を認めたものとして、名古屋高金沢支判昭和52年1月27日判時852号126頁がある。また、最（一小）決昭和58年11月24日刑集37巻9号1538頁は、道路運送車両法に規定する電子情報処理組織による自動車登録ファイルは刑法157条1項にいう「権利、義務ニ関スル公正証書ノ原本」に当たるとしているが、登録ファイルの文書性そのものは否定するとする谷口正孝裁判官の補足意見が付されている。

　本罪の実行行為は、電磁的記録の「不正作出」行為である。本罪にいう「不正に」とは、事務処理を行おうとする者の意思に反し、権限を与えられることなく、あるいは権限の範囲を超えて、電磁的記録を作出することである。顧客情報データベースの改ざん[2]などがこれに当たる。

　また第2項は、「前項の罪が公務所又は公務員により作られるべき電磁的記録に係るときは、10年以下の懲役又は100万円以下の罰金に処する」とし、不正作出された電磁的記録が「公務所又は公務員により作られるべき電磁的記録に係る」ときには刑が加重される。これは、文書偽造罪にいう「公文書」に対応するものである。

　また、「不正に作られた権利、義務又は事実証明に関する電磁的記録を、1項の目的で、人の事務処理の用に供した」場合も、当該電磁的記録を不正作出した者と同様の刑に処される（3項）。「用に供する」（供用）とは、不正に作出された電磁的記録を、他人の事務処理のため、これに使用される電子計算機において処理しうる状態におくことであり、偽造文書行使罪にいう「行使」に対応するものである。不正作出された偽造キャッシュカードをATMに挿入する行為などが本罪に該当する。

　なお、本条1項から3項の罪については、未遂も処罰されうる（4項）。

2　支払い用カード電磁的記録に関する罪（刑法163条の2以下）

(1)　概　　要

　支払い用カード電磁的記録に関する罪は、2001年刑法改正で第18章の2として、有価証券偽造の罪の次に加えられた。クレジットカードをはじめとした決済手段は、現金決済の代替手段として、その利用が拡大しており、かかる決済システムは重要な社会的インフラとなっている。本罪の保護法益は、「支払い用カードを構成する電磁的記録の真正、ひいてはこれらの支払い用

（2）　顧客情報データベースの改ざんについて、京都地判平成9年5月9日判時1613号157頁。その他、勝ち馬投票券の磁気ストライプ部分への印磁（甲府地判平成元年3月31日判時1311号160頁）、キャッシュカードの磁気ストライプ部分の改ざん（東京地判平成元年2月17日判タ700号279頁）など。また、B-CASカードに記録された電磁的記録の改変も不正作出に当たる（大阪高判平成26年5月22日裁判所ウェブサイト掲載）。

カードを用いた支払いシステムへの社会的信頼」であって、本罪の立法当時すでに問題となっていた、クレジットカードのスキミング行為等が本罪の対象となる。

(2) 構成要件

刑法163条の2第1項は、「人の財産上の事務処理を誤らせる目的で、その事務処理の用に供する電磁的記録であって、クレジットカードその他の代金又は料金の支払用のカードを構成するものを不正に作った者は、10年以下の懲役又は100万円以下の罰金に処する」ものであり、また後段において「預貯金の引出用のカードを構成する電磁的記録を不正に作った者」も同様の刑が科される。

本罪の主観的構成要件として、「人の財産上の事務処理を誤らせる目的」をもって実行行為を行うことを要する。「財産上の事務」が対象であるため、単に身分証明書の代わりとする目的で行う場合には、本罪の対象にはならない。

本罪の客体は「事務処理の用に供する電磁的記録」のうち、「代金又は料金の支払い用カードを構成するもの」である。ここにいう「代金又は料金の支払い用カード」とは、クレジットカードが条文上例示されているが、プリペイドカードやカード型の電子マネーも含まれ、テレホンカードもプリペイドカードであるためこれに含まれる。なお、支払い機能を有さないポイントカードや航空会社のマイレージカードは本罪の対象にはならない。

第1項後段では、「預貯金の引き出し用カード」であるキャッシュカードも本罪の対象となっている。これはキャッシュカードの多くがデビットカードとして支払い機能を有しており、かかる機能を有さない場合であってもATMにおいて代金振り込みによる決済が可能であるためである。ただし、本罪の保護法益は「現金引き出し機能」自体ではないため、預貯金以外の金銭的取引に用いられるローンカードなどはここに含まれない。

本罪の客体は、支払い用カードと一体となった状態の電磁的記録であり、かかる電磁記録の「不正作出」が実行行為となる。「不正作出」とは、前述の161条の2と同じく、事務処理を行おうとする者の意思に反し、権限を与えられることなく、あるいは権限の範囲を超えて、電磁的記録を作出するこ

とであり、記録をはじめから作り出す場合、既存の電磁的記録の改変や抹消の場合がある。本罪の対象となるのは「電磁的記録」であって、カード表面の印字など、カードの外観に改変を加える行為などは、本罪ではなく162条の有価証券偽造の対象となる。

また本罪は、第2項で「不正に作られた前項の電磁的記録を、同項の目的で、人の財産上の事務処理の用に供」する供用罪についても規定されており、他人の財産上の事務処理のため、これに使用される電子計算機において処理しうる状態におく行為が供用罪として処罰対象となる。また、3項において「不正に作られた第1項の電磁的記録をその構成部分とするカードを、同項の目的で、譲り渡し、貸し渡し、又は輸入」する行為についても対象とする。

なお、163条の2の各項については未遂も処罰対象である（163条の5）。

加えて、「人の財産上の事務処理を誤らせる目的」電磁的記録部分が不正であるカードを所持していた場合（163条の3）のほか、163条の2の準備行為として、「第163条の2第1項の犯罪行為の用に供する目的」で、当該電磁的記録の情報を取得、又は情を知って当該情報を提供した場合（163条の4第1項）、同目的で当該情報を保管した場合（同2項）、同目的で器械又は原料を準備した場合（同上3項）も処罰対象である。

3　電子計算機損壊等業務妨害罪（刑法234条の2）

(1)　概　　要

本罪は1987年刑法改正において新設されたものであり、業務妨害罪の特別類型である。本罪については、電子計算機、すなわちコンピュータ等に対する損壊による被害の大きさを考慮し、通常の業務妨害罪の刑罰が3年以下の懲役50万円以下の罰金であるのに対し、本罪は5年以下の懲役100万円以下の罰金と、刑が加重されている。本罪の保護法益はコンピュータ等の使用による業務の円滑な遂行である。

(2)　構成要件

本罪は、「人の業務に使用する電子計算機若しくはその用に供する電磁的記録を損壊し、若しくは人の業務に使用する電子計算機に虚偽の情報若しく

は不正な指令を与え、又はその他の方法により、電子計算機に使用目的に沿うべき動作をさせず、又は使用目的に反する動作をさせて、人の業務を妨害コンピュータ等の使用による人の業務の遂行を妨害する行為」が実行行為である。ここにいう「業務」とは、法人を含む人が社会生活上の地位に基づき、反復継続して従事する事務であり、刑法233条後段の偽計業務妨害および244条の威力業務妨害にいう業務と同様の意味に解される。当該事務は社会生活上の地位に基づくものであれば経済的なものに限定されないが、家庭内の活動や娯楽といった社会生活上の地位に基づかないものは除外される。当該事務は反復性または継続性を有する必要があるため一回的な事務は業務に含まれない(3)。

　本罪の客体は、コンピュータ等を用いた人の業務であるが、直接的な行為客体は電子計算機と電磁的記録である。ここにいう電子計算機は、独立的・自動的にある程度広汎な業務の処理を行うものであり、独立的・自動的処理を行わないマイクロコンピュータ等が内蔵された家電製品、電卓、電子辞書などはこれに含まれない(4)。電磁的記録は、当該業務の「用に供される」もの、すなわち使用されうるものでなければならない。

　本罪の実行行為は、機械の物理的破壊やデータの消去(5)といった「損壊」、内容が事実に反する「虚偽の情報」や当該事務処理の過程において与えられるべきではない「不正な指令」を電子計算機に入力することで「与える」行為、その他、これらの行為以外で電子計算機の動作に直接影響を与える行為(6)である。これらの行為によって、電子計算機の正常な動作をさせず、あるいは使用目的に反する動作をさせることを要し、それが類型的に業務を妨害する危険性のあることであれば本罪の構成要件を満たす。

　なお、本罪については、2011年刑法改正において、第2項で未遂罪が規定されている。

（3）　東京高判昭和30年8月30日高刑集8巻6号860頁。

（4）　米澤慶治編『刑法等一部改正法の解説』（1988年、立花書房）100頁参照。パチンコ遊戯台に取り付けられた電子計算機であるロムにつき、福岡高判平成12年9月21日判時1731号131頁。

（5）　天気予報画像データ消去につき、大阪地判平成9年10月3日判タ980号285頁。

（6）　例えば、電源の切断、空調等の動作環境の破壊、ネットワーク回線の切断など。

4　電子計算機使用詐欺罪（刑法246条の2）

(1)　概　　要

本罪は、1987年刑法改正において、金融機関等でのコンピュータによる業務の処理が進む中で、従来の財産犯を補完するものとして新設されたものであり、電磁的記録情報の改変等によって財産上の利益を得る罪である[7]。

(2)　構 成 要 件

本罪は、「人の事務処理に使用する電子計算機に虚偽の情報若しくは不正な指令を与えて財産権の得喪若しくは変更に係る不実の電磁的記録を作り、又は財産権の得喪若しくは変更に係る虚偽の電磁的記録を人の事務処理の用に供して、財産上不法の利益を得、又は他人にこれを得させた者は、10年以下の懲役に処する」とする。

本罪の実行行為は、「人の事務処理に使用する電子計算機に虚偽の情報若しくは不正な指令を与えて財産権の得喪若しくは変更に係る不実の電磁的記録を作」ること、「財産権の得喪若しくは変更に係る虚偽の電磁的記録を人の事務処理の用に供」することであり、これにより財産上の利益を得ることである。ここにいう「財産権の得喪若しくは変更に係る虚偽の電磁的記録」とは、その作出によって事実上の財産権の得喪、変更が直接生じる電磁的記録である。銀行の顧客元帳ファイルの預金残高、プリペイドカードの残度数・残高の記録がこれに当たる。キャッシュカードやクレジットカードの磁気ストライプ部分の記録や不動産登記ファイルは、一定の事実を証明するための記録に過ぎず、これに当たらない。

本罪にいう「虚偽の情報」とは内容が真実に反する情報、「不正な指令」とは、システムの目的に鑑み与えられるべきでない情報であり、これらは不実の電磁的記録を作出するものでなければならない。

本罪の実行行為は、前段の不実の電磁的記録作出行為および、後段の「虚偽の電磁的記録を人の事務処理の用に供」する行為、すなわち供用行為であ

（7）　ATMから偽造キャッシュカード等を用いて現金を引き出す行為については窃盗罪が成立するが、現金を引き出さずに預金口座間の送金の場合について処罰の間隙となっていた。

る。前段の作出行為については、「虚偽の情報」によるものとして、架空入金データの入力[8]、窃取したクレジットカードを利用したオンラインでの電子マネーの購入[9]、「不正な指令」によるものとして、国際電話料金の免脱のためにプログラムを改変して不正な信号を送信する場合[10]などがある。また、後段の供用行為には、偽造されたプリペイドカードの使用などが該当し、記録情報が真正ではない切符を用いて駅の自動改札機を通過する、いわゆるキセル乗車についても本罪が成立しうる。

3 ネットワーク利用犯罪

1　ネットワーク利用犯罪の概要

　ネットワーク利用犯罪は、サイバー犯罪の類型の中で最も多くの割合を占め、従来ネットワークを介さずに行われていたような犯罪を、インターネット等を介して行う類型である。ウェブメールやSNSを情報伝達・発信の手段とすることで、脅迫や強要、違法薬物の販売を行うことや、フィッシング詐欺を含む。フィッシング詐欺とは、正規のウェブサイトやメールに偽装した、フィッシングサイト、フィッシングメールで個人情報を抜き出し（フィッシング行為）、財産上の利益の詐取に用いるものである。現在、フィッシング行為自体についても、不正アクセス禁止法（不正アクセス行為の禁止等に関する法律）の対象になる[11]。ネットワーク犯罪として特徴的なものが、わいせつ情報に関する罪および、ネットワーク上の名誉侵害である。ネットワーク上の情報は有体物ではないことや、ネットワーク上の情報の伝播性の高さ、情報へのアクセスの容易さゆえに、これらの犯罪がネットワークを介してなされる場合、ネットワーク利用犯罪特有の問題が存する。

（ 8 ）　東京高判平成 5 年 6 月29日高刑集46巻 2 号189頁。

（ 9 ）　最（一小）決平成18年 2 月14日刑集60巻 2 号165頁。

（10）　東京地判平成 7 年 2 月13日判時1529号158頁。

（11）　不正アクセス禁止法の2012年改正以前は、フィッシングサイトやフィッシングメールが欺罔行為を構成しない場合には規制できず、法の間隙になっていた。

2　わいせつ情報に関する罪（刑法174条・175条）

(1)　概　　　要

　刑法174条および175条はわいせつ情報に関するものであり、保護法益は社会的法益である「健全な性秩序、性風俗」である。174条では露出行為等の公然わいせつ罪を、175条ではわいせつ物及びわいせつ電磁的記録の公然陳列、頒布・送信行為等を規制している。従来、174条が有体物への固定性を有さない視覚情報等を対象とし、175条が有体物に固定（化体）されたものを対象としており、両者は容易に区別可能であった。しかし、ネットワーク上で送受信される情報自体は、人の五感のみでは知覚不可能なものであり、インターネット掲示板等にわいせつな画像を掲載する行為やウェブメールでわいせつ情報を送信する場合等に刑法175条を適用してよいかが争いとなってきた。

(2)　わいせつ情報の客体性

　わいせつ情報を刑法175条の客体とすることについては、175条にとどまらず、情報の客体性の問題として、情報窃盗罪の可否にも影響しうる。刑法の行為客体が、刑法245条の電気に関する例外を除けば有体物に限定されているためである（有体物説）。

　インターネットわいせつ事案の初期においては、下級審においてわいせつ情報そのものの客体性を認めるもの[12]や、電子メールにおけるわいせつ情報の送信事案において「画像データがインターネットにおける電子メール・システムという媒体の上に載っていることにより、有体物に化体されたのと同視して「図画」に該当すると解することは可能」としたもの[13]もある。この点、最高裁は「わいせつな画像データを記憶、蔵置させたいわゆるパソコンネットのホストコンピュータのハードディスクは、刑法175条が定めるわいせつ物に当たる」との見解を示し、情報そのものではなく、情報の記録された有体物を客体としており[14]、有体物説を維持した。それ以降の裁判例も同

---

(12)　岡山地判平成 9 年12月15日判例時報1641号158頁。

(13)　横浜地川崎支判平成12年 7 月 6 日判例集未登載。園田寿「判批」別冊 NBL79号74頁参照。

(14)　最（三小）決平成13年 7 月16日刑集55巻 5 号317頁（京都アルファネット事件）。

様の立場である。刑法175条における電磁的記録の公然陳列や送信行為については2011年刑法改正によって立法的に解決された。

(3)　構　成　要　件

刑法174条は、「公然とわいせつな行為をした者は、6月以下の懲役若しくは30万円以下の罰金又は拘留若しくは科料に処する」とし、175条1項は「わいせつな文書、図画、電磁的記録に係る記録媒体その他の物を頒布し、又は公然と陳列した者は、2年以下の懲役若しくは250万円以下の罰金若しくは科料に処し、又は懲役及び罰金を併科する。電気通信の送信によりわいせつな電磁的記録その他の記録を頒布した者も、同様とする」としている。わいせつ図画・電磁的記録は、174条の視覚情報等に比べ伝播性が高いなど法益侵害性が高く、刑罰も重い。

わいせつ事案の構成要件に関し、174条・175条ともに「公然性」と「わいせつ性」の要件の充足を要する。「公然」とは不特定又は多数のものが認識できる状態(15)であり、現実に認識していることまでは要しない。最高裁は、公然陳列について、「その物のわいせつな内容を不特定又は多数の者が認識できる状態におくことをいい、わいせつな内容を特段の行為を要することなく直ちに認識できる状態にすることを要しない」との見解の下、ハードディスク内のデータをパソコン等を通じて容易に閲覧しうる状態であれば「公然に陳列した」といえるとしている。「わいせつ」の解釈については、「徒に性欲を興奮又は刺激せしめかつ普通人の性的羞恥心を害し善良な性的道義観念に反するもの(16)」とされ、「社会における良識すなわち社会通念」を基礎として裁判所が判断する。これについては、判断基準があいまいであるとの批判もある。

インターネットを介してなされる場合、刑法174条の公然わいせつ事案についてはライブチャットなどのリアルタイムでの動画配信によって、不特定又は多数の者にわいせつな態様を閲覧させたような場合が該当する。

175条は2011年刑法改正によって電磁的記録に関する行為が条文上明記さ

---

(15)　最（二小）決昭和32年5月22日刑集11巻5号1526頁。
(16)　最大判昭和32年3月13日刑集11巻3号997頁（チャタレー事件）。

れた。175条１項の実行行為として、電磁的記録の「公然陳列」については、インターネット掲示板等へのわいせつ画像の掲載によって、不特定又は多数のものが容易に閲覧可能な状態を作出した場合がこれに当たる。わいせつ画像の URL の掲載もこれに当たりうる[17]。

　また「頒布」とは不特定又は多数のものへの提供行為を意味するが、電磁的記録が化体された記憶媒体そのものの頒布のみならず、電磁的記録を「電気通信」により「送信」する頒布行為も対象となった（175条１項後段）。メール・SNS のメッセージ機能によるわいせつ画像等の顧客への送信が代表例である[18]。なお、当該電磁的記録を有償頒布目的で所持・保管する場合についても175条２項で処罰対象になっている。

3　名誉毀損罪（刑法230条）

⑴　概　　要

　現在、個人用 PC やスマートフォンなどのパーソナルデバイスが普及したことにより、個々人による情報の発信はかつてに比べ容易になっている。現在ウェブサイトやブログ、SNS などにおける誹謗中傷やヘイトスピーチ、あるいは他者の個人情報を掲載するなどのプライバシー侵害などが社会問題となっている。インターネット上の書き込み等による誹謗中傷についても、これが他者の名誉を毀損する場合には名誉毀損罪あるいは民法上の不法行為としての名誉毀損に該当しうる。オンライン上の名誉毀損であっても、オフラインにおける名誉毀損の法理論が原則として妥当する。

　刑法230条にいう名誉とは人に対する社会的評価[19]であって、人の行為や人格、政治的、社会的、学問的、芸術的能力に関する名誉、身体、病歴等、人の社会的評価に関するものであれば、ここにいう名誉に該当する。本条に

---

(17)　最（三小）決平成24年７月９日判時2166号140頁の法廷意見は、児童ポルノ画像のURLを改変した文字列を掲載した場合についても公然陳列をみとめる。

(18)　メールによる送信行為が代表的な行為であるが、裁判例としては、海外に設置されたサーバにわいせつ動画等のファイルをアップロードし、これを日本にいる顧客にダウンロードさせる行為についても175条１項後段のわいせつ電磁的記録の頒布罪としたものがある。最（三小）決平成26年11月25日刑集第68巻９号1053頁。

(19)　大判昭和８年９月６日刑集12巻1590頁。

いう「人」には自然人のみならず法人等も含まれる[20]。なお、名誉とプライバシーは一部重なる部分はあるが、プライバシー侵害については民事上の不法行為の問題であり両者は区別されている。

(2)　構 成 要 件

刑法230条1項は「公然と事実を摘示し、人の名誉を毀損した者は、その事実の有無にかかわらず、3年以下の懲役若しくは禁錮又は50万円以下の罰金に処する」とする。

本条の実行行為は、「公然と」「事実を摘示」することである。「公然」とは不特定又は多数の者が知りうる状態であって、公然と当該行為がなされた場合には情報が伝播することで法益侵害性が高まる[21]ため、公然性要件が規定されているが、その場にいるものが少数であったとしても、多数人に伝播する事情があればこの要件を充足する（伝播性の理論）[22]。名誉毀損情報がインターネットの掲示板等に掲載された場合、不特定多数の者の閲覧が可能であり、ネットワークを通じて全世界に送信可能であるというインターネットの特性に鑑みれば、伝播性はオールドメディアに比べて高いと思われる[23]。

「事実を摘示」することにいう「事実」とは、人の社会的評価を害するに足るものでなければならないが、既に一般に知られていることでもよく、真実か否かは問わない。摘示行為としては、噂として述べるほか、行為・動作による場合も含まれ[24]、わいせつ画像と被害者の顔写真を並べて公衆の目に触れるようにした場合[25]もこれに当たる。ただし、死者の名誉に関しては、当該「事実」が虚偽であった場合のみ、名誉毀損罪が成立しうる（230条2項）。なお、摘示行為については、実際に社会的評価を下げたか否かの立証

---

(20)　最（一小）判昭和56年4月16日刑集35巻3号84頁、また侮辱罪につき最（一小）決昭和58年11月1日刑集37巻9号1341頁。

(21)　大判昭和12年11月19日刑集16巻1513頁。

(22)　大判大正8年4月19日新聞1556号25頁。

(23)　例えば、短文投稿サイトTwitterにおいて、記事を引用する「リツイート」の機能などにより、情報が容易に拡散される。なお、民事事件ではあるが、Twitterにおいて名誉毀損記事を「リツイート」し拡散した事案に関し、名誉毀損を認めた事案も存する。大阪高判令和2年6月23日裁判所ウェブサイト掲載。

(24)　最（一小）決昭和43年1月18日刑集22巻1号7頁。

(25)　横浜地判平成5年8月4日判タ831号244頁。

は困難であり、類型的に社会的評価を下げうる行為といえるかどうかが判断される（抽象的危険犯）。

⑶　ネットワーク表現と違法性阻却基準

本罪において、「事実」が「公共の利害」に関する場合に、当該事実の「真実性の証明」がなされれば違法性が阻却される（刑法230条の２）。また、真実性の証明に失敗した場合であっても、証明可能な程度の資料・根拠に照らし真実であると誤信するに「相当な理由」がある場合には故意が阻却される[26]。

インターネット掲示板等への書き込みも表現活動であることから、表現の自由とのバランスを考慮しなければならない[27]。インターネット上の表現において、個人による情報発信についてもマスメディアによる場合と同様の「真実性の証明」の基準が求められるかが争われた事案がある[28]。ここで東京地裁は被害者が反論できることやインターネット個人利用者の情報の信ぴょう性が低いことを理由に、「インターネットの個人利用者に対して要求される水準を満たす調査を行わず真実かどうか確かめないで発信したといえるとき」に限り、名誉毀損の故意が認められるとし、より緩やかな要件示した。本件控訴審及び最高裁はこれを否定し、最高裁は「より緩やか要件で同罪の成立を否定すべきではない」としてオフラインでの名誉毀損と同様の基準をとっている。

4　ソフトウェア提供者の責任

⑴　概　　要

ネットワーク上では、有償・無償問わず種々のソフトウェアが提供・利用

---

(26)　最大判昭和44年６月25日刑集23巻７号975頁。

(27)　オンライン上の名誉毀損については対抗言論（more speech）の理論を採用し、被害者自らで言論によって対抗すべきとの考え方がある。ただし、仮にかかる考え方をとるとしても、加害者と被害者が同等である場合や、被害者側が自身の言論によって侵害を誘発した場合などに限定されるであろう。高橋和之他『インターネットと法［第４版］』（2010年、有斐閣）67頁以下参照。

(28)　東京地判平成20年２月29日判時2009号151頁（ラーメンチェーン事件第一審）、最（一小）決平成22年３月５日刑集64巻２号１頁。

されている。コンピュータウイルスやマルウェアなど初めから悪意ある動作を予定しているソフトウェアなどは別として、著作権違反行為等の犯罪に用いられるツールが適法行為にも用いられている。これらのツールの開発者や提供者に刑事責任を認めうるか、適法・違法のどちらにも属さない価値中立的な行為（中立的行為）を、犯罪行為の幇助犯と認めうるかが問題となる。

　中立的行為による幇助については、講壇事例として、凶器として利用された刃物を販売した金物屋は、傷害罪や殺人罪の幇助となりうるかなどがある。幇助犯については、実行行為者（正犯）と幇助者（共犯）の間に犯罪の実行に関する意思連絡は不要であり[29]、その行為形態も有形的なもの無形的なもの、作為・作為を問わないなど、行為態様は多様であり、正犯の犯罪を容易ならしめるようなものであれば、幇助犯が成立しうる。このことは価値中立的なソフトウェアについても妥当しうる。

(2)　Winny 事件

　中立的価値を持つツールについてのリーディングケースが、Winny 事件[30]である。Winny は P2P（peer to peer）の仕組みを用いたファイル共有ソフトである。P2P はネットワークに接続されたコンピュータ間でデータを共有し、情報の分散管理を可能にするものであり、現在のクラウドコンピューティングでも用いられる。Winny はファイル共有ソフトとして、ネットワークを介し映像ファイルや音楽ファイルなどを違法に提供するような著作権侵害行為に用いられていた。Winny を用いた著作権法違反行為者らが起訴され、当該ツールを開発・提供した被告人が著作権法違反の幇助に問われたのが本件である。

　本件最高裁は、価値中立的なソフトウェアの場合に幇助犯が成立するためには、「一般的可能性を超える具体的な侵害利用状況が必要であり、また、そのことを提供者においても認識していることを要する」とし、「具体的な著作権侵害を認識、認容しながら、その公開、提供を行い、実際に当該著作権侵害が行われた場合」すなわち、「当該ソフトの性質、その客観的利用状

---

(29)　片面的幇助を認めたものとして大判大正14年1月22刑集3巻921頁。
(30)　最（三小）決平成23年12月19日刑集65巻9号1380頁。

況、提供方法などに照らし、同ソフトを入手する者のうち例外的とはいえない範囲の者が同ソフトを著作権侵害に利用する蓋然性が高いと認められる場合」に、このことを提供者が認識、認容していれば幇助犯が成立しうるとしている。

　本件は、価値中立的なソフトウェアについて、従来の故意の判断基準を用いて犯罪の成否を判断したものである。動画共有サイト等からの動画のダウンロード機能を有した動画再生アプリがスマートフォン向けに提供されるなど、価値中立的なソフトウェアが著作権侵害等に利用される可能性は高く、このような事案において本件は参考になる[31]。

4　不正指令電磁的記録に関する罪

1　不正指令電磁的記録とは

　不正指令電磁的記録に関する罪は、欧州評議会が2001年に発案したサイバー犯罪条約（Convention on Cybercrime）[32]を国内的に担保するための立法の一つである。サイバー犯罪条約は6条1項で、コンピュータウイルス等に対応するための立法を行うことが規定されている。本罪の制定以前にはこれら不正プログラムの作成・供用を直接的に処罰する規定はなく、コンピュータウイルス等によって実際にコンピュータが破壊された場合など特定の場合にのみ刑法上対応可能であった[33]。本罪は前述の刑法175条のわいせつ電磁的記録に関する改正と同じく、2011年刑法改正において新設された。本罪はコンピュータウイルス等の作成、供用等を処罰するものである。なお、本罪の保護法益は、電子計算機のプログラムに対する社会一般の者の信頼である[34]。

---

(31)　ISP等に関し、違法情報の掲載を放置したことに刑事責任が認められた事案は見られないが、ISPに風営法上のポルノの削除に関する努力義務（31条の8第5項）などを定めているケースは見られる。

(32)　外務省「サイバー犯罪に関する条約の説明書」https://www.mofa.go.jp/mofaj/gaiko/treaty/pdfs/treaty159_4b.pdf参照（2020年9月10日）。

(33)　コンピュータウイルスによる器物損壊罪、東京地判平成23年7月20日判タ1393号366頁（イカタコウイルス事件）。

　不正指令電磁的記録とは、「人が電子計算機を使用するに際してその意図に沿うべき動作をさせず、又はその意図に反する動作をさせるべき不正な指令を与える電磁的記録（1項1号）」及び「前号に掲げるもののほか、同号の不正な指令を記述した電磁的記録その他の記録（同2号）」であり、増殖性や他のプログラムへの寄生性をもつ狭義のコンピュータウイルスのみを指すのではなく、これらを含むマルウェア（悪意あるプログラム）を意味する[35]。ここにいう「人」とは犯人以外者をいうため、例えば、セキュリティチェックのために自身のコンピュータにマルウェアを感染させる場合などは除外される。「電子計算機」は、電子計算機損壊等業務妨害罪などと同様、独立的・自動的に計算等を行い事務を処理する装置を意味する。「意図」は、個別具体的な使用者の実際の認識を基準として判断するのではなく、当該プログラムの機能の内容や、機能に関する説明内容、想定される利用方法等を総合的に考慮して、その機能につき一般に認識すべきと考えられるところを基準として判断される[36]。そのため、ハードディスク内のファイルをすべて消去するようなプログラムであっても、その機能を適切に説明した上で公開しており、使用者の意図に沿うものであるならば、「意図に反する」ものには当たらない。また本条にいう「不正」とは社会的に許されないことを意味し、そのため、作成者の意図しないプログラム過程で生じるバグについては、悪意あるプログラムとは区別され、たとえそれが意図しない動作をコンピュータにさせるようなものであったとしても「不正」なものには当たらない[37]。

　「同号の不正な指令を記述した電磁的記録その他の記録」とは不正な指令

（34）　法務省「いわゆるコンピュータ・ウイルスに関する罪について」http://www. moj. go. jp/content/001267498. pdf参照（2020年9月10日）。

（35）　無害なプログラムを装ってデータの破壊情報の漏洩をおこなう「トロイの木馬」や、他のプログラムへ寄生せず自己増殖する「ワーム」、使用者が知らないうちにインストールされ情報の収集を行う「スパイウェア」など多岐わたる。

（36）　前掲注(34)参照。

（37）　ただし、許容できないバグを意図的に残し、これをウイルスとして他者に害を加えようとするようなケースにおいては、当該バグは不正指令電磁的記録に該当しうる。前掲注(34)参照。

の内容として完成しているが、そのままでは電子計算において動作させうる状態にないものをいう。不正な指令を与えるプログラムのソースコード、すなわち、機械語に変換すれば電子計算機で実行できる状態にあるプログラムのコードを記録した電磁的記録やこれを紙媒体に印刷したものが該当する。

　なお、近時の裁判例として、自ら運営するウェブサイトを閲覧すると閲覧者が閲覧に用いた電子計算機に仮想通貨のマイニングをさせる機能を有するプログラムを保管した事案において、「閲覧者の電子計算機に仮想通貨の採掘作業を実行させるプログラムコードは、その機能を中心に検討すると、反意図性もあり不正性も認められるもので、不正指令電磁的記録に該当する」として、当該プログラムコードの保管行為を後述の刑法168条の3に該当するとしたものがある[38]。

2　不正指令電磁的記録作成等罪（刑法168条の2第1項）

　本罪の実行行為は、「正当な理由がないのに、人の電子計算機における実行の用に供する目的で、次に掲げる電磁的記録その他の記録を作成し、又は提供」する行為である。

　本罪においては「正当な理由がない」ことが要件となる。「正当な理由がない」とは、刑法130条の住居侵入罪と同じく、「違法に」行う場合を意味する。例えば、マルウェア対策のためにこれを作成する場合などは、本罪の対象から除外される。

　また、本罪は主観的要件として、「人の電子計算機における実行の用に供する目的」を要する目的犯である。「実行の用に供する」とは、使用者が電子計算機において当該不正指令電磁的記録を実行する意思がないのに、実行できる状態にすることである。そのため、使用者が当該プログラムが不正指

---

(38)　東京高判令和2年2月7日判時2446号71頁（コインハイヴ事件控訴審）。なお、原審東京地判平成31年3月27日判時2446号78頁（参考収録）は、反意図性は肯定しつつも、ウェブサービスの質の維持向上、電子計算機への影響の程度、広告表示プログラムとの対比、他人が運営するウェブサイトを改ざんした場合との対比、同様のプログラムに対する賛否、捜査当局等による事前の注意喚起がなかったことを挙げ、「不正な指令を与えるプログラムに該当すると判断するには合理的な疑いが残る」としていた。控訴審はかかる判断を刑法168条の2の解釈を誤ったものとして否定している。

令電磁的記録であることを知らないことが必要である。本項後段は、当該プログラムが不正指令電磁的記録であることを知る者にこれを提供する行為であるが、その場合であっても、提供の相手方以外の第三者（使用者）が不正指令電磁的記録であることを認識していないにもかかわらず、これを電子計算機で実行されうる状態におく目的が必要である。

　本罪の実行行為は、不正指令電磁的記録等の「作成」及び「提供」である。「作成」とは不正指令電磁的記録を新たに記憶媒体に存在させることをいい、ウイルスのプログラムコードを打ち込む行為やこれを書き出す行為が該当する。なお、あくまでかかる「作成」には「実行の用に供する目的」が必要であるため、例えば、正当な目的で作成されたプログラムコードを他者が不正指令電磁的記録として用いるような場合は本罪に該当しない。また「提供」とは、不正指令電磁的記録であるとの情を知ったうえで受け取る受領者に対し、当該電磁的記録を受領者の支配下に移し利用可能な状態にすることである。不正プログラムのデータファイル、プログラムコードが記載されたデータファイルや紙媒体等を渡す行為が該当する。

3　不正指令電磁的記録供用罪（刑法168条の2第2項）

　本罪の客体は、本条1項1号の不正指令電磁的記録に限定されており、2号の「同号の不正な指令を記述した電磁的記録その他の記録」は含まれない。2号の「電磁的記録その他の記録」は不正指令電磁的記録として実質的には完成しているが、そのままでは不正な動作を実行することができないためである。また、本罪における不正指令電磁的記録は「人の電子計算機における実行の用に供する目的」で作成されたものであることは要件とされていないため、当該電磁的記録が、マルウェア対策などの正当な目的で作成されたものや、作成者をして自己の電子計算機で利用するために作成されたものであったとしても、本罪の客体になりうる。

　本罪も1項の作出・提供罪と同じく、「正当な理由がない」ことが要件となっており、マルウェア対策のために使用するような場合には、本罪に該当しない。本罪の実行行為は「電磁的記録を人の電子計算機における実行の用に供」することであり、これは不正指令電磁的記録を、電子計算機の使用者

にはこれを実行する意思がないにもかかわらず、実行されうる状態におくことである。不正指令電磁的記録の実行ファイルをウェブサイト上でダウンロード可能な状態に置き、事情を知らない使用者にそのファイルをダウンロードさせるなどして、そのようなファイルを実行する意思のない使用者のコンピュータ上でいつでも実行できる状態におく場合のように、実際に使用者の電子計算機上でプログラムが実行されたことまでは要しない。

　なお、本罪は未遂犯処罰の規定（同条3項）があり、ファイルをアップロードしたものの使用者がダウンロードするに至らなかった場合なども処罰対象である。

4　不正指令電磁的記録等取得等罪・保管罪（刑法168条の3）

　本罪の客体は、刑法168条の2第1項各号の「人が電子計算機を使用するに際してその意図に沿うべき動作をさせず、又はその意図に反する動作をさせるべき不正な指令を与える電磁的記録」及び「同号の不正な指令を記述した電磁的記録その他の記録」である。電磁的記録の作成の目的については限定されていないため、作成時にいかなる目的で作成されたものであったとしても不正指令電磁的記録等に該当しうるものであれば本罪の客体になりうる。

　本罪は168条の2第1項と同じく、主観的要件として「人の電子計算機における実行の用に供する目的」を要する目的犯である。本罪の実行行為は、「正当な理由がない」にもかかわらず、不正指令電磁的記録等を「取得」と「保管」であり、上述のマルウェア対策等といった理由で「取得」「保管」を行う場合には本罪の対象ではない。「取得」とは不正指令電磁的記録であるとの情を知った上でこれを自身の支配下におく行為であり、不正な動作をさせるようなプログラムが記録された記憶媒体やプログラムコードが記載されたテキストファイルなどを譲り受ける行為がこれに当たる。「保管」とは、不正指令電磁的記録等を自身の支配内においておくことである。記憶媒体内にデータとして保存しておくことのほか、紙媒体等の形式で所持する場合などが該当する。

5 おわりに

　刑法は上述のように、ICT の発達によって生じる処罰の間隙に対し、解釈と種々の立法をもって対処してきた。しかしながら ICT の発展のスピードは著しい。現状においても情報窃盗は刑法の対象ではなく、当該情報が顧客情報等「営業秘密」に当たるような場合に不正競争防止法の対象になりうる（2005年改正で追加）のみであるが、マーケティングのみならず AI 等の新規技術の開発において、収集されたビッグデータは重要な価値をもち、当該情報の財産的価値は高まっている。また、現在、クラウドストレージなどの情報保存形式においては、特定の記憶媒体にデータが保存されるのではなくデータが分散管理されるなど、客体の有体物性を基礎におく刑法理論は、今後も困難な課題に直面する。そのほか、違法情報が取引されるダークウェブ上のブラックマーケットへの対応が喫緊の課題であるほか、2020年4月1日に改正道路交通法が施行され、自動走行を原則としたレベル3の自動運転自動車への対応がなされるなど、ICT と刑事法をめぐる課題はなおも多い。技術の発展を損なうことなく、法益保護を実現するための対応が今後も求められる。

〈参考文献〉
・大谷實『刑法各論［第5版］』（2019年、成文堂）
・小向太郎『情報法入門［第5版］』（2020年、NTT 出版）
・曽我部真裕他『情報法概説［第2版］』（2019年、弘文堂）
・高橋和之他『インターネットと法［第4版］』（2010年、有斐閣）
・高橋則夫『刑法各論［第3版］』（2018年、成文堂）
・只木誠『コンパクト刑法総論』（2018年、新世社）
・前田雅英『刑法各論講義［第7版］』（2020年、東京大学出版会）
・前田雅英『刑法総論講義［第7版］』（2020年、東京大学出版会）

（たから・こうや）

第 5 章
ネットワーク上の児童被害

筑波大学情報学群知識情報・図書館学類助教　　**髙 良　幸 哉**

1 はじめに

　情報通信インフラ整備が進み、スマートフォンやタブレット端末など、個人の情報通信端末所有が一般的となり、時間や場所を問わずに情報の送受信が可能となっている。児童・青少年の情報通信端末所持も増加し、SNS 等を通じて友人らとの交友を図るほか、学校等でこれらの情報サービスを利用する機会も少なくない。情報インフラの整備は、情報交流や情報入手の利便性を向上させた反面、違法情報への児童の接触の危険性も増大させた。本章ではかかる状況に対応する我が国の法制度について概観する。

2 ネットワーク上のリスクと利用環境の整備状

1　ネットワーク上のリスク類型

　ネットワーク上で児童が遭遇するリスクとしては、OECD の分類[1]として、(1)インターネットテクノロジーリスク、(2)消費者関連リスク、(3)情報プライバシー・セキュリティリスクが挙げられる。

　(1)　**インターネットテクノロジーリスク**は、インターネットが子供たちの

（1）　OECD, 2012, The Proteciton of Child Online, OECD Digital Economy Paper Online, No. 179. 経済協力開発機構著／齋藤長行著訳／新垣円訳『サイバーリスクから子どもを守る』（2016年、明石書店）53頁以下参照。

違法なコンテンツへの接触を媒介したりインタラクションが行われる場となるリスクである。これは、コンテンツ・リスクとコンタクト・リスクに分類できる。

　コンテンツ・リスクとは犯罪情報や違法情報など、社会的に望ましくないコンテンツに児童が接するリスクである。違法薬物に関する情報や過度に性的な情報などに関し、成人であれば自ら情報の取捨選択が可能であるが、肉体的・精神的に未発達である児童においては、かかる情報による危害可能性が高い。当該コンテンツから児童・背少年を遠ざけるための施策が、法的あるいは自主規制としてなされている。かかる対策の一例としては、後述する各地方自治体において青少年健全育成条例の下でなされている、有害図書（性的なもの、暴力的、犯罪に関連するものなど）のゾーニングなどがある。

　コンタクト・リスクとはインターネットを通じて、犯罪等に巻き込まれるリスクである。出会い系サイトやSNSなどを通じて、児童が見知らぬ他者と知り合い、これにより刑法上の強制わいせつ罪や強制性交等罪、児童買春・児童ポルノ関連犯罪といった性犯罪や、ストーカー、リベンジポルノ、その他傷害や殺人といった種々の犯罪の被害者となるリスクである。近時では、「学校の裏サイト」[2]やSNSを通じてなされるネットいじめも問題となっている。我が国における対応としては、児童ポルノ法（児童買春、児童ポルノに係る行為等の処罰及び児童の保護等に関する法律）などで対処を行っているほか、各自治体の青少年健全育成条例、各業界における自主規制等も存する。

　(2)　**消費者関連リスク**は、児童がインターネット上で消費者としてターゲットになる場合のリスクである。不適切な商品が販売されるリスク、あるいは大量消費・購入のリスク、不正取引のリスクなどがある。これらはECサイトやオークションサイトでの商品購入の際のトラブルや、ソーシャルゲーム（ウェブブラウザやSNSアカウントにおいて利用可能なもの）における

（2）　民事事件ではあるが、学校裏サイトにおいて生徒に対する実名による誹謗中がなされた事案において、当該サイトの管理人に損害賠償が命じられた事案もある。大阪地判平成20年5月23日裁判所ウェブサイト掲載。

トラブルが問題となっている。例えば、ソーシャルゲームは一部サービスの利用に課金が必要なもの多いが、「ガチャ」と呼ばれる抽選の方法でゲーム内アイテムを購入するサービスを利用するための高額課金や、ゲーム内アイテム販売に関する詐欺が代表的なトラブルである。これらに対しては消費者契約法や特定商取引法、景品表示法等による消費者保護の枠組みのほか、年齢によって課金額の上限を定めるなどのサービス提供者の自主規制による対応がなされている。なお、消費者関連リスクは違法薬物売買、個人情報の流出など、インターネットテクノロジーリスクや情報プライバシー・セキュリティリスクとも重畳的である。

(3)　**情報プライバシー・セキュリティリスク**は、児童の個人情報の収集やその流用といったプライバシーリスク、ウイルス感染や犯罪への誘引といったセキュリティリスクがあり、コンタクト・リスクに重なるものもある。情報の利活用の促進とも関連し、個人情報の保護が重視されているが、児童については自身の個人情報の提供などについて同意能力や判断能力が未熟であり、そのため、児童については成人のそれよりもより手厚い保護を与える必要がある。なお、EU の GDPR（General Data Protection Regulation：EU 一般データ保護規制）においては、第 8 条において16歳未満の同意に関する要件について、親権に基づく責任を有する者の同意がある場合、その者が当該子どもによる同意を承認した場合にのみ有効となる旨の定めがある[3]。また合衆国においては、COPPA（Children's Online Privacy Protection Act：児童オンラインプライバシー法）において、商用サイトが12歳以下の子供の個人情報を取得する場合には、サイト運営者は児童のプライバシー収集方針を親に掲示して、親の同意を得なければならない旨規定されている。我が国においては法律上このような規定はなく、各業界において自主規制の形で対応されている状況である。

（3）　個人情報保護委員会ウェブサイト「GDPR（General Data Protection Regulation：一般データ保護規則）」https://www.ppc.go.jp/enforcement/infoprovision/laws/GDPR/ 参照のこと（2020年 9 月10日）。

2　児童のための情報環境の整備

　我が国においては、児童の多くが自身の情報通信端末を保有しており[4]、インターネットを通じて児童が受ける影響は大きい[5]。また、スマートフォン等の端末はパーソナルな端末であるため、児童が実際にいかなる情報に触れているのか、保護者等大人の目が届かず、前述のような種々のリスクに児童が直面する可能性が高い。そこで、児童の健全な成長を阻害するような情報から児童を保護するために、有害サイトへのアクセス制限をかけるフィルタリングなどの取組みが必要となる。有害情報へのフィルタリングについては、2007年12月の総務大臣要請（2008年4月に再要請）で、携帯電話事業者に対してフィルタリング機能の整備強化が要請され、携帯電話事業者各社がフィルタリング機能を導入した。これにより、過度に性的な情報や残虐な情報のみならず、青少年保護対策が不十分なSNSなどもフィルタリングの対象とされた[6]。

　我が国における、児童保護のための情報環境整備に関する法的枠組みとして、2008年に成立した青少年インターネット環境整備法（青少年が安全に安心してインターネットを利用できる環境の整備等に関する法律）がある。これは、インターネット上の青少年に対する有害情報の流通が多いことに鑑み、「青少年のインターネットを適切に活用する能力の習得に必要な措置」と「青少年有害情報フィルタリングソフトウェアの性能の向上及び利用の普及その他

（4）　内閣府の令和元年度青少年のインターネット利用環境実態調査によれば、10歳から17歳の児童でインターネットを利用している者は93.8%であり、そのうちスマートフォンからの接続は67.9%となっている。スマートフォンのうち自身専用のものが8割を超える。内閣府ウェブサイト「令和元年度青少年のインターネット利用環境実態調査（PDF版）」https://www8.cao.go.jp/youth/youth-harm/chousa/r01/net-jittai/pdf-index.html 参照（2020年9月10日）。

（5）　読売新聞社会部『親は知らない――ネットの闇に吸い込まれる子供たち』（2010年、中央公論社）、下田博次『子供のケータイ――危険な解放区』（2010年、集英社新書）参照。また、Mary Aiken, 2016, The Cyber Effect: A Pioneering Cyberpsychologist Explains How Human Behaviour Changes Online, John Murray Publishers Ltd. および本書の一部を翻訳したものとして、メアリー・エイケン著／小林啓倫訳『子どもがネットに壊される－いまのか家具が証明した子育てへの影響の真実』（2018年、ダイヤモンド社）。

（6）　保護者が、子どものスマートフォンにフィルタリング機能を利用している場合は37.4%にとどまり、高校生の保護者においては11.4%に留まる。前掲注(4)参照。

の青少年がインターネットを利用して青少年有害情報を閲覧する機会をできるだけ少なくするための措置等」により、青少年の安全安心なネットワーク環境を整備し青少年の権利を守ることを目的としている。

　青少年インターネット環境整備法にいう有害情報とは「犯罪若しくは刑罰法令に触れる行為を直接的かつ明示的に請け負い、仲介し、若しくは誘引し、又は自殺を直接的かつ明示的に誘引する情報」「人の性行為又は性器等のわいせつな描写その他の著しく性欲を興奮させ又は刺激する情報」「殺人、処刑、虐待等の場面の陰惨な描写その他の著しく残虐な内容の情報」であり、これらの有害情報から児童を守るために、事業者に自主的な取り組みを促す。本法は携帯電話事業者、ISP、機器製造事業者には青少年有害情報フィルタリングサービスの提供を義務付け、フィルタリングソフトウェア開発事業者や公衆向けの情報発信が行われているサーバ管理者に一定の努力義務を定めている。なお、2008年の本法成立時点ではPHS・携帯電話が対象として想定されている。

　現在、スマートフォンの多くがフィルタリング機能をユーザ自身で操作できることなどから、フィルタリング機能の利用率は低下している。また、携帯電話の通信網を利用せず、無線LAN等からインターネットアクセスすることが増えたことから、携帯電話からのアクセスを基本としていた青少年インターネット環境整備法では対応できないケースが登場した。

　2017年にはこのような状況に対応するため本法の改正がなされている[7]。携帯電話インターネット接続役務提供事業者（携帯ＩＳＰ）と契約代理店に対し、契約者・携帯電話利用者が18歳未満であるかの確認、有害情報閲覧の危険やフィルタリング機能の必要性等の保護者・青少年への説明、契約とセットで販売される端末にフィルタリングソフトウェアをインストール、あるいはOSの設定を行うことが義務付けられた。携帯端末製造者には、フィルタリングソフトウェアのプリインストールが義務付けられ、OS開発者においもフィルタリング機能の有効化や円滑化のための努力義務が課されてい

（7）　内閣府「青少年インターネット環境整備法改正の概要」https://www8.cao.go.jp/youth/kankyou/internet_torikumi/pdf/hourei/h29_75-gaiyou.pdf参照（2020年 9 月10日）。

る。また、対象となっていた端末が「携帯電話端末又はＰＨＳ端末」から、「専ら携帯電話端末等」となり、対象が拡大されている。

3　情報リテラシーの向上

　児童をインターネット上の有害情報や種々のリスクから守るためには、児童自身の情報リテラシーの向上および保護者の情報リテラシーの向上も必要となる。インターネットは正しく用いられるのであれば児童にとっても有用な情報ツールである。2020年の COVID-19への政府・教育機関等の対応もあり学校の授業のオンライン化が進んだことなどから、児童における情報格差を是正し、情報ツールの正しい利用のための技術的能力及び情報倫理の向上が重要となる。なお、総務省は2012年に青少年のインターネット・リテラシー評価指数として ILAS（Internet Literacy Assessment Indicator for Students）を開発し、毎年度調査を行っている。これは、
・インターネット上の違法コンテンツ、有害コンテンツに対処できる能力
・インターネット上で適切にコミュニケーションできる能力
・プライバシー保護や適切なセキュリティ対策ができる能力
を基本の柱として、義務教育終了までのこれらの能力の獲得を目標としている[8]。また青少年インターネット環境整備法についても、同様の視点に立っており、国、地方自治体、保護者、インターネット事業者などに、それぞれの立場からの情報リテラシー修得のための責務を課している。

3 ネットワークを介する性的搾取からの児童の保護

1　児童に対する性的侵害

　近時、インターネットを介した児童の権利侵害のうち、性的被害が問題となっている。
　児童に対してなされる性的行為は、児童の性的自己決定権や性的自由と

（8）　近時の青少年の情報リテラシー調査については、総務省「2019年度青少年のインターネット・リテラシー指標等に係る調査結果」https://www.soumu.go.jp/main_content/000698472.pdf参照（2020年9月10日）。

いった人格に結び付く権利に対して重大な影響を与え、児童の健全な成長を阻害しうる深刻なものである。我が国も批准している児童の権利条約（Convention on the Rights of the Child）は、第34条において「あらゆる形態の性的搾取及び性的虐待から児童を保護する」ことを規定し、1）不法な性的な行為を行うことを児童に対して勧誘し又は強制すること、2）売春又は他の不法な性的な業務において児童を搾取的に使用すること、3）わいせつな演技及び物において児童を搾取的に使用することから、児童を保護するための措置をとることを締結国に求めている。

(1)　不法な性的な行為を行うことを児童に対して勧誘し又は強制することについては、刑法では、176条の強制わいせつ罪や177条の強制性交等罪が、13歳未満の児童について性的な行為を行うことについて、当該児童の性的行為に対する同意を無効なものとしているほか、児童福祉法34条1項においては、18歳未満の児童に「淫行をさせる」行為の禁止、地方自治体の青少年健全育成条例における淫行処罰規定などによる対応がなされている。

(2)　売春又は他の不法な性的な業務において児童を搾取的に使用することについては、児童に限るものではないが、刑法183条において「営利の目的で、淫行の常習のない女子を勧誘して姦淫させ」る行為が禁止されるほか、売春防止法において売春の勧誘（6条）や（周旋）が規制されている。また、児童買春・児童ポルノ防止法において児童買春に関する各行為が規制対象となっている。

(3)　わいせつな演技及び物において児童を搾取的に使用することの代表的なものとしては、児童をモデルとして作成された児童ポルノに関連するものであり、児童ポルノの作成や提供、公然陳列などのほか、単純所持罪も規制対象となる。なお、児童ポルノをめぐっては実在の児童をモデルとしない仮想児童ポルノが問題となる。また、携帯電話やスマートフォンの普及によって児童が自ら自身の性的画像等を撮影する「自撮り」行為が問題となる。

なお、買春と児童ポルノに関しては、これを取り締まるべきであるとする国際的潮流があり、2000年には、「児童の権利条約」を補完するものとして「児童の売買、児童買春及び児童ポルノに関する児童の権利条約選択議定書（Optional Protocol to the Convention on the Rights of the Child on the sale of children,child prostitution and child pornography）」が国連において採択されている。児童に対する性的侵害は、児童の心身に影響を与え、その健全な成長を害する深刻な侵害であって、我が国においてもかかる国際的潮流を受けて、法的な対応がなされている。

2　出会い系サイト規制法（インターネット異性紹介事業を利用して児童を誘引する行為の規制等に関する法律）

⑴　概　　要

性的行為を行う、あるいはこれに誘引する行為の類型としては、刑法の淫行勧誘罪（182条）や売春防止法が存する。刑法182条において「営利の目的で、淫行の常習のない女子を勧誘して姦淫させ」る行為が禁止されるほか、売春防止法において売春の勧誘（5条）や周旋（6条）が規制されている。勧誘は売春の相手方となるように誘引する場合、周旋は売春の相手方になるよう売春の仲介を行う類型である。児童が性的行為の相手方となる場合には、児童買春・児童ポルノ法や児童福祉法の対象となり、児童との性的行為を仲介する場の規制としては出会い系サイト規制法がある。

出会い系サイトとは、面識のない相手と知り合うためのサービスを提供するサイトであるが、かかるサイトや同様の機能をもつアプリケーションなどによって、児童が面識のない相手から強制わいせつや強制性交等罪等の性犯罪の被害者となるほか、児童福祉法にいう「淫行させる」行為の被害者となり、あるいは児童買春や児童ポルノの被害者となるなど、コンタクト・リスクを有するものである。出会い系サイト規制法は、児童の犯罪へのコンタクト・リスクを防止するために、2003年に制定された。

⑵　出会い系サイト事業者の規制

出会い系サイト事業（インターネット異性紹介事業）は一般の SNS 事業とは区別される。出会い系サイト事業とは、

① 　面識のない異性との交際を希望する者（異性交際希望者）の求めに応じて、その者の異性交際に関する情報を電子掲示板に掲載するサービスを提供すること、

② 　その異性交際希望者に関する情報を公衆が閲覧できるサービスである

こと、

③　ネット上の電子掲示板に掲載された情報を閲覧した異性交流希望者
　　が、その情報を掲載した異性交流希望者と電子メール等を利用して相互
　　に連絡することができるサービスであること、

④　有償、無償を問わず、これらのサービスを反復継続して提供するこ
　　と、

のすべての性質を備えたものである[9]。通常の SNS などが、出会い系サイ
ト規制法の適用を受けないためには、規約などで出会い目的の利用を禁止し
なければならない。

　出会い系サイト事業者には届け出義務（7 条）があるほか、児童の利用防
止に努める責務（3 条）、利用者が青少年でないことの確認義務、出会い系
サイト上で児童を誘引する書き込み等（禁止誘引行為）を削除する義務など
がある。禁止誘引行為の削除義務に反した場合には、公安委員会からの指示
（13 条）や 32 条における罰則（6 月以下の懲役又は 100 円以下の罰金）がある。

⑶　利用者の規制

　利用者については、6 条で禁止誘引行為として、児童を性的に誘引するこ
となどの禁止が規定されている。ここでは、以下の 5 類型が対象となってい
る。

①　児童を性交等（性交若しくは性交類似行為をし、又は自己の性的好奇心を
　　満たす目的で、他人の性器等（性器、肛門又は乳首）を触り、若しくは他人
　　に自己の性器等を触らせること）の相手方となるように誘引すること

②　人（児童を除く）を児童との性交等の相手方となるように誘引するこ
　　と

③　対償を供与することを示して、児童を異性交際（性交等を除く）の相
　　手方となるように誘引すること

④　対償を受けることを示して、人を児童との異性交際の相手方となるよ

（9）　警察庁「「インターネット異性紹介事業」の定義に関するガイドライン」https://
www.npa.go.jp/bureau/safetylife/syonen/deai/business/images/01.pdf 参照（2020 年 9
月 10 日）。

うに誘引すること

⑤　前各号に掲げるもののほか、児童を異性交際の相手方となるように誘
　引し、又は人を児童との異性交際の相手方となるように誘引すること

　ここでは①②のような性的行為の相手方とすることへの誘引のほか、③④
⑤のように性的行為以外の異性交際の相手方とすることへの誘引についても
規制対象となっており、幅広く規制がなされている。これらに該当する場合
には、処罰の対象となる（33条）。

　なお、出会い系サイトの登録がなされていない通常の SNS であっても、
SNS は交友関係を広げるツールであるため、児童が性的行為などへのコン
タクト・リスクに対面する可能性は高い。このような場合には出会い系サイ
ト規制法による規制が及ばない。SNS の運営者において、このような書き
込みをしたアカウントの停止等が自主規制として行われているが、被害の拡
大防止が十分とはいいがたい状況である。

3　児童福祉法

　児童福祉法は、広く児童の権利保護について定めるものである。児童に対
する性的行為として本法34条 1 項 6 号は、「淫行させる」行為について定め
ている。

　児童福祉法34条 1 項 6 号にいう「淫行」とは、「性道徳上非難に値する性
交または性交類似行為」とされ[10]、「児童の心身の健全な育成を阻害するお
それがあると認められる性交又はこれに準ずる性交類似行為」であって、
「児童を単に自己の性的欲望を満足させるための対象として扱っているとし
か認められないような者を相手とする性交又はこれに準ずる性交類似行為」
を意味する[11]。また、「淫行」のうち「性交類似行為」は性交に準じる性的

---

(10)　小泉裕康「児童福祉法」平野龍一他編『注釈特別刑法(7)風俗・軽犯罪編［第二版]』
　　　(1988年、青林書院) 36頁。
(11)　最（一小）決平成28年 6 月21日刑集70巻 5 号369頁。これは、福岡県青少年健全育
　　　成条例にいう「淫行」意義について、最大判昭和60年10月23日刑集39巻 6 号413頁を踏
　　　襲するものである。
(12)　最（三小）決平成10年11月 2 日刑集52巻 8 号505頁。

行為であるが、児童自身による自慰行為等も含みうる[12]。ここにいう「淫行」は、同法の趣旨（同法1条1項）に照らし、「児童の心身の健全な育成を阻害する」ものである必要がある。「淫行させる」行為とは児童に「淫行」を行うように仕向けることであり、行為者の側が事実上の影響力を及ぼして、児童の淫行を助長・促進する行為を意味する。「淫行」の相手方には第三者のほか、「させる」行為をする行為者自身も含む[13]。

　ネットワークを介してなされる場合には、インターネット掲示板やSNS等を通じて児童に接触し、自身や第三者を対象に性交等をさせる場合のほか、ライブチャットなどを通じて児童に自慰行為等をさせるような直接的な接触がないようなケースも含まれうる[14]。

4　児童買春
(1)　児童買春・児童ポルノ禁止法の制定目的・保護法益

　インターネットにおけるコンタクト・リスクの一つである児童買春に加え、インターネット上における児童への侵害として代表的なものが児童ポルノ関連犯罪である。児童買春・児童ポルノ禁止法（児童買春、児童ポルノに係る行為等の処罰及び児童の保護等に関する法律）は、この両罪を規定したものであり、18歳未満たる児童（2条1項）を保護するものである。本法の立法当時、いわゆる「援助交際」という金銭等の援助を対価として性的行為等を行うことが社会問題化しており、「児童の性の商品化」が問題となっていた。

---

(13)　小泉・前掲注[10]39頁。ただし、立法を担当していた厚生省は、かつて行為者自身を「淫行」の相手方とする類型については消極的な立場であったが（厚生省児童家庭局編『改定・児童福祉法の解説』（1991年、厚生省）235頁）、現在は判例と同様の見解に立つと思われる（児童福祉法規研究会編『最新・児童福祉法の解説』（1999年、厚生省）265頁）参照。

(14)　性交類似行為としては、児童自身による性的行為も含まれるため、非接触型事案であっても、「させる行為」に該当しうる。公刊物登載の判例は見られないが、検挙事案として、ライブチャットを利用したわいせつ動画配信事業者による児童福祉法違反事件がある。警察庁ウェブサイト「STOP子どもの性被害」https://www.npa.go.jp/safetylife/syonen/no_cp/measures/case_arrest.html参照。なお、かかる行為が、児童福祉法34条1項6号に該当しないとしても、刑法174条の公然わいせつ罪の共犯にはなりうる。

　また、日本は児童ポルノ製造による加害国として国際的非難を浴びていた[15]。

　そのような中で成立した児童買春・児童ポルノ禁止法は、 1 条で「児童に対する性的搾取及び性的虐待が児童の権利を著しく侵害することの重大性に鑑み、あわせて児童の権利の擁護に関する国際的動向を踏まえ[16]、児童買春、児童ポルノに係る行為等を規制し、及びこれらの行為等を処罰するとともに、これらの行為等により心身に有害な影響を受けた児童の保護のための措置等を定めることにより、児童の権利を擁護すること」を目的として掲げている。本法は買春や児童ポルノによって侵害される児童個人の権利を保護法益としているのである。

　児童買春・児童ポルノ禁止法については、2004年に児童買春と児童ポルノ関連犯罪の各類型について法定刑の引上げがなされたほか、コンピュータ・システムを介する電磁的記録としての児童ポルノについての規制が追加された。これは、記憶媒体に記録された児童ポルノデータの送信や公然陳列について定めるものであり、刑法175条のわいせつ電磁的記録に関する罪に先駆けて明文化された[17]。そのほか、提供等を目的としない児童ポルノの製造についても規定がなされた。その後、2014年の改正によって、児童ポルノの自己使用目的の単純所持罪や、直接的な接触のない盗撮について規制がなされた。児童ポルノの多くがネットワークを介し流通されており、一度インターネット上に流出すれば拡散され、継続的に被写体児童が害されうるため、その取締りが喫緊の問題である。

(2)　児童買春

　児童買春とは、次にあげる者に対し、対償を供与し、又はその供与の約束

---

(15)　森山眞弓編著『よくわかる児童買春・児童ポルノ禁止法』（1999年、ぎょうせい） 3 頁以下。その他解説書として、園田寿『解説 児童買春・児童ポルノ処罰法』（1999年、日本評論社）がある。また、2004年改正については森山眞弓＝野田聖子編『よくわかる改正児童買春・児童ポルノ禁止法』（2004年、ぎょうせい）がある。また、2014年改正に関してはこれを解説するものとして、園田寿＝曽我部真裕編『改正児童ポルノ法を考える』（2014年、日本評論社）。

(16)　2004年改正で追加。

(17)　刑法175条については、実務上は最（三小）決平成13年 7 月16日刑集55巻 5 号317頁（京都アルファネット事件）において、わいせつ電磁的記録に関する公然陳列罪について認めているが、条文において明文化されたのは2011年刑法改正時である。

をして、児童に対し、性交等（性交若しくは性交類似行為をし、又は自己の性的好奇心を満たす目的で、児童の性器等（性器、肛門又は乳首）を触り、若しくは児童に自己の性器等を触らせること）をすることをいう（2条2項)。

① 児童（1号）

② 児童に対する性交等の周旋をした者（2号）

③ 児童の保護者（親権を行う者、未成年後見人その他の者で、児童を現に監護するもの）又は児童をその支配下に置いている者（3号）

　児童買春は経済的対価を支払い、性交等により児童を性的に消費・搾取する行為が対象となる。上記のとおり、対償を支払う対象としては、児童に直接経済的対価（対償）を供する他、児童買春の周旋者、児童の保護者等に対償を支払い、児童と性交等を行う場合が含まれる。児童買春については、1999年の立法時には「3年以下の懲役又は100万円以下の罰金」の刑が科されるものであったが、2004年改正において「5年以下の懲役又は300万円以下罰金」と刑罰の引上げがなされている。

　また、②③ら買春行為者に買春の機会を提供した者についても処罰対象であり、買春者に買春を周旋した者（5条1項）および勧誘した者（6条1項）が対象となる。「周旋」は児童買春者と対象となる児童を仲介する行為であり、「勧誘」は児童買春者らに児童買春をするように積極的に働きかける場合である。本罪についても、「3年以下の懲役又は300万円以下の罰金」から、2004年改正で「5年以下の懲役若しくは500万円以下の罰金」に厳罰化がなされている。また、これを「業とした」場合には刑が加重される。「業とした」とは、反復継続する意思をもってこれを行うことである。「業とした」場合についても「5年以下の懲役若しくは500万円以下の罰金」から「7年以下の懲役若しくは1000万円以下の罰金」に刑の引上げがなされている。

　なお、児童に対して性交等をさせる行為については、暴行・脅迫による抗拒不能を原則とする強制わいせつ罪や強制性交等罪の方が悪質性が高く、また、児童福祉法34条1項6号の「淫行させる」行為についても、淫行に至る

---

(18)　森山・前掲注(15)51頁。

過程において暴行・脅迫・欺罔といった行為がある場合もあるため、これらの罪は性交等に至る過程が対償による場合よりも悪質であるとされ、「買春」についてはこれらの性犯罪よりも刑罰が軽くなっている[18]。

　児童買春者と当該児童の出会いの場は、インターネット上にその中心を移している。SNSやネット掲示板、SNSアプリがあり、近時児童が経済的援助を求める「パパ活」「ママ活」「神待ち」[19]などの語が話題となり、経済的対価を要求するような児童との仲介ツールが蔓延している。これらが、児童買春や児童ポルノ製造、その他の性暴力被害に結び付くケースもある[20]。

5　児童ポルノ

(1)　児童ポルノの定義

　児童ポルノはその作成過程おいて児童への性的行為などによって児童を性的に侵害しうる上、盗撮画像などであっても、その流通によって被写体児童を侵害しうる。児童ポルノとは、「写真、電磁的記録（電子的方式、磁気的方式その他人の知覚によっては認識することができない方式で作られる記録であって、電子計算機による情報処理の用に供されるもの）[21]に係る記録媒体その他の物」であって、以下のいずれかの「児童の姿態を視覚により認識することができる方法により描写したもの」である。（2条3項）

①　児童を相手方とする又は児童による性交又は性交類似行為に係る児童の姿態（1号）

②　他人が児童の性器等を触る行為又は児童が他人の性器等を触る行為に係る児童の姿態であって性欲を興奮させ又は刺激するもの（2号）

---

(19)　「パパ活」とは成人男性から、「ママ活」とは成人女性から、食事等を共にする対償を受け取るものである。「神待ち」とは家出した児童等に住居などの手を差し伸べる者を募集することである。

(20)　これらに関連し、掲示板等で児童を誘い出し、性暴力被害に巻き込む事案などが存する。「未成年誘い出しに警告　SNS　県警が返信取り組み＝愛知」（『読売新聞』2020年1月30日中部朝刊27頁）また、「神待ちサイト」運営者の検挙事案として「家出少女泊めて売春させた容疑　豊島区の男逮捕＝東京」（『読売新聞』2010年5月19日東京朝刊31頁）。

(21)　2004年改正で追加。

③　衣服の全部又は一部を着けない児童の姿態であって、殊更に児童の性的な部位（性器等若しくはその周辺部、臀部又は胸部をいう。）が露出され又は強調されているものであり、かつ、性欲を興奮させ又は刺激するもの（3号）

①は、性交および性交類似行為は類型的に「性欲を興奮させ又は刺激するもの」であるが、②③については、例えば児童に対する治療行為、少年相撲の取組みなどを描写したものであっても該当しうるため、「性欲を興奮させ又は刺激するもの」との要件が加えられている[22]。

③については、2014年改正によって、要件の明確化がなされている。「殊更に児童の性的な部位が露出され又は強調されている」要件である。改正前の児童買春・児童ポルノ禁止法においては、「衣服の全部又は一部を着けない児童の姿態であって性欲を興奮又は刺激するもの」との要件であり、その該当範囲が広範かつ不明確ともいえた。そこで現行法は、乳幼児の成長記録の写真といった裸体が描写されていても不自然ではないものを児童ポルノ犯罪の客体化から除外することとなった。しかしながら、性器等にモザイクをかけるなどすれば児童の性的な部分を「露出され又は強調されているもの」には当たらないことになるが、本法の保護法益は児童への性的侵害の防止であるところ、露出の有無ではなく、児童への虐待が記録されているかどうかが重要であるとの指摘もある[23]。

なお、諸外国においては、イラストや漫画、CG などで実在しない児童を描写した仮想児童ポルノについても規制対象としている場合もあるが[24]、本法2条1項の「児童」は現実の児童に限られる。なお、CG については実在の児童の画像からレイヤを作成し、それを基に CG を作成する場合のような、

---

(22)　森山・前掲注(15)47頁以下参照。
(23)　園田寿「児童ポルノ禁止法の成立と改正」園田＝曽我部編・前掲注(15) 1 頁以下。
(24)　例えばドイツでは、ドイツ刑法典184b条で14歳未満の児童を描写したポルノグラフィ犯罪を規定しており、頒布、公然陳列、製造等については、その客体を「現実の、または現実に近い」といった限定を付さず、仮想表現についても客体に含めている。なお、単純所持についてはかかる限定を付し、仮想表現を客体から除外している。ただし、仮想表現物規制について実務上は慎重な態度がとられている。
(25)　最（一小）決令和2年1月27日刑集74巻1号119頁。

児童の実在性が認定できる場合には児童ポルノに含まれ、また、描写児童はCG製造時に18歳未満である必要はない[25]。

⑵　行 為 態 様

児童ポルノ犯罪については、7条で以下の類型が規定されている。

① 　自己の性的好奇心を満たす目的で、児童ポルノを所持した者は、児童ポルノにかかる電磁的記録を保管した者（1項）

② 　児童ポルノを提供した者、児童ポルノにかかる電磁的記録その他の記録を提供した者（2項）

③ 　②の目的で、児童ポルノを製造し、所持し、運搬し、本邦に輸入し、又は本邦から輸出した者、同じく電磁的記録を保管した者（3項）

④ 　児童に第2条第3項各号のいずれかに掲げる姿態をとらせ、これを写真、電磁的記録に係る記録媒体その他の物に描写することにより、当該児童に係る児童ポルノを製造した者（4項）

⑤ 　ひそかに第2条第3項各号のいずれかに掲げる児童の姿態を写真、電磁的記録に係る記録媒体その他の物に描写することにより、当該児童に係る児童ポルノを製造した者（5項）

⑥ 　児童ポルノを不特定若しくは多数の者に提供し、又は公然と陳列した者、電気通信回線を通じて児童ポルノに係る電磁的記録その他の記録を不特定又は多数の者に提供した者（6項）

⑦ 　⑥の目的で、児童ポルノを製造し、所持し、運搬し、本邦に輸入し、又は本邦から輸出した者、同じく電磁的記録を保管した者（7項）

⑧ 　⑥の目的で、児童ポルノを外国に輸入し、又は外国から輸出した日本国民（8項）

①は、自己の性欲を満たす目的で、自らの意思で児童ポルノを所持・保管したいわゆる単純所持規制であり、2014年改正で追加された。これは児童ポルノ犯罪のエンドユーザ処罰であり、児童ポルノを「購入」「調達」する行為ではなく、所持しているという「状態」を構成要件とする。刑罰は「1年以下の懲役又は100万円以下の罰金」と、7条犯罪の中では最も軽い。

②は児童ポルノ提供規制であり、児童ポルノの特定少数者への特定少数者への提供の場合を規制し、③はその予備的行為としての製造、所持等を処罰

対象とする。1999年段階では、不特定又は多数の者への提供（頒布）と有償提供（販売）、不特定又は多数に閲覧させる行為（陳列）に係る罪（現⑥〜⑧）のみが規制対象であったが、2004年改正で追加された。また、④は2004年改正で追加されたものであり、提供等の目的なく、児童に2条3項各号の「姿態をとらせ」児童ポルノを製造した場合であり、いわゆる単純製造である。「姿態をとらせ」とは行為者の言動をもって児童を「姿態をとらせ」るに至らしめればよく、強制であると否かを問わない[26]。なお、提供目的等のない児童ポルノの複製行為については、「姿態をとらせ」ている場合ではないため、製造者自身による一連の製造行為でない限りは④には該当しない[27]。⑤は2014年改正で追加されたもので「ひそかに」製造をする場合であって、盗撮による児童ポルノ製造である。これらは、3年以下の懲役又は300万円以下の罰金が科される。

　⑥〜⑧は基本的には1999年の法制定時から存する規定で、⑥不特定多数への提供である頒布（児童ポルノ不特定多数提供罪）や不特定多数の者に閲覧可能にする児童ポルノ公然陳列である。2004年改正によって、有償無償の区別はなく処罰対象になり、販売罪については削除されている。⑦⑧はその⑥の予備的行為であり、⑥の目的での製造や保管、取得、輸入などを処罰対象とする。⑥は刑法175条のわいせつ物頒布等罪と行為態様を同じくするが、児童への侵害という法益侵害の重大性から刑罰は重い。本罪の刑罰は立法時の3年以下の懲役・300万円以下の罰金から、2004年改正で上限が引き上げられ、7条の罪では最も重い5年以下の懲役・500万円以下の罰金が科される。

(3)　「自撮り」行為

　児童が自らの姿態を撮影する行為を「自撮り」という。「自撮り」画像が2条3項各号の要件を満たせば児童ポルノに該当しうるのであり、児童がこれを提供や公然陳列の目的で製造すれば、児童ポルノ製造罪（3項製造、7条製造）に該当しうる[28]。「自撮り」は交際相手等から依頼され、撮影・送信

---

(26)　森山＝野田・前掲注(15)99頁。

(27)　最（三小）決平成18年2月20日刑集60巻2号216頁。

(28)　森山＝野田・前掲注(15)190頁。セクスティング自体には提供罪が成立しうることから、その目的のための製造罪も成立しうる。

するようなケース（いわゆるセクスティング）も多いが、かかる依頼者については処罰の間隙が存する。児童にセクスティングを依頼する行為それ自体が児童への性的侵害になりうるが、製造が未遂に終わった場合などは、これが脅迫を伴い強要未遂罪が成立するような場合でなければ、不可罰となる。児童ポルノ犯罪には未遂罪規定がないためである[29]。セクスティングはその後のリベンジポルノにつながる危険性もある。セクスティングの依頼行為については、地方自治体における青少年健全育成条例において対応しているものがみられる。

(4)　児童ポルノブロッキング

　ブロッキングとはインターネット接続サービスを提供するISPが、違法なサイトのリストを作成し、ユーザの当該サイトへのアクセスを遮断（ブロック）するものである。児童ポルノはインターネットを介し拡散され、永久的に閲覧者に閲覧され、被写体児童を将来にわたって侵害しうる。そこで、児童ポルノの拡散等を防止するための有効な手段の一つとして児童ポルノサイトのブロッキングがある。従来的な対応としてはISPが違法なサイトを取り締まる発信者側の規制であったが、ブロッキングは情報受信者側の通信を当該ユーザの許可なく制限するものであり、原則として当該ユーザの通信の秘密の侵害に当たりうるため、慎重な対応が必要である。

　ただし、ブロッキングについては児童の権利を守るために行われるものであり、刑法37条の緊急避難として違法性が阻却されうると考えられる。2010年には政府の「犯罪対策閣僚会議」[30]が「児童ポルノ排除の総合政策」を公表し、2011年から順次、大手のISPではブロッキングを導入している。ただし、緊急避難において違法性が阻却されるのは「生じた害が避けようとした害の程度を超えなかった場合」に限られることから、ブロッキング対象のサイトの選定の際には、オーバーブロッキングへの注意も必要である。

---

(29)　ドイツ刑法184b条は2015年改正において未遂罪を追加している。

(30)　犯罪対策閣僚会議「児童ポルノ排除総合対策」https://www.kantei.go.jp/jp/singi/hanzai/kettei/100727/porno_hon.pdf参照（2020年9月10日閲覧）。

6　青少年健全育成条例（青少年保護育成条例）

　青少年健全育成条例は各地方自治体において、次世代を担う青少年の心身の健全な育成を目的として制定されている。青少年健全育成条例においては、国の法律で未対応な犯罪行為に関する処罰規定などが存し、児童福祉法や児童買春・児童ポルノ規制法において未対応な問題への対処がなされている。

　東京都青少年の健全な育成に関する条例（以下「東京都条例」という）を例にみると、まず有害図書規制がある。図書類等の販売等及び興行の自主規制（7条）、不健全な図書類等の指定（8条）、指定図書類の販売等の制限（9条）において、法律上はわいせつ物や児童ポルノに当たらない図書などについても、過激な性的表現や暴力的表現によって児童の健全な成長を害するようなものを独自に指定し、都の審議会の諮問を経て、その販売制限等が行われる[31]。

　また、青少年健全育成条例おいては、児童福祉法にいう「淫行させる」行為には当たらない、青少年との「淫行」自体が規制対象となっており、いわゆる「淫行条例」と呼ばれる規定が存する。

　その他、2018年に東京都条例において、「自撮り」行為への誘引行為が罰則付きで規制対象となっている。同条例18条号は①青少年が拒否した場合、②青少年を威迫し、欺き、もしくは困惑させ、又は青少年に対し対償を供与し、供与の約束をする方法による場合の児童ポルノ提供の要求を禁止している。現在、多くの自治体で同様の条例が制定され、もしくは制定過程にある。これは、前述の処罰の間隙になっている「自撮り」要求への対処を行うためのものである[32]。

---

(31)　東京都条例7条2号について2010年2月改正案では、「非実在青少年」との文言を用いて性的な漫画・アニメーション等を有害図書に指定しようとするものであったが、批判を受け否決され、「性犯罪や近親相姦を、不当に賛美し又は誇張しているかどうか」を有害図書の基準とする同年10月改正案が可決されている。

(32)　「自撮り」規制のパターンとしては、東京都条例のような規制対象の行為自体を悪質な行為に限定する形式のほか、兵庫県のように、児童ポルノの提供の要求を一律で禁止した上で、罰則が科される場合のみを悪質なケースに限定するという形式がみられる。

4 おわりに

　以上、インターネットにおける児童への侵害の問題とそれに対する現行法による対応について概観した。児童をインターネット上のリスクから保護する法制度においては、その健全な成長を守ることに主眼が置かれている。また近時、児童のネット依存も問題化しており、ネットいじめやSNS等における誹謗中傷に児童が加担する場合もみられる。これらにはインターネットへの心理的依存[33]や子供の貧困や情報格差といった種々の社会問題が複合的に関係するものであり、刑事法的解決のみならず、分野横断的な施策が重要となるところである。

〈参考文献〉
・大谷實『刑法各論［第5版］』（2019年、成文堂）
・前田雅英『刑法各論講義［第7版］』（2020年、東京大学出版会）
・厚生省児童家庭局編『改定・児童福祉法の解説』（1991年、厚生省）
・厚生省児童家庭局編『最新・児童福祉法の解説』（1999年、厚生省）
・小向太郎『情報法入門［第5版］』（2020年、NTT出版）
・斎藤長行『エビデンスに基づくインターネット青少年保護政策』（2016年、明石書店）
・曽我部真裕他『情報法概説［第2版］』（2019年、弘文堂）
・園田寿『解説 児童買春・児童ポルノ処罰法』（1999年、日本評論社）
・園田寿＝曽我部真裕編『改正児童ポルノ法を考える』（2014年、日本評論社）
・大谷卓史『情報倫理』（みすず書房）
・高橋和之他『インターネットと法［第4版］』（2010年、有斐閣）
・高橋則夫『刑法各論［第3版］』（2018年、成文堂）
・福田正信他『逐条出会い系サイト規制法』（2009年、立花書店）
・森山眞弓編著『よくわかる児童買春・児童ポルノ禁止法』（1999年、ぎょうせい）
・森山眞弓＝野田聖子編『よくわかる改正児童買春・児童ポルノ禁止法』（2004年、ぎょうせい）

（たから・こうや）

（33）　心理的ストレス要因とインターネット依存について検討するものとして、大野志郎『逃避型ネット依存の社会心理』（2020年、勁草書房）。

第6章
ネットワーク上の情報の規制と保護

中央大学法学部教授　　四　方　　光

1 は じ め に

　サイバー犯罪は、インターネットに接続されたサイバー空間における犯罪であるから、犯罪の手段がインターネットを通じて伝達される情報であったり、犯罪の被害に遭うのがインターネットに接続された記録媒体に保管された情報であるなど、インターネット上の情報と深い関わりがあることが大きな特徴であるといえる。

　そこで近年、ICT 社会の健全な発展を図るため、犯罪の手段となる情報を規制する法制と、重要な情報を保護するための法制がともに整備されてきた。

　本章は、前章までに紹介されたものを除き、これらの法制のうち主なものを紹介する。

2 犯罪の手段となる情報の規制

1　コンピュータ・システムの可用性を害する情報の規制

　情報セキュリティとは、一般に、情報の機密性（Confidentiality）、完全性（Integrity）、可用性（Availability）を確保することとされている（情報セキュリティの CIA）。情報の機密性とは、「ある情報へのアクセスを認められた人だけが、その情報にアクセスできる状態を確保すること」をいう。情報の完全性とは、「情報が破壊、改ざん又は消去されていない状態を確保すること」

をいう。情報の可用性とは、「情報へのアクセスを認められた人が、必要時に中断することなく、情報にアクセスできる状態を確保すること」をいう[1]。情報セキュリティは、情報に関しこれらの状態を守ることであり、技術的な対策によってなされることが通常であるが、立法という選択肢がとられることもある。情報の機密性、完全性を守るための法令の規定については*3*において述べる。

　情報の可用性については、当該情報の保護の観点というより、可用性を害する行為の規制という形式によって規定されることが多い。保護すべき情報の可用性を害する犯罪の典型は刑法168条の2のウイルス罪であるが、これについては第4章において既に述べた。また、D-Dos攻撃のような大量送信による通信妨害行為は、同章において述べた刑法234条の2の定める電子計算機損壊等業務妨害罪に当たる可能性が高い。

　電気通信事業法は、D-Dos攻撃等を念頭に、「送信型対電気通信設備サイバー攻撃」を「情報通信ネットワーク又は電磁的方式で作られた記録に係る記録媒体を通じた電子計算機に対する攻撃のうち、送信先の電気通信設備の機能に障害を与える電気通信の送信（当該電気通信の送信を行う指令を与える電気通信の送信を含む。）により行われるもの」と定義している（同法116条の2第1項1号）。同法は、電気通信事業者が総務大臣から認可を受ける技術的条件において、ユーザーが送信型対電気通信設備サイバー攻撃を行う場合には、接続を遮断できる旨規定することを想定したものである。いいかえれば、同法は、プロバイダに対し、D-Dos攻撃等があった場合には合法的に通信の遮断ができるよう契約段階で所要の規定が定められるよう誘導しているものといえる（同条2項1号イ参照）。

　迷惑メールは世界の通信量の相当数を占めるまでに至っていることから、特定電子メール法は、自己又は他人の営業につき広告又は宣伝を行うための手段として送信をする一定の電子メールを「特定電子メール」と定義し（同法2条2号）、①事前に受信者の承諾を得た場合、②受信者側からメールア

（1）　総務省ウェブサイト「情報セキュリティって何？」より引用（https://www.soumu.go.jp/main_sosiki/joho_tsusin/security/intro/security/index.html〔最終閲覧2020.3.23〕）。

ドレスが通知された場合、③メール発送者と取引関係にある場合、④受信者がメールアドレスを公開する団体等である場合のみ送信が許されるものとした（同法3条1項）。これに違反する者は措置命令の対象となり（同法7条）、命令に反した者は1年以下の懲役又は100万円以下の罰金に処することとされている（同法34条2号）。

　また、送信者情報を偽った送信を禁止し（同法5条）、これに反した者は一年以下の懲役又は100万円以下の罰金に処することとされている（同法34条1号）。通信の送受信の支障防止に必要がある一定の場合には、プロバイダは、迷惑メールを遮断することができる旨規定している（同法11条）。

　特定商取引に関する法律（特定商取引法）も迷惑メールに関する規定を設け、例えば、通信販売のための広告メールは、①相手方の請求による場合、②相手方が契約を申し込み又は相手方と契約を締結した場合、③その他省令で定める場合(2)を除き、送信してはならない旨定め（同法12条の3第1項）、これに反した者は100万円以下の罰金に処せられる（同法72条1項2号）。

2　インターネット上の違法情報

　現行法の刑罰法令上、児童ポルノやわいせつ図画のようにインターネット上で閲覧することができる状態に置くだけで犯罪を構成する情報が存在する。一般ユーザーから情報提供を受けて警察への通報やプロバイダへの削除要請等を行うインターネット・ホットラインセンター(3)では、その「ホットライン運用ガイドライン」(4)により、次に掲げる13種類の情報を特に「違法情報」と位置付けて諸対策の対象としている。

　本項では、この13種類の違法情報のうち、前章までに紹介した次の情報以

（2）　特定商取引に関する法律施行規則第11条の4は、①相手方の請求に基づき送信されるメールの一部に広告がなされる場合、②広告の掲載を条件として電磁的方法を用いた役務を提供する場合を定めている。

（3）　インターネット・ホットラインセンターは、インターネットの一般ユーザーから違法情報に関する通報を受け付け、警察やプロバイダに対する通報を行っている。http://www.internethotline.jp/（最終閲覧2020.3.8）参照

（4）　http://www.internethotline.jp/pdf/guideline/20180122guide.pdf参照（最終閲覧2020.3.8）

外のもについて紹介する（丸数字は、上記ガイドラインにおける通し番号）。

【わいせつ関連情報】（第4・5章参照）[5]

① 　わいせつ電磁的記録記録媒体陳列（刑法175条1項）

② 　児童ポルノ公然陳列（児童ポルノ法7条6項）

③ 　出会い系サイト規制法違反の禁止誘引行為（同法6条）

【不正アクセス関連情報】（第3章参照）

⑫ 　識別符号の入力を不正に要求する行為（不正アクセス禁止法7条1号）

⑬ 　不正アクセス行為を助長する行為（不正アクセス禁止法5条）

(1)　薬物関連情報

⑤ 　薬物犯罪等の実行又は規制薬物（覚醒剤、麻薬、向精神薬、大麻、あへ
　　　ん及びけしがら）の濫用を、公然、あおり、又は唆す行為（麻薬特例法9
　　　条）

　現行法の体系においては、特定の者に対して特定の犯罪を行うことを唆すことは教唆犯として処罰される（刑法61条）が、特別の規定がない限り、不特定の者に一般的に犯罪の実行を勧めるような言動をしても処罰されない。薬物犯罪のような重大な社会的法益を侵害する犯罪については、個別の法律により、不特定の者に対する犯罪の教唆も処罰の対象とされている。薬物乱用の唆し等を行った者は、3年以下の懲役又は50万円以下の罰金に処せられる（麻薬特例法9条）。

⑥ 　規制薬物の広告（覚醒剤取締法20条の2、麻薬及び向精神薬取締法29条の
　　　2及び50条の18、大麻取締法4条1項4号）

　上記ガイドラインでは、「広告」を「営業活動に伴い顧客を引き寄せるために薬物名、サービス、値段、取引方法等について、多くの人に知られるようにされていること」としている。薬物売買の広告を行った者は、3年以下の懲役若しくは50万円以下の罰金に処し、又はこれを併科することなどとさ

（5）　13種類の違法情報のうち③売春目的の誘因については、売春防止法5条3号は、売
　　　春をする目的で「広告その他これに類似する方法により人を売春の相手方となるよう誘
　　　引すること」を6月以下の懲役又は1万円以下の罰金に処し、同法6条2項3号は、売
　　　春の周旋をする目的で上記の誘因をすることを2年以下の懲役又は5万円以下の罰金に
　　　処する旨規定している。

れている（覚醒剤取締法41条の5第1項3号、麻薬及び向精神薬取締法69条6号）[6]。

　⑦　指定薬物の広告（医薬品医療機器等法76条の5）

　指定薬物とは、中枢神経系の興奮若しくは抑制又は幻覚の作用（当該作用の維持又は強化の作用を含む。以下「精神毒性」という。）を有する蓋然性が高く、かつ、人の身体に使用された場合に保健衛生上の危害が発生するおそれがある物として、厚生労働大臣が薬事・食品衛生審議会の意見を聴いて指定するものをいう、とされている（同法2条15項）。

　これは、いわゆる危険ドラッグといわれる薬物で、その濫用を防ぐため、広告が規制されている。指定薬物の広告を行った者は、2年以下の懲役若しくは200万円以下の罰金に処し、又はこれを併科することとされている（同法85条9号）。

　⑧　指定薬物又は指定薬物と同等以上に精神毒性を有する蓋然性が高い物である疑いがあるとして厚生労働大臣による広域的な広告の禁止の告示がなされた物品の広告（医薬品医療機器等法76条の6の2第1項及び同第3項）

　販売されている薬物が指定薬物に該当するか否かは検査をしなければ確定できない。しかし、悪質な販売業者は、販売開始から検査結果が出るまでの間に危険薬物を販売して利益をあげ、検査結果が出るころには新たな危険薬物の販売を開始するといった規制の間隙を縫う手口が横行した。そこで、指定薬物であることが確定する前であっても、「指定薬物又は指定薬物と同等以上に精神毒性を有する蓋然性が高い物である疑いがある」ものについても、告示することによって広告規制の対象とすることができるようにした[7]。違反者に対する直罰規定はないが、厚生労働大臣又は都道府県知事は中止命令をすることができ（同法76条の7の2第2項）、当該命令に対する違反者は

（6）　向精神薬について麻薬及び向精神薬取締法50条の18に反した者は、1年以下の懲役若しくは20万円以下の罰金に処し、1年以下の懲役又はこれを併科（同法70条18号）。大麻について大麻取締法4条1項4号に反した者は、1年以下の懲役又は20万円以下の罰金（同法25条1項1号）

（7）　告示された物品については、https://www.mhlw.go.jp/seisakunitsuite/bunya/kenkou_iryou/iyakuhin/yakubuturanyou/oshirase/20141226-3.html参照（最終閲覧2020.3.8）

一年以下の懲役若しくは100万円以下の罰金に処し、又はこれを併科することとされている（同法86条24号）。

　このような広告について、厚生労働大臣又は都道府県知事は、プロバイダに対して削除要請をすることができ（同法76条の7の2第3項）、この要請を受けて広告を削除するプロバイダは、それに伴う民事上の責任を負わないこととされている（同法76条の7の3）。

　⑨　危険ドラッグに係る未承認医薬品の広告（医薬品医療機器等法68条）

　危険ドラッグには医薬品のような承認手続はないので、この広告に当たるのは、指定薬物を指定する厚生労働省令が公布されてから施行されるまでの間の広告等である。これに違反した者は、2年以下の懲役若しくは200万円以下の罰金に処し、又はこれを併科することとされている（同法85条5号）。

(2)　振り込め詐欺等関連情報

　⑩　預貯金通帳等の譲渡等の勧誘・誘引（犯罪収益移転防止法28条4項）

　犯罪収益の隠匿等のマネーロンダリング（資金洗浄）は、国際的な問題となっており、これに対処するため、犯罪による収益の移転防止に関する法律（犯罪収益移転防止法）が制定されているが、振り込め詐欺等の犯罪においては他人名義の預金口座が用いられることが多く、かつ、このような他人名義の預金口座がインターネット上で売買されていることから、同法において、預金口座の売買とその広告が禁止されている。これに反した者は、一年以下の懲役若しくは100万円以下の罰金に処し、又はこれを併科することとされている（同項）。

　⑪　携帯電話等の無断有償譲渡等の勧誘・誘引（携帯電話不正利用防止法23条）

　他人名義の預金口座とともに、他人名義の携帯電話も振り込め詐欺等の犯罪にしばしば利用されるところであり、かつ、このような他人名義の携帯電話がインターネット上で売買されることがある。そこで、携帯電話不正利用防止法が制定され、携帯電話事業者に対し契約開始時に顧客の本人確認を義務付けるとともに、他人名義の携帯電話の売買とその広告を禁止している。これに反した者は、50万円以下の罰金に処せられる（同条）。

3　サイバーストーキングの規制

インターネットはストーカー行為に用いられることが少なくない。また、恋愛感情のもつれなどがなくても、SNS上の論争が昂じて継続的な罵り合いが生ずることも少なくない。

脅迫罪は、生命、身体、自由、名誉又は財産に対し害を加える旨を告知して人を脅迫した者に対して、2年以下の懲役又は30万円以下の罰金に処すものである（刑法222条）。脅迫とは、人を畏怖させるに足りる害悪の告知とされている。メールや掲示板で、特定個人に対して身体に危害を加える旨予告した場合は、脅迫罪が成立する。法人に対する脅迫も認められている。

ストーカー規制法は、ストーカー行為の前段行為として、特定の者に対する恋愛感情その他の好意の感情又はそれが満たされなかったことに対する怨恨の感情を充足する目的で、当該特定の者等に対し、つきまとい、待ち伏せ、交際の要求、連続して電話や電子メールの送信等をすること等をすることを「つきまとい等」と定義し（2条1項、2項）、それにより相手方に身体の安全や行動の自由等への侵害の不安を覚えさせることを禁止し（3条）、これに反した者に都道府県公安委員会が禁止命令を発し（5条1項）、それにも反した場合には2年以下の懲役又は200万円以下の罰金に処すこととしている（19条1項）。

また、相手方に身体の安全や行動の自由等への侵害の不安を覚えさせるつきまとい等を反復することを「ストーカー行為」と定義し（2条3項）、これを行った者は、1年以下の懲役又は100万円以下の罰金に処される（18条）。

ストーカー規制法が対象とする恋愛感情等以外の感情を充足する目的のつきまとい等については、多くの都道府県が迷惑防止条例による規制の対象としている（例えば、東京都公衆に著しく迷惑をかける暴力的不良行為等の防止に関する条例5条の2）。

DV防止法にも、ストーカー規制法と同様、つきまとい等に相当する行為に対する禁止命令を定める規定がある（DV防止法10条2項）。

4　商品の虚偽表示等

現物を手に取って確認することのできない電子商取引の特性を悪用して、

偽ブランド商品を販売したり、表示とは全く品質の異なる物を売りつけることは、電子商取引に係るサイバー犯罪の古典的な手口である。消費者に対して虚偽の表示をなし、これを騙して、実際に消費者に代金を交付させた場合には、詐欺罪（刑法246条）が成立する場合があるが、「騙す」とまではいえないが誇大広告であったり、代金を詐取するには至らず虚偽の表示がなされているだけであるため詐欺罪は成立しない場合がある。しかし、このような表示は、消費者保護等の観点から放置すべきではなく、商品等に関する虚偽表示・不当表示は各種の法律によって規制されている。

(1)　不正競争防止法違反

不当表示は、不正な競争の代表的な手口であることから、不正競争防止法は、次のようにいくつかの類型の不当表示を不正競争の類型に含めて、規制の対象としている。不正の目的ないし不正に利益を得る目的をもってこれらの行為を行った者は、5年以下の懲役又は500万円以下の罰金に処せられる（21条2項1〜3号）。不正の目的等がなくても、商品若しくは役務若しくはその広告若しくは取引に用いる書類若しくは通信にその商品の原産地、品質、内容、製造方法、用途若しくは数量又はその役務の質、内容、用途若しくは数量について誤認させるような虚偽の表示をした者も同様である（同項5号）。これらの罪につき、法人は3億円以下の罰金刑に処せられる（22条1項3号）。

また、同法違反の罰金については、没収保全・追徴保全の制度が設けられている（35条・36条）。

ア　混同惹起行為（2条1項1号）

混同惹起行為とは、他人の商品等表示（人の業務に係る氏名、商号、商標、標章、商品の容器若しくは包装その他の商品又は営業を表示するもの）として需要者の間に広く認識されているものと同一若しくは類似の商品等表示を使用し、又はその商品等表示を使用した商品を譲渡するなどし、引き渡し、譲渡若しくは引渡しのために展示し、輸出し、輸入し、若しくは電気通信回線を通じて提供して、他人の商品又は営業と混同を生じさせる行為である。

イ　著名表示冒用行為（2条1項2号）

著名表示冒用行為とは、自己の商品等表示として他人の著名な商品等表示

と同一若しくは類似のものを使用し、又はその商品等表示を使用した商品を譲渡し、引き渡し、譲渡若しくは引渡しのために展示し、輸出し、輸入し、若しくは電気通信回線を通じて提供する行為である。

ウ　商品形態模倣行為（2条1項3号）

商品形態模倣行為とは、他人の商品の形態（当該商品の機能を確保するために不可欠な形態を除く。）を模倣した商品を譲渡し、貸し渡し、譲渡若しくは貸渡しのために展示し、輸出し、又は輸入する行為である。

エ　誤認惹起行為（2条1項20号）

誤認惹起行為とは、商品若しくは役務若しくはその広告若しくは取引に用いる書類若しくは通信にその商品の原産地、品質、内容、製造方法、用途若しくは数量若しくはその役務の質、内容、用途若しくは数量について誤認させるような表示をし、又はその表示をした商品を譲渡し、引き渡し、譲渡若しくは引渡しのために展示し、輸出し、輸入し、若しくは電気通信回線を通じて提供し、若しくはその表示をして役務を提供する行為である。本号は、食品偽装等に対して適用されることが多い。

(2)　商標法違反

商標とは、文字、図形、記号若しくは立体的形状若しくはこれらの結合又はこれらと色彩との結合（標章）であって、①業として商品を生産し、証明し、又は譲渡する者がその商品について使用をするもの、②業として役務を提供し、又は証明する者がその役務について使用をするものをいう（2条1項）。同法が保護するのは、そのうち、同法が定める手続に従って登録された登録商標である。

登録商標には商標権が発生し、これを侵害した者は、10年以下の懲役若しくは1,000万円以下の罰金に処し、又はこれを併科される（78条）。

商標権侵害そのものではないが、実質的に商標権を侵害する行為は侵害とみなす行為とされ（37条）、それを行った者は5年以下の懲役若しくは500万円以下の罰金に処し、又はこれを併科することとされている（78条の2）。

これらの罪について、法人に対しては3億円以下の罰金が処せられる（82条1項1号）。

⑶　景品表示法違反

　商品・役務に関する不当表示一般を規制する法律として、不当景品類及び不当表示防止法（景品表示法）がある。同法は、次のような不当表示を禁止し（5条）、これに違反する事業者に対しては、内閣総理大臣の措置命令が発せられ（7条1項）、さらにそれに反した者は、売上額の3％に当たる課徴金が課される（8条1項）とともに、2年以下の懲役又は300万円以下の罰金に処せられる（36条1項）（法人に対しては3億円以下の罰金刑（38条1項1号））。

ア　優良誤認表示（5条1項1号）

　商品又は役務の品質、規格その他の内容について、一般消費者に対し、実際のものよりも著しく優良であると示し、又は事実に相違して当該事業者と同種若しくは類似の商品若しくは役務を供給している他の事業者に係るものよりも著しく優良であると示す表示であって、不当に顧客を誘引し、一般消費者による自主的かつ合理的な選択を阻害するおそれがあると認められるもの

イ　有利誤認表示（同項2号）

　商品又は役務の価格その他の取引条件について、実際のもの又は当該事業者と同種若しくは類似の商品若しくは役務を供給している他の事業者に係るものよりも取引の相手方に著しく有利であると一般消費者に誤認される表示であって、不当に顧客を誘引し、一般消費者による自主的かつ合理的な選択を阻害するおそれがあると認められるもの

ウ　内閣総理大臣が指定する表示

　以上のもののほか、商品又は役務の取引に関する事項について一般消費者に誤認されるおそれがある表示であって、不当に顧客を誘引し、一般消費者による自主的かつ合理的な選択を阻害するおそれがあると認めて内閣総理大臣が指定するもの。本書執筆時点では、商品の原産国に関する不当な表示等6類型の不当表示について、内閣総理大臣告示が定められている。

⑷　特定商取引法違反

　電子商取引は特定商取引法が規制する通信販売に該当するため、同法の規制の対象となる。同法では、通信販売業者が広告を行う場合には、価格、代

金支払時期・方法、商品引渡時期・方法、解約に関する事項等を記載しなければならない旨規定している（11条）。広告においては商品の性能や解約に関する事項等について、著しく事実に相違する表示をし、又は実際のものよりも著しく優良であり、若しくは有利であると人を誤認させるような表示をしてはならず、（12条）、これに反して人を誤認させるような表示をした者は100万円以下の罰金に処せられる（72条1項1号）。

(5)　医薬品医療機器等法違反

インターネット上では、バイアグラ等の模造医薬品の売買が横行している。医薬品、医療機器等の品質、有効性及び安全性の確保等に関する法律（医薬品医療機器等法（旧薬事法））は、模造医薬品・承認前医薬品の販売等を禁止しており（55条2項）、違反者に対しては、3年以下の懲役若しくは300万円以下の罰金に処し、又はこれを併科し（84条18号）、法人に対しては1億円以下の罰金刑が科される（90条1号）。さらに、そのような販売禁止医薬品の広告も禁じており（68条）、違反者は2年以下の懲役若しくは200万円以下の罰金に処し、又はこれを併科される（85条5号）。

5　違法な情報が掲出されたサイト管理者の責任

インターネット上のサイトには、サイト管理者自らがサイトの内容を作成、掲載するものばかりでなく、サイト管理者は枠組みだけを作り、一般ユーザーが内容を投稿する電子掲示板等のサイトが少なくない。すると、掲示板等のサイトに違法情報等が掲載されている場合には、当該情報を直接に掲載した投稿者が処罰の対象となるのは当然として、当該情報が掲載されたサイトの管理者の責任の有無が問題となる。特に、偶然違法情報が掲載されたというのではなく、日頃から多数の違法情報が投稿されており、しかも、インターネット・ホットラインセンターからの削除依頼に必ずしも応じないサイトが少なからず存在することから、問題となっている。

(1)　サイト管理者の刑事責任

掲示板等のサイトの管理者は、当該サイトに違法情報が掲載されていても、直ちに処罰の対象となるものではない。違法行為の正犯は投稿者であって、サイト管理者は個別の投稿に関与しないのが通常だからである。しか

し、サイト管理者の刑事責任が問われる場合も存在する。

　サイトの構造として、投稿者からの投稿内容を個別に審査し、選択した上で、サイト管理者が編集者として自ら掲載しているような場合には、サイト管理者自身が正犯として犯罪を行ったものと認められる。

　自ら掲載する行為がなくても、自身が管理するサイトに違法情報が掲載されることとなるよう、掲載できる環境を作成し、閲覧者に違法情報を投稿するよう求め、これによって違法情報を多数集めることにより閲覧数を増やして、サイト管理者が広告収入を得るなど、サイト管理者が自らの行為として違法情報サイトの設置・運営を行っているような場合には、共同正犯（刑法60条）と認められる場合がある。

(2)　サイト管理者の民事責任とプロバイダ責任制限法

　サイトに名誉毀損に該当する情報等が掲載されている場合には、サイト管理者は、被害者から民事責任を問われることがある。また、サイト管理者を訴えるのではなくても、被害者としては、侵害行為を行った投稿者を特定する必要があることから、サイト管理者に対して（サイト管理者自身が匿名の場合には、サイト掲載の場を提供しているプロバイダに対して）、投稿者に関する情報の開示を求めることがある。サイト管理者が、これに応じて投稿者の情報を開示すると、反対に投稿者の方から個人情報を不当に開示したとして損害賠償を請求される可能性もある。

　そこで、このような場合におけるプロバイダの義務と責任を定めるプロバイダ責任制限法が制定されている。

ア　プロバイダの損害賠償責任の制限（3条）

　サイトに違法情報等が存在していたとしても、プロバイダが、①当該情報の流通によって他人の権利が侵害されていることを知っていたとき、②当該情報の流通を知っていた場合であって、当該特定電気通信による情報の流通によって他人の権利が侵害されていることを知ることができたと認めるに足りる相当の理由があるとき、のいずれかでなければ、プロバイダは損害賠償責任を負わない（同条1項）。

　プロバイダは、①当該情報の流通によって他人の権利が不当に侵害されていると信じるに足りる相当の理由があったとき、②被害者から、当該情報及

び侵害されたとする権利及び権利が侵害されたとする理由を示して当該情報の削除依頼の申出があった場合に、当該情報の発信者に対しこれに同意するかどうかを照会して、7日を経過しても発信者から返答がなかったときには、当該情報を削除しても、それによる損害賠償責任を負わない（同条2項）。

イ　発信者情報の開示請求（4条）

　違法情報等によって権利侵害を受けた者は、①当該情報の流通によって権利が侵害されたことが明らかであること、②損害賠償請求権の行使のために必要である場合その他発信者情報の開示を受けるべき正当な理由があること、いずれの要件にも該当する場合には、プロバイダに対して発信者情報の開示を請求することができる（同条1項）。

　これによって、被害者は、投稿者を特定する機会を一応保障されているが、次のような課題がある。第一に、「損害賠償請求権の行使のために必要である場合」の解釈として、「開示関係役務提供者は裁判外での開示請求については、とりわけ慎重に対応することを要請されることとなる」とされ[8]、現に訴訟が提起されていることが原則必要という解釈が実務上なされているが、相手方が判明しなければ訴訟を提起することは難しいので、一般の被害者にとっては、事実上投稿者の特定を断念しなければならないこととなっている[9]。第二に、プロバイダは、発信者情報を開示する場合には、連絡不能な場合その他特別の事情がある場合を除き、開示について当該発信者の意見を聴かなければならない（同条2項）。

（8）　総務省「特定電気通信役務提供者の損害賠償責任の制限及び発信者情報の開示に関する法律――解説――」（平成30年6月更新）（https://www.soumu.go.jp/main_content/000671655.pdf〔最終閲覧2020.3.8〕）32頁参照。同解説は、一応「訴訟外において請求を行うことも可能である」としつつ、「プロバイダ等が任意に開示した場合、要件判断を誤ったときには、通信の秘密侵害罪を構成する場合があるほか、発信者からの責任追及を受けることにもなるので、裁判所の判断に基づく場合以外に開示を行うケースは例外的であろう」とされている（同解説33頁注vi）。
（9）　令和3年2月26日、権利侵害を受けた者が簡便な方法により発信者情報の開示を受けられるようにするための新たな非訟事件手続を創設することなどを内容とする「特定電気通信役務提供者の損害賠償責任の制限及び発信者情報の開示に関する法律の一部を改正する法律案」が国会に提出されている。

3 重要な情報を保護するための法制

　情報は、刑法において「財物」として位置付けられていないため、窃盗罪や詐欺罪等の刑法上の財産犯の対象とならない[10]。したがって、保護すべき情報の保護を刑罰によって担保する場合には、各種の個別法において情報を同意なく取得することに対する罰則規定が置かれている。また、個別の情報には着目していないが、秘密を守る砦ともいうべき情報インフラのセキュリティを守るための罰則規定もある。

1　政府の秘密の保護

　国家公務員法は、公務員に対して守秘義務を課しており、これに反した者は1年以下の懲役又は50万円以下の罰金に処される（同法100条1項・109条12号）。守秘義務違反を企て、命じ、故意にこれを容認し、そそのかし又はそのほう助をした者も同じとされており（111条）、公務員から主体的に秘密を入手した者も処罰される場合がある（地方公務員の場合については、地方公務員法34条1項・60条2号。幇助者等についても同じ（62条））。

　このように、国家の秘密の取得は、従来、公務員の守秘義務違反の存在を前提に、その教唆者等に当たらない限り処罰の対象とされていなかった。法定刑も、後述する企業秘密の保護を目的とする営業秘密不正取得罪より低いものであった。

　そこで、2013年に特定秘密の保護に関する法律（特定秘密保護法）が制定され、国の情報のうち特に秘匿する必要性の高いものを「特定秘密」として指定し、高い機密性を保持する措置がとられることとなった。同法24条1項は、図利加害目的で、詐欺、暴行、脅迫又は不正アクセス等の管理侵害行為によって特定秘密を取得した者は、10年以下の懲役に処し、又は情状により10年以下の懲役及び1,000万円以下の罰金に処する旨定めている（担当公務員が漏えいした場合も同様の法定刑で処罰される（同法23条1項））。

---

(10)　もっとも、情報が蔵置された記録媒体（USB、CD-ROM、紙等）は財物なので、その窃盗、詐欺等は刑法の対象となる。

　また、特定秘密を取り扱う者に対しては、適性評価が行われる（同法12条）。これは、情報セキュリティの分野でクリアランスといわれる制度であり、機密保持の必要の高い情報については、これを取り扱うことができる者を一定の資格ないし適性を有する者に絞り込むことによって、内部漏洩の危険性を低めようとするものである。

　国家公務員法上守秘義務の対象とならない情報が特定秘密保護法上の特定秘密として指定されることは想定できないから、特定秘密保護法は、国家機密を増やす、すなわち国民に公表する情報を少なくする法律ではなく、もともと国の秘密とされてきた情報のうち特に重要なものの保護措置を手厚くするための法律であると評価することができる。

2　通信の秘密の保護

　サイバー空間においては、情報はコンピュータ内に蔵置されるだけではない。情報が電気通信回線を通じて伝達されることによってサイバー空間が形成される。そこで、情報の保護のためには、通信途上における秘密の保護も大変重要となる。

　憲法21条2項後段は、通信の秘密の保護を定めている。また、電気通信事業法4条1項は、事業者に限定せず、何人も、通信の秘密を侵してはならない旨規定し、これに反した場合は処罰の対象となる（179条1項）。条文には明記されていないが、電気通信事業法上の通信の秘密の侵害行為には、通信の知得、漏えい、及び窃用の3種類があるとされている[11]。知得とは「積極的に通信の秘密を知ろうとする意思のもとで知得しようとする行為」を、漏えいとは「他人が知り得る状態に置くこと」を、窃用とは「発信者又は受信者の意思に反して利用すること」をいうとされる[12]。

---

(11)　多賀谷一照他編著『電気通信事業法逐条解説』（2008年、財団法人電気通信振興会）38頁。
(12)　「電気通信事業者における大量通信等への対処と通信の秘密に関するガイドライン（第3版）」（2014年7月22日、一般社団法人日本インターネットプロバイダー協会一般社団法人電気通信事業者協会一般社団法人テレコムサービス協会一般社団法人日本ケーブルテレビ連盟一般財団法人日本データ通信協会テレコム・アイザック推進会議）6頁（https://www.soumu.go.jp/main_content/000362139.pdf〔最終閲覧2020.3.31〕）。

　電気通信事業法上の「通信の秘密」は、通信内容のみならず、「通信の日時、場所、通信当事者の氏名、住所・居所、電話番号などの当事者の識別符号、通信回数等これらの事項を知られることによって通信の意味内容が推知されるような事項すべてを含む」とされてきた[13]。

　近時、憲法上の通信の秘密と電気通信事業法上の通信の秘密が同じものであるかどうかが議論の対象となっている[14]。また、サイバー犯罪条約は、通信内容に相当する「「コンピュータ・データ」とは、コンピュータ・システムにおける処理に適した形式によって事実情報又は概念を表したもの」をいい（1条b）、「通信記録とは、コンピュータ・システムによる通信に関するコンピュータ・データであって、通信の連鎖の一部を構成するコンピュータ・システムによって作り出され、かつ、通信の発信元、発信先、経路、時刻、日付、規模若しくは継続時間又は通信の基礎となるサービスの種類を示すもの」をいうとされる（同条d）。さらに、加入者情報について、「コンピュータ・データという形式又はその他の形式による情報のうち、サービス・プロバイダが保有するサービス加入者に関連する情報（通信記録及び通信内容に関連するものを除く。）」と定めている（18条3項）。すなわち、我が国の電気通信事業法において通信の秘密の内容とされている通信内容、通信記録及び加入者情報を区別して書き分けている。諸外国でも、通信内容、通信記録、加入者情報の扱いを区別する国が多い。

　かつて通信といえば手紙のような私信しかなかったのであるが、今日では、現実世界に例えれば高速道路や繁華街のアーケードのような通信、すなわち内容の秘密性が問題とされていない情報の通信、あるいは端的に公開情報の搬送通路となっているような通信が存在し、他方、これらの情報の利用が営業上の重要性を増している。D-Dos攻撃や迷惑メールの散布など、通信の内容より総量の多さが問題となる情報もある。また、児童ポルノやリベンジポルノなどを拡散する通信が、通信として保護すべき価値があるかも問題

---

(13)　多賀谷・前掲注(11)39～40頁。
(14)　高橋郁夫＝吉田一雄「「通信の秘密」の数奇な運命（憲法）」Information Network Law Review Vol. 5（2006年）、高橋郁夫＝林紘一郎＝舟橋信＝吉田一雄「「通信の秘密」の数奇な運命（制定法）」Information Network Law Review Vol. 8（2009年）参照。

である。そこで、通信一般に対して、一律に私信と同様の法的保護を行うことが適切かが今後問題となろう。

3　企業秘密の保護

　いわゆる企業秘密については、不正競争防止法は、不正の手段により営業秘密を取得する行為を不正競争の一つとして処罰対象としている（営業秘密不正取得罪。21条1項1号）。法定刑は、財産犯の最高刑ともいうべき10年以下の懲役若しくは2,000万円以下の罰金、又はその併科である。

　同罪の構成要件は、①不正の利益を得る目的で、又はその保有者に損害を加える目的（図利加害目的）で、②詐欺、暴行、脅迫（詐欺等行為）又は不正アクセス等（管理侵害行為）によって、③営業秘密を取得することとされている。さらに、営業秘密とは、a）秘密として管理されている（秘密管理性）、b）事業活動に有用な情報であって（有用性）、c）公然と知られていないもの（非公知性）をいうと定義されている（2条6項）。

　これらの要件のうち秘密管理性は、営業秘密不正取得罪の立件のためのハードルとなってきたので、同法解釈のガイドラインである「営業秘密管理指針」(15)が改訂され、「相当高度な秘密管理を網羅的に行った場合にはじめて法的保護が与えられるべきものであると考えること」は適切ではないとされ（同指針5頁）、「秘密管理性要件の趣旨は、このような営業秘密の性質を踏まえ、企業が秘密として管理しようとする対象が明確化されることによって、当該営業秘密に接した者が事後に不測の嫌疑を受けることを防止し、従業員等の予見可能性、ひいては経済活動の安定性を確保することにある」（同5頁）、すなわち、秘密管理性自体ではなく秘密の情報の範囲が明確にされていることが要件であるとされた(16)。

　なお、不正競争防止法は、いわゆるビッグデータの商業利用を念頭に、「限定提供データ」を、業として特定の者に提供する情報として電磁的方法により相当量蓄積され、及び管理されている技術上又は営業上の情報として

---

(15)　https://www.meti.go.jp/policy/economy/chizai/chiteki/guideline/h31ts.pdf参照（最終閲覧2020.3.9）。

定義し（同法２条７項）、これを犯す行為を不正競争とすることにより保護している（同条１項11〜16号）が、罰則までは設けていない[17]。

4　個人の情報の保護

　個人のプライバシーに関する情報に関し、名誉毀損罪（刑法230条）については第４章において述べた。

　第三者への提供を予定せずに撮影された性的画像、いわゆるリベンジポルノ（私事性的画像記録）の頒布によって名誉やプライバシーが侵害される被害が多発したことから、リベンジポルノ防止法が制定された。同法３条は、第三者が撮影対象者を特定することができる方法で、電気通信回線を通じて私事性的画像記録を不特定又は多数の者に提供した者、当該画像が記録された媒体である私事性的画像記録物を不特定若しくは多数の者に提供し又は公然と陳列した者、これらの目的で、電気通信回線を通じて私事性的画像記録を提供し、又は私事性的画像記録物を提供した者は、３年以下の懲役又は50万円以下の罰金に処する旨規定している。

　個人の支払手段に関する情報に関し、クレジットカード番号の保護については、割賦販売法が、本人の承諾を得ずに複製することや不正アクセスにより取得することを処罰対象としている（同法49条の２第２項）。支払用カード電磁的記録不正作出準備罪（刑法163条の４）については、第４章において述

---

(16)　下級審判決（東京高判平成29年３月21日高刑集70巻１号10頁）は、「不正競争防止法２条６項が保護されるべき営業秘密に秘密管理性を要件とした趣旨は，営業秘密として保護の対象となる情報とそうでない情報とが明確に区別されていなければ，事業者が保有する情報に接した者にとって，当該情報を使用等することが許されるか否かを予測することが困難となり，その結果，情報の自由な利用を阻害することになるからである。そうすると，当該情報が秘密として管理されているというためには，当該情報に関して，その保有者が主観的に秘密にしておく意思を有しているだけでなく，当該情報にアクセスした従業員や外部者に，当該情報が秘密であることが十分に認識できるようにされていることが重要であり，そのためには，当該情報にアクセスできる者を制限するなど，保有者が当該情報を合理的な方法で管理していることが必要とされるのである。」として、改定後の営業秘密管理指針と同様の理解に基づいた解釈を行っている。

(17)　経済産業省「限定提供データに関する指針」（平成31年１月23日、https://www.meti.go.jp/policy/economy/chizai/chiteki/guideline/h31pd.pdf〔最終閲覧2020. 3. 9〕）参照。

べた。

　個人情報保護法は、特定の個人を識別することができる一定の情報を「個人情報」として定義し（同法 2 条 1 項）、個人情報を守るための個人情報取扱事業者の義務等を定めている。個人情報取扱事業者が、自己若しくは第三者の不正な利益を図る目的で提供し、又は盗用したときは、1 年以下の懲役又は50万円以下の罰金に処する旨規定している（同法84条）。

　個人情報は、しばしばプライバシーとともにその保護が論ぜられるが、個人が社会生活を行っていくため、あるいは公正な社会を維持していくために、社会と共有しなければならない情報が含まれる。したがって、個人情報は、保護するだけでなく適切に共有するための仕組も必要となる点で、プライバシーとは大きく異なるといえる。

5　著作権の保護

　著作権法違反は、検挙件数は限られているが、おそらくはサイバー犯罪の中で最も多く発生している犯罪の一つと推測される。典型的には、音楽や映画の電子データを著作権者の許可なく掲示板等で閲覧可能にしたり、ファイル共有ソフトのネットワークに向けてアップロードしたりすることにより、公衆送信権を侵害する態様がある。

　著作権法によって保護される著作物とは、「思想又は感情を創作的に表現したものであつて、文芸、学術、美術又は音楽の範囲に属するものをいう」とされている（2 条 1 号）。著作権は、著作物に対する複製権（出版権を含む）、上映権、公衆送信権（送信可能化を含む。）、頒布権、譲渡権等の支分権の束だとされているが、我が国の著作権法では、著作物が製作された時に当然に著作権が成立し、登録等の特別な手続を要しない。

(1)　著作権侵害に対する主な罰則

ア　著作権等侵害罪（119条 1 項）

　著作権、出版権又は著作隣接権を侵害した者は、10年以下の懲役若しくは1,000万円以下の罰金に処し、又はこれを併科することとされている。掲示板に掲出したり、ファイル共有ソフトのネットワークに向けてアップロードしたりすることにより、著作権者の許可なく音楽や映画をインターネット上で有償・無償でダウンロードできるようにすることは、本罪に当たる。

　なお、本罪は親告罪であり（123条1項）、通常は著作権管理団体からの告訴により捜査が行われている。ただし、有償著作物を原作のまま公衆送信したり、そのために複製することによる著作権侵害等であって、著作権者等の得ることが見込まれる利益が不当に害されることとなる場合については、親告罪とはされていない（同条2項・3項）。

イ　みなし侵害罪

　著作権等を直接に侵害する行為でなくても、実質的に侵害する次の行為[18]は侵害行為とみなされ、処罰の対象となる。下記①、②、③のうち悪質なもの、④は5年以下の懲役若しくは500万円以下の罰金に処し、又はこれを併科（119条2項3～6号。法人に対しては3億円以下の罰金刑（124条1項1号））、③、⑤、⑥は3年以下の懲役若しくは300万円以下の罰金に処し、又はこれを併科する（120条の2第3～5号）。

①　国内において頒布する目的をもって、輸入の時において国内で作成したとしたならば著作権等の侵害となるべき行為によって作成された物を輸入する行為（113条1項1号）

②　著作権等を侵害する行為によって作成された物を、情を知って、頒布し、頒布の目的をもって所持し、若しくは頒布する旨の申出をし、又は業として輸出し、若しくは業としての輸出の目的をもって所持する行為（同項第2号）

③　リーチサイト（侵害コンテンツへのリンク情報等を集約したウェブサイト）を運営などする行為（同条2～4号）

④　プログラムの著作物の著作権を侵害する行為によって作成された複製物を、情を知って、業務上電子計算機において使用する行為（同条5項）

⑤　技術的利用制限手段の回避を行う一定の行為（同条6項・7項）

⑥　権利管理情報として虚偽の情報を故意に付加する行為、権利管理情報を故意に除去し、又は改変する行為、これらの行為が行われた著作物若しくは実演等の複製物を、情を知って、頒布等する行為（同条8項）

---

(18)　このほか、商業用レコードに係るみなし侵害行為（著作権法113条6項）があるが、ここでは説明を割愛する。

ウ　違法ダウンロード罪（119条第3項2号）

通常は許される私的使用目的の著作物のダウンロードであっても、有償著作物等の著作権又は著作隣接権を侵害する自動公衆送信を受信して行うデジタル方式の録音又は録画を、自らその事実を知りながら行って継続的に又は反復して著作権又は著作隣接権を侵害した者は、2年以下の懲役又は200万円以下の罰金に処せられる。

本罪については、フェアユースの範囲を不当に限定するものではないか、警察の捜査権を不当に強化することにならないかなどの懸念が指摘されたが、著作権侵害への影響の大きさにかんがみ、抑止効果を狙って犯罪化された。本罪の適用に当たっては慎重を期すべき旨の国会の附帯決議があり、実際の運用もそのように行われている。

エ　技術的保護手段回避装置譲渡罪（120条の2第1号）

技術的保護手段とは、著作権等を侵害する行為の防止又は抑止をするため、著作物等の利用に用いられる機器が特定の反応をする信号を著作物等とともに記録媒体に記録し、又は送信する方式によるものであるが（2条1項20号）、当該信号を除去・改変して保護機能を失わせ、複製等を行う装置が電気店で販売されたり、そのような機能を有するプログラムがインターネット上で出回ったりしている。そこで、このような装置やプログラムの公衆への譲渡・貸与、その目的での製造、輸入、所持、公衆送信等を行った者は、3年以下の懲役又は300万円以下の罰金に処せられる。なお、本罪は非親告罪である。

(2)　著作権の主な制限規定

著作権の制度は、著作権者の権利を保護することにより、創作意欲を喚起する一方、創作された著作物が鑑賞され、有効に活用されなければ意味がないので、著作物の利用の自由にも配意がなされている。それが著作権の制限の制度で、次のような利用は、著作権者等の許可なくとも可能である。

なお、学術論文などにおいて他人の著作物を利用する場合は、著作権法に反しない場合であっても、引用元の注記等をせずに利用した場合は、学術上はなお剽窃とみなされることがあるから、注意を要する。

ア　私的使用のための複製（30条）

　著作物であっても、個人や家庭内で利用するために複製することは許される。しかし、次に掲げる方法は、多数の個人による大量の使用により著作権の深刻な侵害を招くので、私的使用であっても禁止されている。

① 　公衆の使用に供することを目的として設置されている自動複製機器を用いて複製する場合

② 　技術的保護手段の回避により可能となり、又はその結果に障害が生じないようになった複製を、その事実を知りながら行う場合

③ 　著作権を侵害する自動公衆送信を受信して行うデジタル方式の録音又は録画を、その事実を知りながら行う場合

④ 　③のほか、著作権を侵害する自動公衆送信を受信して行うデジタル方式の複製を、その事実を知りながら行う場合

イ　図書館等における複製（31条）

ウ　引用（32条）

　公表された著作物について、著作者名や出所を表示するなど公正な慣行に従い、報道、批評、研究その他の正当な目的のために引用することができる。

　この場合、引用と認められる要件として、最（三小）判昭和55年3月28日民集34巻3号244頁は、「引用して利用する側の著作物と、引用されて利用される著作物とを明瞭に区別して認識することができ」ること（明瞭区別性）、及び「両著作物の間に前者が主、後者が従の関係があると認められる」こと（主従関係）が必要であるとしている。

エ　学校その他の教育機関における複製（35条）

オ　コンピュータやネットワークでの正当な利用

　美術の著作物等の譲渡等の申出に伴う複製等（47条の2）、プログラムの著作物の複製物の所有者による複製（アップデートやカスタマイズ）（47条の3）、保守、修理等のための一時的複製（47条の4）、電子計算機による情報処理及びその結果の提供に付随する軽微利用等（47条の5）が認められている。

（しかた・こう）

第 **3** 部

サイバー犯罪手続法

弁護士 **北 條 孝 佳**

1 デジタル・フォレンジックの概要

1 デジタル・フォレンジックとは

デジタル・フォレンジックの定義は、日本国内において明確に定まっているわけではないが、内閣サイバーセキュリティ戦略本部では、「不正アクセスや機密情報漏えいなど、コンピュータなどに関する犯罪や法的紛争が生じた際に、原因究明や捜査に必要な機器やデータ、電子的記録を収集・分析し、その法的な証拠性を明らかにする手段や技術の総称」と定義している[1]。また、警察庁では、「犯罪の立証のための電磁的記録の解析技術及びその手続」と定義し[2]、特定非営利活動法人デジタル・フォレンジック研究会では、「インシデントレスポンス(コンピュータやネットワークなどの資源及び環境の不正使用、サービス妨害行為、データの破壊、意図しない情報の開示など、並びにそれらへ至るための行為(事象)などへの対応などを言う。)や法的紛争・訴訟に際し、電磁的記録の証拠保全及び調査・分析を行うとともに、電磁的記録の改ざん・毀損などについての分析・情報収集などを行う一連の科学的調

---

(1) 内閣サイバーセキュリティセンターサイバーセキュリティ戦略本部「サイバーセキュリティ2020」(2020年7月21日)。
(2) 警察庁「令和元年版警察白書」(2019年)。

査手法・技術」と定義している[3]。

2　電磁的記録の解説

　電磁的記録とは、「電子的方式、磁気的方式その他人の知覚によっては認識することができない方式で作られる記録であって、電子計算機による情報処理の用に供されるもの」をいい（刑法7条の2及び民事訴訟法3条の7第3項カッコ書き）、いわゆるデジタルデータのことを指す。デジタルデータの集まりをファイルと呼び、ファイルとして構成されていないものもデジタルデータと呼ぶが、デジタルデータとファイルは基本的に同じものとして扱われることが多い。

　デジタルデータは2進数の集合体であり、0と1の組合せで記録される。10進数の場合は、0から9までの10種類で1桁を表すが、2進数は0と1の2種類で1桁を表す。2進数の1桁を1ビットといい、2桁を2ビットという。2ビットは、00、01、10、11の4通りを表記することができる。また、8桁を8ビットといい、00000000から11111111の256種類を表記することができ、8ビットを1バイトという。

　0と1の組合せだけで表記すると非常に分かりにくいため、16進数で表記することが一般的である。16進数は0から9までの10種類に加えて、AからFまでの6種類の計16種類で1桁を表す。16進数の1桁を2進数では4ビットで表記できるため、16進数2桁を8ビット、すなわち1バイトで表記できることになる。この8ビットのうち、16進数の上位1桁を上位4ビット、下位1桁を下位4ビットと呼ぶこともある。例えば、16進数表記の2桁である「AB」は2進数で表記すると、10101011になり、上位4ビットは1010（16進数表記の「A」）、下位4ビットは1011（16進数表記の「B」）となる。また、16進数表記の場合、文字列の先頭に「0x」を付加して16進数で表記することもある。例えば、0x90と記載された場合は、16進数表記であり、10進数の90とは異なる値になる。

（3）　非営利活動法人デジタル・フォレンジック研究会。　https://digitalforensic.jp/home/what-df/

表1　10進数、2進数、16進数の対応表

10進数	00	01	02	03	04	05	06	07	08	09	10	11	12	13	14	15
2進数	0000	0001	0010	0011	0100	0101	0110	0111	1000	1001	1010	1011	1100	1101	1110	1111
16進数	0	1	2	3	4	5	6	7	8	9	A	B	C	D	E	F

図1は、PDFファイルである「test.pdf」をバイナリ[4]表示（16進数表記）可能なソフトウェアで表示したものである。

図1　PDFファイルをバイナリエディタで表示したもの

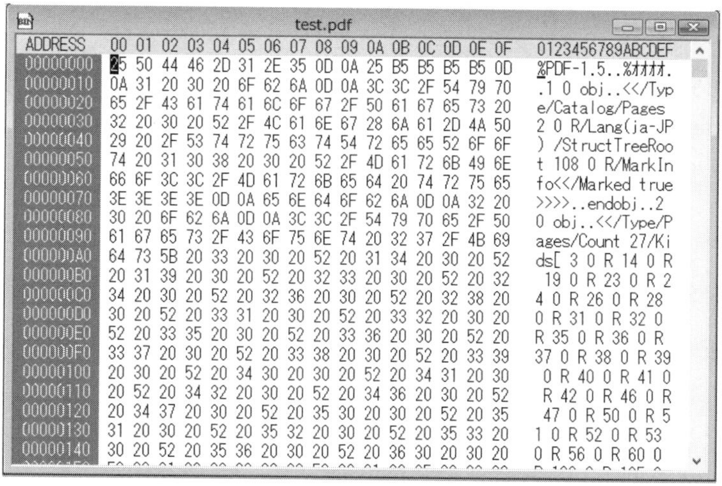

図1は、左側が16進数での表記、右側が16進数を文字（ASCII文字）に変換したものである。16進数表記の先頭から数バイトを確認すると、「25 50 44 46 2D 31 2E 35 0D 0A」が記録されている。最初の4バイトをASCII文字[5]で表記すると「%PDF」となっており、このデジタルデータはPDFファイルであることを意味する。その次の4バイトをASCII文字で表記すると

（4）バイナリ（binary）とは2進数で表記されたものをいい、2進数表記されるデータをバイナリデータと呼ぶ。しかし、情報解析ではバイナリエディタのことをHex Editorとも呼び、16進数表示されるソフトウェアを指す。

（5）　ASCII文字とは、文字コードの標準規格として広く普及している「ASCII」（American Standard Code for Information Interchange、アスキー）に含まれる文字のことをいう。例えば、0x41は「A」を表示し、0x61は「a」を表示する。

「-1.5」となっており、これは PDF のバージョンを表す。その次の2バイトである「0D 0A」は改行を意味する。このようにファイルの先頭は、どのようなファイルであるかを示す共通文字が含まれている場合が多く、後述のカービング⁽⁶⁾作業で活用される。

　電磁的記録は様々な特性を持ち、記録されている媒体（電磁的記録媒体）に依存せず、異なる電磁的記録媒体に複写しても、電磁的記録の内容が変化することなく、対象となる電磁的記録媒体から読み取れる同一の電磁的記録を複写することで、複数作成することが可能になる。

　他方、電磁的記録は文書と異なり、容易に変更が可能であるため、電磁的記録の原本が元のまま保存されているかどうかは、電磁的記録が作成された経緯や他の証拠との整合性など、情況証拠によって立証していくことになる場合が多い。

3　デジタル・フォレンジックの重要性

　サイバー社会、デジタル社会において、前述のように、改変や複写が容易な電磁的記録が証拠として取り扱われている。サイバー犯罪だけではなく、通常の犯罪においても、電磁的記録を活用した犯罪捜査、あるいは、電磁的記録を対象とした犯罪捜査が主流になってきており、電磁的記録なくして犯罪捜査はできない状況となっている。

　電磁的記録は、誰でも容易に作成や削除、修正、改変、複写ができるうえ、その容量も膨大であるため、犯罪捜査に電磁的記録を用いるには、様々な技術を駆使しなければ適正かつ効率的な捜査ができない。また、適正な捜査を実施した証拠でなければ証拠能力が認められない場合もあることや、解析結果の信用性に影響する可能性もあることから、電磁的記録を対象とした犯罪捜査には慎重な対応が求められている。

　電磁的記録が犯罪捜査において必要不可欠な現状に鑑みると、常に犯罪の立証のためというデジタル・フォレンジックを意識しておく必要がある。こ

（6）　カービングとは、ファイルに存在する特徴的な固有のパターンから、各種ファイルのヘッダやフッタのパターンを検索して抽出することをいう。

のデジタル・フォレンジックの内容としては、①電磁的記録が保存されている電子機器（法律的には電磁的記録媒体をいう。）などの特定及び収集、②電子機器の押収や電磁的記録の複写を行う証拠保全、③犯罪捜査に必要な電磁的記録の抽出や復元などの解析、④電磁的記録を解析した結果を記載した報告書などの証拠化が含まれる。

2　犯罪捜査における電子機器の特定及び収集

1　電子機器などの特定

　サイバー犯罪が発生した場合に、どの電子機器が犯罪に使用されたか、あるいは被害に遭ったかを特定する必要がある。例えば、犯罪に電子メールが使用されている場合は、電子メールが保存された電子機器などに加え、認証ログ[7]やアクセスログの取得、さらには、被疑者などによって電子機器などから削除されてしまった電磁的記録をサーバから取得する場合もあるため、どのメールサービスを使用していたかの特定も必要になる。また、Web サーバを用いた、あるいは Web サーバに対する犯罪の場合には、当該 Web サーバが提供しているサービス、当該 Web サーバ自体の所在場所、管理者は誰なのか、ホスティングサービス事業者[8]を使用しているのかといったことを特定する場合もある。

　ファイル共有サービス（ストレージサービス）を使用している場合も同様であり、近年では、電子メールや画像データ、メッセンジャーの履歴、バックアップデータなど、ほとんどの電磁的記録がクラウド上に保存されるようになってきており、場合によっては、上書きされたとしてもサーバ上には、過去のデータがそのまま残っていることもある。このようなデータも証拠となり得るため、犯罪に関係する電子機器を特定し、当該電子機器を使ってどのようなサービスを使用しているか、提供しているかといったことが重要に

（7）　認証ログとは、サービスを提供する際に、利用者を認証し、サービスを許可・不許可にした履歴のことをいう。
（8）　ホスティングとは、データセンター事業者が所有するサーバーを顧客に貸し出すサービスのことをいう。

なってきている。

　例えば、被害に遭った電子機器を特定し、証拠保全を行い、ログなどの内部に保存されていた痕跡を解析して得られた結果から、犯罪に用いられたIP アドレスや接続されていた電子機器、悪用されたアカウントなどを特定する捜査を実施することになる。サイバー犯罪に限らず、近年の捜査対象には、被疑者から押収されたスマートフォンやパソコンなどのほか、様々なデータが電磁的記録として保存されたり、他の機器と連携するためにインターネットに接続されたりするようになってきており、交通事故発生時の車両に取り付けられていたドライブレコーダ、リモートで接続可能な監視カメラやインターネットに接続可能なテレビ、あるいは HDD レコーダなど、IoT（Internet of Things）機器[9]も含まれる場合がある。

2　IoT 機器の事件

(1)　ドローン事件

　2015年に発生した、遠隔操作の可能なドローンが首相官邸の屋上に落下した事件で、同ドローンには、小型カメラとプラスチック容器が積載されており、プラスチック容器に入っていた液体からセシウム134とセシウム137が検出された。発見されたドローンと同機種が、2014年にテロ組織である ISIS が偵察に利用していたことなどが報道されていたために、ドローンに注目が集まり、ドローンが犯罪捜査の対象となった事件である。本事件は、被疑者が自首した後、威力業務妨害罪により懲役2年、執行猶予4年、ドローン1台及び緊急保安炎筒2本没収の有罪判決を受けた[10]。本事件をきっかけの一つとしてドローンの法整備が本格化し、2015年9月4日に成立、同年12月10日に施行した改正航空法により、無人航空機（ドローン）の定義や無人航空機の

（9）　IoT 機器とは、固有の IP アドレスを持ちインターネットに接続が可能な機器及びセンサーネットワークの末端として使われる端末などをいう。

（10）　東京地判平成28年2月16日判タ1439号245頁（平成27年刑（わ）1109号及び特（わ）1341号）。

（11）　国土交通省「4. 改正航空法に関するよくあるご質問や条文などの資料について」。https://www.mlit.go.jp/koku/koku_fr10_000043.html

飛行ルールが定められた。無人航空機に係る規制の運用における解釈などの資料が国土交通省から⑾、また、小型無人機など飛行禁止法関係についての資料が警察庁から⑿それぞれ公表されている⒀。

(2)　監視カメラ事件

被疑者の犯行状況やその場にいたことを立証するため、監視カメラは以前から犯罪捜査の対象になっているが、近年ではリモートで接続可能な監視カメラ自体が被害に遭うようになってきた。複数の自治体では、河川の水位を監視するためにリモートで接続可能な監視カメラを利用していたが、当該監視カメラが初期パスワードのまま運用されていたものもあったため、2018年4月頃、関西地方に在住の人物が、当該監視カメラにログインし、監視カメラで撮影された画像を改ざんする事件が発生した。このため、県警は捜査を行い、電子計算機損壊等業務妨害罪などの疑いでこの人物を書類送検したが、地検は不起訴処分にしたと報じられている⒁。

また、リモートで接続可能な監視カメラなどの IoT 機器は、Mirai⒂に代表される、管理者用の初期設定パスワードを突破して感染するマルウェアによって、第三者を攻撃するボットネット⒃の一部として構成される。多数の IoT 機器で構成されたボットネットから DDoS⒄攻撃被害を受けた Web

---

(12)　警察庁「小型無人機等飛行禁止法関係」（2020年9月16日閲覧、https://www.npa.go.jp/bureau/security/kogatamujinki/index.html）。

(13)　2021年3月9日、国土交通省は、航空法等の一部を改正する法律案を閣議決定した。改正概要は、無人航空機の飛行の安全を厳格に担保するための機体認証制度や技能証明制度の創設、有人地帯上空での補助者なし目視外飛行の実現などが盛り込まれており、2022年度の実現を目指している（国土交通省「航空法等の一部を改正する法律案を閣議決定」https://www.mlit.go.jp/report/press/kouku01_hh_000110.html）。

(14)　2018年11月21日神戸新聞 NEXT「元自衛官が監視カメラに不正アクセス"乗っ取り"」（2020年9月16日閲覧、https://www.kobe-np.co.jp/news/sougou/201811/0011840615.shtml）。

(15)　Mirai は2016年8月頃に流行したマルウェアであり、認証パスワードが初期設定のまま利用されている IoT 機器を乗っ取り、DDoS（Distributed Denial of Service）攻撃に悪用される。

(16)　ボットとは、悪意のある攻撃者の指揮命令下に置かれたコンピュータのことをいい、ネットワーク経由の遠隔操作により、サイバー攻撃などにコンピュータを悪用可能とするプログラムをボットプログラムという。ボットネットとは、同一のボットプログラムの指揮命令下にあるコンピュータ群のことをいう。

(17)　Distributed Denial of Service の略。

サーバなどの管理者が、偽計 / 威力業務妨害罪などの被害申告をした場合、捜査機関としては、被害を受けた Web サーバなどに保存されているアクセスログを保全、解析することになる。この結果から DDoS 攻撃に加担した IP アドレスを特定し、インターネット・サービス・プロバイダ（ISP）に対して記録命令付差押許可状を呈示して当該 IP アドレスが割り当てられた契約者を割り出せた場合に、感染された IoT 機器に辿り着くことになる。もっとも、このような IoT 機器に不正にログインしたアクセス履歴は、一定期間しか保存されておらず、ほとんどの場合、IoT 機器に不正にログインしたアクセス元が判明しないことも多い。

⑶　増加する IoT 機器へのサイバー攻撃

ゲーム機器による掲示板や SNS などへの投稿による名誉毀損や不正アクセス行為、インターネットに接続可能なテレビ・HDD レコーダ機器への不正アクセスや踏み台とする行為、自動運転車に対するサイバー攻撃、スマートホーム[18]の一環とされるドアのキーロック解除やエアコンのスイッチオン / オフなど、様々な IoT 機器を悪用したサイバー攻撃が発生している。

このような IoT 機器へのサイバー攻撃が増加していることから、「電気通信事業法及び国立研究開発法人情報通信研究機構法の一部を改正する法律」に基づき、平成31年 2 月から、総務省及び NICT（National Institute of Information and Communications Technology、国立研究開発法人情報通信研究機構）がインターネット・サービス・プロバイダ（ISP）と連携し、「NOTICE」という取組みを開始している[19][20]。

NOTICE は、インターネット上の IoT 機器に対して実際にパスワードの入力を試み、サイバー攻撃に悪用されるおそれのある容易に推測されるパス

---

(18)　「IoT に対応した住宅設備・家電機器などが、サービスと連携することにより、住まい手や住まい手の関係者に便益が提供される住宅」とされている（経済産業省産業サイバーセキュリティ研究会スマートホーム SWG「スマートホームの安心・安全に向けたサイバー・フィジカル・セキュリティ対策ガイドライン（案）」（令和 2 年 7 月））。

(19)　National Operation Towards IoT Clean Environment の略。

(20)　総務省・国立研究開発法人情報通信研究機構「IoT 機器調査及び利用者への注意喚起の取組「NOTICE」の実施」（平成31年 2 月 1 日）
https://www.nict.go.jp/press/2019/02/01-1.html

ワードを使用している IoT 機器を見つけ出す。そして、当該機器の情報を
ISP へ通知し、ISP が当該機器の利用者を特定して注意喚起を実施するとと
もに、利用者からの問合せに応じて NOTICE サポートセンターが適切なセ
キュリティ対策を案内するというものである。

　NOTICE は 5 年間の時限措置で行われているものだが、令和 3 年 2 月時
点で、参加手続きの完了したインターネット・サービス・プロバイダ（ISP）
は66社、約1.12億の IP アドレスに対して調査を実施し、1,948件の注意喚起
を行っている[21]。

3　電子機器などの特定及び収集における課題

　サイバー攻撃の被害を受けた電子機器の解析から接続元が特定できたとし
ても、被疑者に辿り着くためのその後の証拠収集に支障を来す場合が多々存
在する。例えば、接続元が Tor[22] の Exit（出口）ノード[23]であった場合は、
Exit ノードにログが保存されるような機能を付けていなければ、攻撃元を
辿ることができない。なお、Tor は、1990年代半ばに米海軍研究所（U.S.Naval
Research Laboratory）により開発された「オニオン・ルーティング（onion
routing）」と呼ばれる通信経路を匿名化する暗号化通信技術を基盤とする
ツールである。米国防高等研究計画局（DARPA）による資金援助を受けて
開発が進められ、2006年に非営利機関（Tor Project, Inc.）となった。2008年
以降は Firefox ベースの Tor ウェブブラウザの開発も開始された[24]。

　また、接続元が発展途上国のホスティングサーバであった場合は、当該国
の捜査機関と連携できない可能性があるし、海外の匿名プロキシサーバ[25]が
接続元であった場合には、当該プロキシサーバを経由する際の接続元のログ
が存在しないため、攻撃元を辿ることはやはりできないことになる。さら

(21)　NOTICEの実施状況。https://notice.go.jp/status
(22)　The Onion Routerの略であり、通信内容の秘匿化は保証しないが、通信経路を匿
　名化するソフトウェアの名称である。
(23)　ノードとは、ネットワークを構成する一つ一つの要素のことをいう。コンピュータ
　やルータなどの通信機器がノードに該当する。
(24)　IPA「ダークウェブに関する現状」（2020年）。https://www.ipa.go.jp/files/
　000080167.pdf

に、国内であっても、公衆 Wi-Fi や他人の無線 LAN のアクセスポイントが悪用されていれば、攻撃元を辿ることが非常に困難になる。

　IoT 機器がサイバー犯罪に悪用されていた場合、例えば、ドローンを操作するアプリがインストールされたスマートフォン、リモートで接続可能な監視カメラを遠隔操作する電子機器など、解析後にさらなる電子機器を特定しなければならない場合もある。

　IoT 機器を使ったサイバー攻撃だけではなく、IoT 機器に対するサイバー攻撃が行われた場合、IoT 機器内にどのような電磁的記録が残っているかが重要になる。特に近年では、前述したようにマルウェアに感染した IoT 機器をボットネットとして構成し、被疑者が隠れ蓑にするために、IoT 機器を踏み台にして攻撃対象の Web サーバなどに対してサイバー攻撃を仕掛ける事案も多発している。そのため、IoT 機器内に保存された電磁的記録が、踏み台に悪用した被疑者を特定するための重要な資料になる。リモートで接続可能な監視カメラやルータのほとんどはログインした履歴が残るようになっているが、記録容量が小さいために、数カ月、場合によっては数週間で過去の履歴が上書きされてしまうこともある。特に家庭内ルータの場合は、当該ルータへのログイン履歴、家庭内の複数の電子機器が接続可能になるように DHCP[26]サーバとして IP アドレスを割当てた履歴、IP 電話を使用した履歴などが同じログとして保存されるルータもあるため、そのような場合は、短期間でログの記録容量の上限に達し、過去の履歴が全て上書きされてしまう場合もあることに留意すべきである。

　企業の端末がサイバー攻撃の被害に遭った場合、企業の管理者から被害申告のあった端末だけではなく、当該端末を経由して、他の端末がサイバー攻

---

(25)　プロキシサーバとは、中継サーバのことをいう。あるサーバに接続するためにプロキシサーバを経由してアクセスを行うと、接続されたサーバにはプロキシサーバからアクセスされたログしか残らないため、実際にアクセスを行った端末を特定するには、プロキシサーバのログを調査して実際にアクセスした端末を特定する必要がある。しかし、痕跡が何も残らないように設定されたプロキシサーバのことを匿名プロキシサーバといい、匿名プロキシサーバを経由してサーバにアクセスした場合、実際にアクセスを行った端末を特定できないことになる。

(26)　Dynamic Host Configuration Protocol の略。

撃の被害を受けている場合もある。そのため、全ての被害端末を特定し、被害状況及び被害経路を特定する作業が必要になる。EDR（Endpoint Detection and Response）のような端末の操作ログを全て保存するようなシステムを導入していない企業では、捜査員が各端末から簡易的な情報を収集できるツールなどを使用して、感染端末を特定するため、見逃しがあったり、重要な情報を収集できなかったりする。このような作業は、非常に非効率的であり、時間だけが膨大に消費されてしまうため、特定非営利活動法人デジタル・フォレンジック研究会が作成している「証拠保全ガイドライン［第8版］」では、企業の管理者や捜査員などの担当者がファストフォレンジックを実施することを推奨している[27]。ファストフォレンジックを実施するには事前の環境構築や専用ツールの動作検証などの事前準備が重要になるが、ファストフォレンジックを実施することによって、企業のセキュリティ担当者や被害申告を受けて臨場した捜査員の作業量が少なくて済む場合がある。

　さらに、捜査対象の電磁的記録がクラウド上に保存されている場合は、そのクラウドサーバがどこに所在しているのかの特定も問題になる。このクラウドサーバが国内以外に所在する可能性がある場合、国際捜査共助により証拠保全をすることが望ましく、そのように判示した判決もある[28]（詳細は第12章参照）。しかし、クラウドサーバの所在場所が判明しない場合は国際捜査共助の手続きをする相手国が判明せず、リモートアクセスによる複写の処分も国際捜査共助もできないことになり、捜査が行き詰まるという問題が生じる。

---

(27)　「証拠保全ガイドライン［第8版］」（特定非営利法人デジタル・フォレンジック研究会）（2020年 9 月16日閲覧、https://digitalforensic.jp/home-act-products-df-guideline-8th/）。

(28)　横浜地判平成28年 3 月17日 LEX/DB25542385（平成24（わ）第2075号）は、「サーバコンピュータが外国に存在すると認められる場合には、基本的にリモートアクセスによる複写の処分を行うことは差し控え、国際捜査共助を要請する方法によることが望ましい。」と判示した。同事件の控訴審である東京高判平成28年12月 7 日高刑集69巻 2 号 5 頁（平成28年（う）第727号）も同様に、「そのサーバが外国にある可能性があったのであるから、捜査機関としては、国際捜査共助などの捜査方法を取るべきであったともいえる。」と判示した。

3　犯罪捜査における電子機器や電磁的記録の証拠保全

1　証拠保全

　被害に遭った電子機器や犯罪に使用された電子機器を特定したならば、次に証拠保全を行う必要がある。

　前述したドローンなどのIoT機器やノートパソコン、デスクトップパソコンが捜査対象の電子機器の場合は、まずその本体を差押えることになるが、ホスティングサービス事業者が提供するサーバ、掲示板などの管理者が保有するアクセスログ、クラウドサーバ上の電磁的記録の場合は、前述したように、差押え対象となる電磁的記録が保存されているサーバがどこに所在するかを特定する必要がある。

　以下にサイバー攻撃の被害に遭ったWebサーバのアクセスログの例を示す。この例では、接続元IPアドレスは192.168.1.168であるが、これは、グローバルIPアドレス（直接インターネットに接続できるIPアドレス）ではなく、当該Webサーバを構成している内部ネットワークの機器のIPアドレスである。そのため、当該IPアドレスが割り当てられた内部ネットワークの機器をさらに調査することになる。

192.168.1.168 - - ［01/Jan/2020:00:09:53 +0900］"GET ／ HTTP/1.1" 200 19312 "-" "Mozilla/5.0"

【解説】

192.168.1.168は接続元IPアドレスを意味する。

［01/Jan/2020:00:09:53 +0900］は日本時間2020年1月1日0時9分53秒にアクセスしたことを意味する。なお、+0900は日本標準時であり、+0800であれば中国標準時、-0500は米国東部標準時である。

GETはGETメソッドを意味する。他にもPOSTメソッド、PUTメソッド、HEADメソッドなどがある。

GETの次に記載されている「／」は、Webサーバのトップページにアクセスしたことを意味する。

200はHTTPレスポンスステータスコードであり、200はリクエストが成功し

たことを意味する。他にも404はリクエストされたページが存在しないことを意味し、403はリクエストされたページのアクセス権がなく拒否したことを意味する。

19312はリクエストに対する応答の転送サイズを意味する。

Mozilla/5.0はUser-Agentを意味し、リクエストしたブラウザの種類を意味する。

電磁的記録が保存されている電子機器などの押収や電磁的記録の複写を行うには、強制処分の場合は、従来の捜索・差押えに加え、記録命令付差押え、電磁的記録に係る記録媒体の差押え、リモートアクセスによる複写の処分などが、任意処分の場合は任意提出に対する領置や捜査関係事項照会に対する回答などがある。

2　証拠保全の実施

保全対象物が起動しているデスクトップパソコンの場合、パソコンの種類、規格、使用 OS、システム時計の正確性を確認する。後述のメモリ・フォレンジックのための揮発性情報を取得するコマンドの入力又はメモリダンプを実施するかを検討する。起動している電源をオフにし、ケーブル類を全て外し、対象の電磁的記録媒体を取り出すか、取り出せない場合は、USBメモリなどで起動させて、保全対象物に接続した外部記録媒体に複写する。

コピー先に用いる電磁的記録媒体は、あらかじめ書込みや読込みに不具合がないかを確認して、データが存在しない状態にしておき、複写には、コピー元の電磁的記録媒体に対して書込みが一切行われない機能を有する機器やソフトウェアを用いる。

その他、注意すべき項目としては以下がある。

・無線 LAN や Bluetooth のを含む外部との接続関連の設定情報を画面表示させて写真撮影する。

・ノートパソコンの場合、バッテリーが使用されているため、強制的に電源をオフにするには、バッテリーパックを外したのち、電源を強制的にオフにする必要がある。

・電磁的記録媒体が暗号化されている場合は、起動時に解除されているため、電源をオフにしてしまうと、解除されている状態を維持できない場合がある。

・強制的に電源をオフにすることで、プログラムやファイルが破損し、読み取れなくなる可能性がある。

・強制的に電源をオフにせず、通常の終了処理をする場合、終了作業によって電磁的記録媒体内の各データが書き変わったり、起動時に動作していたアプリケーションに関する情報が取得できなくなる場合がある。

・通常の終了処理をする場合、主記憶装置（メモリ）の不足分を補うために使用されるページファイル又はスワップファイルと呼ばれる仮想メモリが解放される場合がある。

　電磁的記録媒体の複写などの証拠保全を実施する際は、可能な限り立会人を付けるか、複数人で実施する。

　複写が終わった後は、コピー元とコピー先のハッシュ値（後述）を計算し、照合して同一性を検証する。不良セクタ[29]などにより、コピー元とコピー先のハッシュ値が一致せず、同一性検証が困難な場合には、検証時の状況の写真撮影や立会人による検証を行い、同一性を担保する。作業を実施した者は、作業の管理者、所属先、取扱案件名や案件番号、作業に用いた機器のシリアルナンバー、ソフトウェアやファームウェアのバージョン番号などを記録しておく。作業時には、各デバイスのラベル表示（メーカー、型番、モデル名、シリアルナンバー、セクターサイズ、総セクター数、記憶容量）、作業内容及び詳細設定情報を表示し出力しておくこと、作業開始から終了までの時間、エラー発生時の詳細情報などを作業状況報告書などとして残しておく。

---

(29)　セクタとは、HDDやSSDの記憶媒体における最小の記録単位のことをいう。1セクタは512バイトとされていることが多く、通常はいくつかのセクタをまとめたクラスタと呼ばれる単位で管理されている。

3　複写の方法

　証拠保全における複写の方法として、物理コピーと論理コピーとがある。

　物理コピーは、電磁的記録媒体に記録された電磁的記録を読み取り可能な範囲をそのまま別の電磁的記録媒体にコピーすることである。例えば、1TBのHDDを物理コピーすることで、読み込める領域に関しては、同じ1TBの容量がコピーされたHDDが作成される。ここで、電磁的記録媒体によっては、読み込める領域と読み込めない領域が存在する。読み込めない領域とは、電磁的記録媒体のファームウェア[30]が管理し、不良セクタが存在すれば代替セクタに置き換わり、不良セクタは使われないようになる。そのため、物理コピーを実施したとしても、不良セクタはファームウェアが管理しており、ファームウェアを通して電磁的記録媒体を物理コピーすることになるため、不良セクタはコピーされないこととなる。また、物理コピーの対象は、コピー元の電磁的記録媒体よりも容量の大きい電磁的記録媒体の他、イメージファイルとして1つの巨大なファイルにする方法もある。いずれの方法でコピーした場合であっても読み込む際に不良セクタがなければ、ハッシュ値（後述）は同一になる。

　物理コピーを行えば、後述の削除されたファイルを復元することができる場合がある。

　他方、論理コピーは、OSが管理しているファイルシステムからファイル単位でコピーする方法である。論理コピーは、OSが管理しているファイルのみしか確認できないため、削除ファイルの復元ができず、タイムスタンプも変更される場合がある。そのため、証拠保全を行う場合は、物理コピーが適切である。

4　証拠保全における課題

(1)　証拠保全時の留意点

物理的に電子機器を保全すべき場合において注意すべき点がある。例え

---

(30)　ファームウェアとは、電子機器に組み込まれたハードウェアを制御するためのソフトウェアをいう。

ば、ノートパソコンやスマートフォン、リモートで接続可能な監視カメラなど、常時接続している状態のまま保全作業を開始すると、証拠保全を実施している間に電話が掛かってきたり、メールを受信したり、遠隔地からリモートにてログインされたりして保全対象内の電磁的記録が変更されるおそれがある。また、被疑者の仲間によって、スマートフォンやパソコン端末を操作できないようにリモートロックやパスワードの変更、電磁的記録を消去するリモートワイプなどが行われてしまえば、重要な証拠を保全できなくなるおそれもある。そのため、常時接続している状態を停止させる必要があり、具体的には、無線接続をオフにする、機内モードを有効にする、電磁波を遮断するシールドボックスに格納するなどの方法が挙げられる。ロックが掛かっている状態であっても機内モードを有効にすることができる設定になっていれば機内モードに変更が可能であるが、機内モードを有効にできない場合は、電磁波を遮断するシールドボックスに入れて保管する。

　スマートフォンなどの電源をオフにすることも考えられるが、稼働しているアプリケーションやプロセス、ネットワーク接続情報などの揮発性情報も消去されてしまうため、これらの情報が重要な証拠である場合には、証拠保全ができなくなる可能性も考慮して実施すべきである。また、一旦電源をオフにすると、再び電源をオンにした際に設定によってパスワードなどの入力が求められる場合もあることから、電源をオフにする際は慎重に検討すべきである。

(2)　揮発性情報の取扱い

　電子機器が起動している間は、起動中のプログラムのコードや、計算に使用している変数など、プログラムの動作によって変化する電磁的記録や一時的に使用される電磁的記録が主記憶装置（メモリ）内に記録されている。これらの電磁的記録は、揮発性情報と呼ばれ、一部は HDD や SSD（Solid State Drive）などの補助記憶装置に記録されているものもある。これらの揮発性情報は、電源をオフにしてしまうと消去されてしまうため、これらのデータを電磁的記録として保全するには、コマンド実行によって結果を出力させるか、メモリ・フォレンジック、メモリ・ダンプを行って保全する必要がある。

　揮発性情報には、電子機器に割り当てられているIPアドレス、接続している送信元及び送信先ポート番号[31]などのネットワーク接続に関する情報、稼働中のプロセスやアクセスしているファイルなどのシステム状況に関する情報などがある。これらの情報を保全するには、コマンドを実行してその出力された結果を保存するか、メモリを丸ごとコピーするツールを使用して保全し、後に解析する方法がある。いずれの方法にしてもこれらのコマンドやツールを使用した時点は、使用前の保全したい状況と全く同じではなく、これらの電磁的記録を保全しようとする行為自体が、対象となる電磁的記録を改変する可能性もあるため、揮発性情報を保全する必要があるかどうかを十分に検討して行わなければならない。

　また、揮発性情報を出力するコマンド自体やメモリ上の電磁的記録を書き換えるプログラムも存在するため、保全した結果が正しいかどうかを他の解析結果から照合し、矛盾がないかを確認する必要がある。メモリ内の電磁的記録は一時的に保存されるものであるため、プログラム開発者が意図していない電磁的記録や、使われなくなったにもかかわらず不要な電磁的記録としてそのまま残存されているものもあるため、用途が不明な電磁的記録が多々存在する。そのため、メモリ・フォレンジックの結果やメモリ・フォレンジックツールの信頼性について争われた場合、メモリ内の構造や不要な電磁的記録の発生メカニズムなどを解明する必要が考えられるため、証拠として用いるには、慎重に検討すべきである。

(3)　メタデータ

　証拠保全の対象となるファイルには、OSが付加した情報やソフトウェアが付加した情報が含まれる。メタデータとは、通常、ファイルが印刷された紙媒体には印刷されない情報であり、電子機器を使用している使用者が意図せずに電子機器のソフトウェアにより自動的に作成及び付加される情報のことをいい、「ファイル自身に関連する情報（属性情報）」のことである[32]。

---

(31)　ポート番号とは、インターネットで標準的に用いられるプロトコル（通信規約）である TCP/IP において、同じコンピュータ内で動作する複数のソフトウェアのどれが通信するかを指定するための番号のことをいう。単に「ポート」と略されることもある。

　OSが付加した情報には、作成日時、更新日時、アクセス日時などのタイムスタンプと呼ばれる日時情報や、ファイルを保存したユーザ名などがあり、プロパティ情報と呼ばれる。このプロパティ情報は、ファイルを開く、編集する、別のパソコンなどに複写などを行うと更新や変更されてしまうため、プロパティ情報を変更させないように保全対象の電子機器上にて当該ファイルを開いたりしないよう注意して保全する必要がある。ファイルやフォルダのタイムスタンプは、OSが管理している時刻情報に基づいて付加されるため、正確な日時との誤差がないか、ローカルタイム[33]やサマータイムが関係していないかの確認が必要になる。

　ソフトウェアにより自動的に作成及び付加されるメタデータは、ソフトウェアごとに異なり、例えば、Wordファイル内のメタデータには、図2のとおり、「ファイルの情報」にはOSが付加した情報が表示されているが、「ファイルの概要」には、タイトル、サブタイトル、作成者、管理者などの情報が、「詳細情報」には、作成日時、更新日時、アクセス日、印刷日時、最終保存者、改訂番号、編集時間、ページ数などの情報が保存されている[34]。また、PDFファイル内のメタデータには、ドキュメントタイトル、作成者、作成者の役職、説明、説明記入者などの情報が保存されている。画像データであるJPEGファイルには、EXIF[35]と呼ばれるファイルフォーマットにより、撮影日時、撮影機器のメーカー名、撮影機器のモデル名、画像全体の解像度、撮影方向、シャッター速度、ISO感度などの詳細な情報が保存されている。このEXIFには、撮影した位置情報を含めることも可能であるが、昨今のデジタルカメラやスマートフォンでは、プライバシーに配慮して初期設

---

(32)　町村泰貴＝白井幸夫編『電子証拠の理論と実務』(2016年、民事法研究会) 27頁、佐々木良一編著『デジタル・フォレンジックの基礎と実践』(2017年、東京電機大学出版局) 145～146頁参照。

(33)　ローカルタイムはUTC (Coordinated Universal Time) からの時刻の差を表す。UTCは協定世界時を意味し、日本標準時であるJST (Japan Standard Time) はUTCより9時間進めた時刻である。

(34)　なお、Wordの「ファイルの情報」に保存されている情報は、コンピュータのファイルシステムが管理しているプロパティ情報である点には注意が必要である。

(35)　Exchangeable image file formatの略である。

定では位置情報を含めないようになっているため、撮影者が意図しない限りは位置情報は保存されない。

　このOSが付加する情報と報告書との間に齟齬が生じ、電磁的記録の改ざんが発覚した事件として、2010年に発生した検察官フロッピーディスク改ざん事件がある。この事件は、元検察官が、フロッピーディスク内に保存されていた文書ファイルの日時のままでは、検察側の考える筋書きに沿わないと考えたため、当該文書ファイルにおけるOSのファイルシステムが管理しているプロパティ情報を改ざんした事件である。具体的には、元検察官は、2009年5月26日に押収したフロッピーディスク内に保存されていた当該文書ファイルの更新日時「2004年6月1日1時20分06秒」を押収後の2009年7月13日に、特殊なソフトウェアを用いて「2004年6月8日21時10分56秒」に改ざんした[36]。しかし、捜査報告書に記載された当該文書ファイルの最終更新日時が「2004年6月1日1時20分06秒」であったため、齟齬が生じたことにより改ざんされたことが発覚した。

　OSが付加する情報だけではなく、メタデータを変更するには、特殊なソフトウェアを使用するほか、手作業によっても可能である（図1参照）。また、メタデータは作成日時、作成者など、プライバシーに該当し得る情報も含まれることからOS上から削除することも可能である。

（36）　朝日新聞2010年9月27日「ＦＤ改ざん「あまりに稚拙」矛盾ない書き換えは困難」。
　　　http://www.asahi.com/special/kaizangiwaku/OSK201009270042.html

図2　左「詳細情報」、右「詳細情報」の作成日時を変更したもの

　メタデータは、改ざんされている手がかりにもなり得るが、改ざん結果に齟齬が生じていない（改ざんされていたとしても他と整合性が取れている）場合には真正な証拠として扱われてしまう危険があることに留意する。

　このような証拠の改ざんを防ぐ方法として、ハッシュ値の活用がある。ハッシュ値とは、ファイルから一定の計算手順により求められた、規則性のない固定長の値のことをいう。メタデータは、ファイル内に保存された情報であることから、ファイルが変更されていないことを確認するために、ハッシュ値の活用が有効である。ハッシュ値は、ファイルのわずかな一部だけでも変更されれば、まったく異なる値になるため、この値が一致すれば改ざんされていないことを確認することができる。

図3　1バイトのみ変更した場合のハッシュ値（SHA1）の違い

・前述の Test.docx ファイルにおける変更前のハッシュ値（SHA1）
599FB1D8D7DDBD3158084E2DE692925622865E4B
・1バイトだけ変更した Test.docx ファイルのハッシュ値（SHA1）
3A2EEFAD953F433FEDF85A58CCE2EFDF5496FCD1

　わずかな変更をしただけで、ハッシュ値はまったく異なる値になっていることが分かる。このように証拠保全された電磁的記録が改ざんされていないことを確認するためには、被疑者の端末に保存されたファイルの元ファイルが別の端末に存在するのであれば、当該ファイルのハッシュ値を取得し、被疑者の端末に保存されたファイルとハッシュ値の比較をすることで、改ざん、変更の有無が確認できる。また、捜査機関が改ざんしたことを疑われないようにするために、電磁的記録を保全した段階でハッシュ値を取得しておき、後の解析時にも電磁的記録のハッシュ値を取得して比較することで、改ざんを防止することができる。

　不正アクセス禁止法違反などに問われた刑事事件においても、裁判所は「パソコンが感染した『Xfile.exe』のファイルと、……パソコンから発見された『syouhingazou7.exe』のファイルのハッシュ値……が、SHA-1とMD5という2種類の計算方法で一致した。ハッシュ値が同一であるのにファイルが異なる確率は、比較的重複する可能性があるMD5という計算方法でも、約1800京分の1の確率である。そうすると、……発見されたファイルと……送信されたファイルは、同一のファイルであると認められる。」と判示しており[37]、ハッシュ値の信頼性を認めている。このようなハッシュ値の活用は、HDDを丸ごと複写して保全した場合にも活用でき、HDD全体が改ざんされていないことを立証する手法としても役立つ。

　もっとも、実際は内容を確認した上で判断するため、同一と考えられたファイルのハッシュ値が異なったとしても問題がない場合もあり得る。行政事件である教員採用決定取消処分取消請求などが争われた件において、裁判所は「解析に用いることが予定されていない……ハードディスクへのアクセスがあり、ファイルの最終アクセス日時が変動しているからといって、……ハードディスク内に保存されていたデータを改変した事実をにわかに推認することはできない。

　また、被告が復元したファイルと鑑定人が復元したファイルとの間に……同一名称のファイルでありながらハッシュ値が異なるとしても、鑑定嘱託の

---

(37)　東京地判平成29年4月27日裁判所Webサイト（平成26年特（わ）第927号等）。

結果は、被告が特定したファイルの内容と一致しており、被告の特定した
ファイルの信用性を左右するものではない。なおファイルのハッシュ値は、
ファイルのバイナリデータの僅か1ビットの変動でも異なってくるものであ
るから、ハッシュ値の違いのみから、被告の解析結果の信用性を判断するの
は全く相当でないと思慮する。」と判示しており[36]、ハッシュ値が異なった
としてもファイルの内容を実質的に判断していることから、単にハッシュ値
が異なるからといって、ファイルの内容の同一性まで一律に否定されるわけ
ではない。

4 犯罪捜査における電子機器や電磁的記録の解析

1　解 析 方 法

　証拠保全をした電子機器や電磁的記録を解析するには、保全した電磁的記
録をさらに複写し、複写した電磁的記録に対して解析を行う。この解析の際
も電磁的記録を変更しないように書込防止装置を使用して解析を行う。

　解析には、削除された電磁的記録の復元、暗号化が施されたファイルや
フォルダの解除、仮想マシン[37]のイメージファイルなどから電磁的記録の抽
出などを行う。解析した電磁的記録を可視化するために、文書ファイルや画
像ファイルなどを閲覧するツールを使用して確認する。場合によっては、ス
マートフォンなどのメモリチップや破損したUSBメモリなどのメモリチッ
プ、破損したHDDのプラッタ[38]の取外しなどを行い、正常に稼働する電子
機器や電磁的記録媒体に載せ換えて解析を実施することもある。

　解析の再現性を担保するために、信頼性の高いフォレンジックツールを使
用することが望ましく、HDD内のデータを解析するには、各社が提供して
いるソフトウェアを使用して、キーワード検索やファイルの閲覧、削除ファ
イルの抽出などを行う。

　マルウェアの解析には、仮想環境を用いて実施する場合と、実機を用いて

---

(38)　大分地判平成27年2月23日裁判所Webサイト（平成21年（行ウ）第3号等）。
(39)　仮想マシンとは、仮想的に作られたコンピュータのことをいう。
(40)　プラッタとは、HDD内の円盤に磁性層がコーティングされた物理的なものをいう。

実施する場合とがある。仮想環境を用いた解析は、マルウェアに感染させた後、解析前に戻す作業を容易にすることができるが、マルウェアが仮想環境上で動作していることを検知すると、解析されているとして実際の挙動とは異なる挙動をする仕組みを取り入れて、解析を妨害するマルウェアも存在する。実機を用いた解析では、実際に被害に遭った環境と同じ環境に設定できるため、マルウェアの動作を正確に把握することができるが、実在しないWebサーバにアクセスし、当該Webサーバからの応答が返れば解析されているとして動作を停止するマルウェアも存在する(41)。さらに、感染後のマルウェアを被害端末から抽出した場合、被害端末の特異な情報に基づいて生成された値が埋め込まれ、マルウェアの解析時にこの値と比較して、挙動を変えるマルウェアも存在する。

　これらの解析を実施した際は、後の証拠化のために、作業日時や実施した解析内容をメモした備忘録を作成しておくのがよい。

2　削除ファイルの復元

　電磁的記録媒体から削除されたファイルを復元することができる場合がある。通常、OSは、ファイルの管理領域とファイルの実体が記録されているデータ領域を別々に管理しており、ファイルを削除するという操作を行うとファイルの管理領域に削除マークが記録され、OSからは実際のファイルが記録されているデータ領域にアクセスしないようになる。しかし、管理領域に記録されているプロパティ情報や実際のデータ自体は消去されずに残っているため、データ領域からデータを抽出することで、削除されたデータを復元することが可能になる。

　ただし、ファイルを削除した後、このファイルの管理領域やファイルの実

（41）　解析環境では、実在しないドメインを含むURLへの接続であっても見せかけの応答を返すものもあるが、これを検知して応答が返れば解析されているとして動作を停止、応答がなければ動作を続行する仕組みが実装されているマルウェアもある。2017年5月に流行したWannacryはこの仕組みを実装していたため、ある技術者が当該ドメインを登録し、感染した端末からの接続確認に応答を返すようにした。そのため、Wannacryの動作を停止するキルスイッチによって、拡散の抑制に成功した。

体が記録されているデータ領域は、OSのファイルシステムからは空き領域として認識されるため、別のファイルが上書きされる場合がある。

　このようなファイルを管理する方式をファイルシステムといい、多くのファイルシステムが存在する。例えば、Linuxではext2、ext3、ext4があり、ext4はジャーナリングファイルシステムと呼ばれるファイルシステムであり、1EiB[42]のボリュームサイズと最大16TiBまでのファイルサイズを扱える。ジャーナリングファイルシステムとは、データを書き込む際、①管理領域の管理データが展開されたメモリ領域に変更内容を書込み、②変更された更新内容をジャーナルと呼ばれるログに書き込む。③ジャーナルに書き込まれたことが確認できれば、④実際のデータ及びジャーナルに記録された管理データを電磁的記録媒体に書き込む。⑤電磁的記録媒体に書き込まれたことが確認できれば、⑥ジャーナルと呼ばれるログが破棄される。

　突然電源が遮断された場合、ジャーナルを参照し、管理データ及び実際のデータと整合性が取れないファイルを破棄又は復旧することで、データの一貫性が保証される。ただし、ジャーナルによって保護されるのは、通常、管理データであり、実際のデータの中身までは保護されない。このファイルシステムを拡張して、実際のデータの保護も行うジャーナリングファイルシステムも存在する。

　他のファイルシステムとして、高速検索を実現するReiserFS、巨大なファイルを管理するXFS、Mac OS拡張フォーマットのHFS+、暗号化に重点を置くMac OS、iOS向けのAPFSなどがある。

　管理領域と実際のデータが記録されたデータ領域とがあり、ファイル削除の操作を行ったことで、管理領域の削除マークが付加された状況を考えてみる。この場合において、OSのファイルシステムからは管理領域が先に上書きされた場合、実際のデータの位置情報が不明になるため、データ領域から

---

(42)　1EiBはエクスビバイトと呼び、1バイトの2^{60}倍である。8ビットは1バイト（B）であり、1バイトの10^3倍、すなわち、1000倍は1KBとなる。他方、1バイトの2^{10}倍、すなわち、1024倍は1KiB（キビバイト）になる。このように、1000倍か1024倍かで単位表記が変わる。1024KiBは1MiB（メビバイト）、1024MiBは1GiB（ギビバイト）、1024GiBは1TiB（テビバイト）、1024TiBは1PiB（ペビバイト）、1024PiBは1EiB（エクスビバイト）である。

実際のデータを抽出するには、カービングと呼ばれる作業を行う。カービングは、ファイルに存在する特徴的な固有のパターンから、各種ファイルのヘッダやフッタのパターンを検索して抽出することである。ファイルに存在する様々な特徴パターンを検索し、ファイルの先頭と末尾を発見した場合には、この範囲のデータを抽出してファイルを復元することが可能になる。もっとも、ファイルが複数のセクタに分割されて保存されている場合は、分割された情報がないため、一部のデータしか復元できないこともある。他方、データ領域の実際のデータが上書きされてしまった場合、管理領域に保存されているファイル名やファイルサイズ、作成した日時情報などが判明するが、実際のデータは上書きされたため、一部しか残っていない場合もある。

SSD の場合は、HDD と異なり、既存のファイルが記録されている領域をそのまま上書きすることができず、いったん一定の単位（ブロック）を全て消去してから新たなファイルを記録する必要がある。そのため、ガベージコレクションと呼ばれるブロックに満たないいくつかの領域を別のブロックに移動させ、不要となったブロックを消去するという作業を行う必要がある。このような作業は、自動的に行われ、ガベージコレクションが発生した場合は、当該ブロックは全て消去されてしまうため、削除ファイルは復元できなくなる。

また、Mac OS や iOS 向けの暗号化ファイルシステムである APFS（Apple File System）や EFS（Encryption File System）では、データ領域に記録された実際のデータも暗号化されているため、ファイルに存在する特徴的な固有パターンも暗号化されてしまっている。そのため、管理領域が上書きされてしまった場合、実際のデータの開始位置も終了位置も判別できなくなるため、ファイル復元は非常に困難になる。

図4　FTK Imager によって削除されたファイルを発見した状況

3　フォレンジックツールの問題点

　証拠保全した電磁的記録の解析には、フォレンジックツールとして、一般市販品、フリーツール、独自開発ツールなどが用いられる。これらのツールによって収集、解析された証拠が、公判において証明力が認められるかについては、詳細に解説した記事が参考になる[43]。

　解析ツールの中には、簡易ツールとして、ツールのボタンを押すだけで様々なデータを収集するツールも存在する。この場合、捜査官は、簡易ツールの動作原理を理解せずに使用するため、どのようなデータが保全されているのか、どのようなエラーが生じる可能性があるのかといったことに気付かない場合も考えられる。専門知識が不十分なために、証拠の見落としや勘違いが入り込む余地があり、簡易ツールの結果から得られた証拠が絶対である

(43)　前田恭幸「刑事訴訟におけるデジタル・フォレンジックツールの課題——アメリカの反例と動向を手がかりに、公判維持を考える——（上）、（中）、（下）」捜査研究789号12頁、捜査研究790号15頁、捜査研究791号（以上2016年）12頁参照。

と信じて捜査を進める危険性もある。

　国家公安委員会では、平成27年3月に、情報技術の解析に関する規則（平成27年国家公安委員会規則第6号、平成31年4月1日改正）を制定し、「予断を排除し、先入観に影響されることがないように、微細な点に至るまで看過することのないように努めるとともに、情報技術の解析の対象が、公判審理において証明力を保持し得るように処置しておかなければならない。」（2条1項）と規定されており、当該規定を遵守するような体制を整える必要があるだろう。

5 犯罪捜査における電子機器や電磁的記録の証拠化

　解析を実施した結果を公判に提出する証拠として報告書を作成する場合、作成年月日、作成者の署名・押印、補助者の氏名、被疑者の氏名および被疑事件名、解析を実施した場所、対象となる記録媒体の型番や製品番号、解析対象の各ファイルのハッシュ値や保全したHDDあるいはSSD全体のハッシュ値、さらには、解析時のメモに基づく解析手順、解析環境、解析ツールの名称およびバージョンなどを記載する。解析内容は、正確であることは当然として、検察官や裁判官などに対して、解析結果を理解させるために不可欠なものであるから、平易でわかりやすい記述を心掛け、認識した事実をありのままに記載することで足りる。逆に、憶測や誇張した表現は用いないように注意すべきである。

　解析結果の報告書を検証令状に基づいて作成する場合は、検証調書となり、検証調書の名義人は、検察官、検察事務官又は司法警察職員である（刑訴法321条3項）。

6 ま と め

　サイバー犯罪捜査におけるデジタル・フォレンジックの内容やその課題について解説・紹介した。デジタル・フォレンジックは固まった手続ばかりではなく、今後の裁判例の積み重ねによっては変更される可能性は否定できな

い。しかし、電磁的記録を証拠として扱う場合の手続とその履践の意味と役割を理解しておけば、それほど大きな問題は生じないものと考えられる。

　昨今のサイバー社会、デジタル社会に鑑みれば、電磁的記録が証拠となることは避けては通れない状況にある。司法の IT 化の議論も進んでおり[44]、まずは、民事手続の IT 化の実現に向けられているが、刑事手続においても、法務省が令和 3 年 3 月末から「刑事手続における情報通信技術の活用に関する検討会」を開催し、現行法上の法的課題を抽出・整理した上で、その在り方を検討する[45]こととなっている。そうなれば、デジタル・フォレンジックとしての厳格な手続に基づいた証拠収集の重要性は益々高まるため、捜査機関、司法当局においては、効率的、かつ、適切な証拠収集を行う必要がある。

（ほうじょう・たかよし）

（44）　https://www.kantei.go.jp/jp/singi/keizaisaisei/saiban/pdf/report.pdf

（45）　http://www.moj.go.jp/keiji1/keiji07_00011.html

第8章
サイバー犯罪捜査

中央大学国際情報学部准教授　**中 村　真利子**

1 はじめに

　捜査とは、犯罪の嫌疑が認められる場合に、犯人を発見し、証拠を収集する捜査機関の活動をいう。捜査機関には、警察官等の司法警察職員（司法警察員及び司法巡査）のほか、検察官、検察事務官が含まれるが、一般的には司法警察職員が第一次的な捜査機関であり、その捜査を検察官が引き継ぐことになる。捜査のうち、一定の強制を伴う強制処分は、刑事訴訟法（以下、本章において「刑訴法」という。）に特別の定めが必要であり（刑訴法197条1項但書）、原則として、裁判官の発する令状によらなければならない。強制処分としては、例えば、犯罪の証拠を発見・収集する捜索・押収、逃亡・罪証隠滅の防止のために被疑者の身体を拘束する逮捕・勾留があり、任意処分としては、例えば、被疑者や参考人の取調べがある。

　匿名性の高いサイバー犯罪においては、被害者のパソコンを解析したり、プロバイダに通信履歴を照会したりすることも重要な捜査である。必要があれば、強制処分として、被疑者の住居や、その他証拠が存在する蓋然性のあるところを捜索し、証拠を差し押さえることができるが、その対象は被疑者に限られず、例えば、通信履歴の提出を求められたプロバイダが、通信の秘密等との関係で任意による提出に応じない場合には、強制処分によることに

なる。このようなサイバー犯罪の捜査において特に重要となるのは、その証明に不可欠なデータの押収である。

　2001年、欧州評議会において、サイバー犯罪から社会を保護することを目的として、サイバー犯罪に関する条約（以下、本章において「サイバー犯罪条約」という。）が採択された。サイバー犯罪条約は、世界初の包括的なサイバー犯罪対策として、①コンピュータ・システムに対する違法なアクセス、コンピュータ・ウイルスの製造等の行為の犯罪化、②コンピュータ・データの捜索・押収手続の整備等、③捜査共助・犯罪人引渡し等に関する国際協力等について規定するものである。日本では、2012年にサイバー犯罪条約を締結するにあたって、国内法の整備を進め、2011年には、「情報処理の高度化等に対処するための刑法等の一部を改正する法律」（平成23年法律第74号）（以下、本章において「改正法」という。）が制定された。本章では、改正法のうち、サイバー犯罪の証拠として必要となるデータを適正に収集するために新設された押収の方法等について概説する。

2 電磁的記録の捜索・押収

1　電磁的記録に係る記録媒体の差押えの執行方法

(1) 概　　要

　捜索・押収は、犯罪の証拠を発見・収集する重要な手続である。押収の一種である差押えの対象は、「証拠物又は没収すべき物と思料するもの」であり（刑訴法222条1項・99条1項）、凶器や文書等の有体物が想定されている。電子データや磁気データといった電磁的記録（「電子的方式、磁気的方式その他人の知覚によっては認識することができない方式で作られる記録であって、電子計算機による情報処理の用に供されるもの」（刑法7条の2））は、コンピュータで表示したり、プリントアウトしたりして見ることは可能であるが、それ自体は触れることのできない無体物であるから、データそのものを差し押さえることはできない。そこで、必要なデータが保存されているコンピュータやCD-R等の記録媒体ごと差し押さえるというのが、従来の差押え方法であった。

　ところが、現在では、コンピュータに膨大な量のデータを蓄積できるようになったことから、記録媒体ごと差し押さえるという従来の差押え方法によっては、処分を受ける者の業務等に著しい支障を生じさせるおそれがある。また、捜査機関としても、必要なデータのみを取得できれば、差押えの目的を達成できるという場合もある。そこで、必要なデータが保管されているコンピュータ等の記録媒体ごと差し押さえるのではなく、必要なデータのみを他の記録媒体にコピーしたりプリントアウトしたりして、これを差し押さえることができるようになった（刑訴法222条1項・110条の2）。

(2) 根 拠 規 定

第110条の2　差し押さえるべき物が電磁的記録に係る記録媒体であるときは、差押状の執行をする者は、その差押えに代えて次に掲げる処分をすることができる。……
　　一　差し押さえるべき記録媒体に記録された電磁的記録を他の記録媒体に複写し、印刷し、又は移転した上、当該他の記録媒体を差し押さえること。
　　二　差押えを受ける者に差し押さえるべき記録媒体に記録された電磁的記録を他の記録媒体に複写させ、印刷させ、又は移転させた上、当該他の記録媒体を差し押さえること。

第222条　［第110条の2］の規定は、検察官、検察事務官又は司法警察職員が第218条、第220条……の規定によつてする押収……について……これを準用する。……
②～⑦　（省略）

　この処分は差押えの執行方法の一種であり、令状による差押え（刑訴法218条1項）においては、必要なデータが保管されているコンピュータ等の記録媒体が「差し押さえるべき物」（刑訴法219条1項）として特定されている必要がある。通常の差押えであるから、令状に記載された「差し押さえるべき物」そのものを差し押さえることもできるが、その全体を差し押さえることまでは要しないという場合には、この処分によることになる。コピーする「複写」、プリントアウトする「印刷」、コピーした上で元の記録媒体からは消去する「移転」が認められており、このうち、そのデータが没収の対象であるなど、移転が必要である場合には、次にみる記録命令付差押えではなく、この処分による。また、逮捕の現場における令状によらない差押え（刑

訴法220条1項2号）にあたっても、この処分を行うことができる。

2　記録命令付差押え

(1)　概　　　要

大型のサーバ等、膨大なデータが蓄積されている記録媒体そのものを差し押さえると、業務等に著しい支障を生じさせるおそれがあることに加えて、捜査機関が、このような膨大なデータのうち、どこに必要なデータが保管されているかを特定することにも困難が伴う。また、コンピュータの操作に専門的な知識・技術が必要となる場合もある。

そこで、プロバイダ等、令状があれば協力的であると考えられる被処分者を想定して、記録命令付差押え（「電磁的記録を保管する者その他電磁的記録を利用する権限を有する者に命じて必要な電磁的記録を記録媒体に記録させ、又は印刷させた上、当該記録媒体を差し押さえること」（刑訴法99条の2））ができるようになった。必要なデータが保管されている記録媒体を特定することが困難な場合や、その操作に専門的な知識・技術を要する場合に、処分を受ける者に対して、必要なデータのコピーやプリントアウトを命じることができる（刑訴法218条1項）。

(2)　根 拠 規 定

第218条　検察官、検察事務官又は司法警察職員は、犯罪の捜査をするについて必要があるときは、裁判官の発する令状により、……記録命令付差押え……をすることができる。……

②～⑥　（省略）

記録命令付差押えにおいては、必要なデータが「記録させ若しくは印刷させるべき電磁的記録」として特定されていることが求められる（刑訴法219条1項）。「記録」には、「複写」のほか、複数の記録媒体に保管されているデータを集めて、別の記録媒体に記録させることも含まれるが、移転は認められていない。令状にはほかに「記録させ若しくは印刷させるべき者」を記載することになっており（刑訴法219条1項）、その名宛人はこれに応じる義務を負うものの、義務違反に対する罰則はなく、協力が期待できない場合や、予

想に反して求めに応じない場合には、通常の差押えによることになる。記録命令付差押えは押収の一種であるが、「差押え」とは区別されており、逮捕の現場において無令状で行うことのできる処分（刑訴法220条1項2号）として列挙されていないので、逮捕の現場で令状によらずにこの処分を行うことはできない。

3　リモートアクセス捜査

(1)　概　　要

　現在では、ネットワークを利用することで、コンピュータ本体やこれに付随する記録媒体ではなく、クラウド等、物理的に離れた記録媒体にデータを保管することが可能となっている。例えば、必要なデータが、あるプロバイダのサーバに保管されていることが判明した場合、従来の差押え方法によると、そのサーバを特定して差し押さえることになる。しかし、どこに必要なデータが保管されているのか特定することは困難である場合も多く、また、様々な場所に保管してある多くのデータそれぞれについて差押えを行うことは煩雑で、その間に、データの移転・消去による証拠隠滅を許してしまうことにもなりかねない。

　そこで、コンピュータにネットワークで接続しているサーバ等の記録媒体にリモートアクセスし、そのコンピュータで作成・変更したデータや、そのコンピュータから変更・消去できるようなデータを、そのコンピュータやCD-R等の記録媒体にコピーした上で、これを差し押さえることができるようになった（刑訴法218条2項）。

(2)　根　拠　規　定

第218条　（省略）
　②　差し押さえるべき物が電子計算機であるときは、当該電子計算機に電気通信回線で接続している記録媒体であつて、当該電子計算機で作成若しくは変更をした電磁的記録又は当該電子計算機で変更若しくは消去をすることができることとされている電磁的記録を保管するために使用されていると認めるに足りる状況にあるものから、その電磁的記録を当該電子計算機又は他の記録媒体に複写した上、当該電子計算機又は当該他の記録媒体を差し押さえることができる。

③～⑥　（省略）

　リモートアクセス捜査では、パソコン等の電子計算機が「差し押さえるべき物」として特定されていることのほか（刑訴法219条1項）、「差し押さえるべき電子計算機に電気通信回線で接続している記録媒体であつて、その電磁的記録を複写すべきものの範囲」を記載する必要がある（刑訴法219条2項）。例えば、差押えの対象であるパソコンで使用されているメールサーバにアクセスして、メールを証拠として収集する必要がある場合には、具体的なIDが判明していなくても、そのパソコンにインストールされているメールソフトに保存されているIDに対応するメールサーバの記録領域といった形で、対象となる記録媒体を特定することになる。リモートアクセス捜査にはこのような令状が必要であるから、逮捕の現場で令状によらずにこの処分を行うことはできない。

3 協力・保全要請

1　被処分者への協力要請

(1)　概　　要

　コンピュータやCD-Rといった記録媒体を差し押さえたり、検証したりするにあたっては、コンピュータの操作等に専門的な知識・技術を要することがある。処分を受ける者としても、保管されているデータについて権限を有する者との関係で、非開示義務を負っている場合も考えられる。そこで、処分を受ける者が捜査機関に協力する根拠となるものとして、コンピュータの操作等の必要な協力を求めることができるという規定が設けられた（刑訴法222条1項・111条の2）。

(2)　根 拠 規 定

第111条の2　差し押さえるべき物が電磁的記録に係る記録媒体であるときは、差押状又は捜索状の執行をする者は、処分を受ける者に対し、電子計算機の操作その他の必要な協力を求めることができる。……

> 第222条　［第111条の２］の規定は、検察官、検察事務官又は司法警察職員が
> 　　第218条、第220条……の規定によつてする押収又は捜索について、……第
> 　　111条の２……の規定は、検察官、検察事務官又は司法警察職員が第218条
> 　　又は第220条の規定によつてする検証についてこれを準用する。……
> ②～⑦　（省略）

　この処分は、差し押さえるべき物がコンピュータ等の記録媒体である場合に行うことができ、必要なデータが保管されている記録媒体を指示したり、暗号化されたデータを復号化したりするなど、差押えの目的を達成するために必要な協力を求めることになる。被処分者はこれに応じる義務を負うものの、義務違反に対する罰則はなく、協力が得られない場合には、捜索・押収に伴う必要な処分（刑訴法222条１項・111条１項）として、被処分者以外で、専門的な知識・技術を有する者に操作等をさせることもできる。また、検証すべき物がコンピュータ等の記録媒体である場合のほか、逮捕の現場における令状によらない捜索・差押え・検証（刑訴法220条１項２号）にあたっても、この処分を行うことができる。

２　プロバイダ等への保全要請

(1)　概　　要

　サイバー犯罪の捜査にあたっては、犯人特定や証拠収集のために、通信履歴を確保することも重要となるが、必要となったときには既にプロバイダ等に保存されていないということも少なくない。そこで、差押え又は記録命令付差押えの必要がある場合に、プロバイダ等に対して、通信履歴を一定の期間消去しないよう求めるとともに、必要があれば、みだりに情報を漏らさないよう求めることができるようになった（刑訴法197条３項～５項）。

(2)　根 拠 規 定

> 第197条　（省略）
> ②　（省略）
> ③　検察官、検察事務官又は司法警察員は、差押え又は記録命令付差押えを
> 　するため必要があるときは、電気通信を行うための設備を他人の通信の用

> に供する事業を営む者又は自己の業務のために不特定若しくは多数の者の通信を媒介することのできる電気通信を行うための設備を設置している者に対し、その業務上記録している電気通信の送信元、送信先、通信日時その他の通信履歴の電磁的記録のうち必要なものを特定し、30日を超えない期間を定めて、これを消去しないよう、書面で求めることができる。この場合において、当該電磁的記録について差押え又は記録命令付差押えをする必要がないと認めるに至つたときは、当該求めを取り消さなければならない。
>
> ④　前項の規定により消去しないよう求める期間については、特に必要があるときは、30日を超えない範囲内で延長することができる。ただし、消去しないよう求める期間は、通じて60日を超えることができない。
>
> ⑤　第2項又は第3項の規定による求めを行う場合において、必要があるときは、みだりにこれらに関する事項を漏らさないよう求めることができる。

　この処分の対象となるのは、①「電気通信を行うための設備を他人の通信の用に供する事業を営む者」又は②「自己の業務のために不特定若しくは多数の者の通信を媒介することのできる電気通信を行うための設備を設置している者」である。①としては電話会社やプロバイダ、②としてはLANを設置している会社や大学が挙げられる。「通信履歴」とは、送信元、送信先、通信日時等、通信内容以外のものを意味する。相手方は保全要請や秘密保持要請に応じる義務を負うものの、義務違反に対する罰則はなく、相手方が保全要請に応じない場合には、迅速に差押え又は記録命令付差押えを行うこととなる。

4 押収後の措置

1　押収品目録の交付

> 第120条　押収をした場合には、その目録を作り、所有者、所持者若しくは保管者（第110条の2の規定による処分を受けた者を含む。）又はこれらの者に代わるべき者に、これを交付しなければならない。

> 第222条　［第120条］の規定は、検察官、検察事務官又は司法警察職員が第218条、第220条……の規定によつてする押収……について……これを準用

する。……
②〜⑦　（省略）

　押収した場合、その請求の有無にかかわらず、押収品目録を作成し、所有者、所持者若しくは保管者又はこれらの者に代わるべき者に交付することとされている。その趣旨は、押収物を明らかにし、被押収者の財産権を保全するとともに、捜索の終了を宣言することにある。改正法により新設された電磁的記録に係る記録媒体の差押えの執行方法（刑訴法222条1項・110条の2）をとった場合も、差し押さえられた「他の記録媒体」が被押収者の用意したものであっても、捜査機関の用意したものであっても、同様に押収品目録を交付することが明記された（刑訴法222条1項・120条）。

2　押収物の還付

第123条　押収物で留置の必要がないものは、被告事件の終結を待たないで、決定でこれを還付しなければならない。
②　（省略）
③　押収物が第110条の2の規定により電磁的記録を移転し、又は移転させた上差し押さえた記録媒体で留置の必要がないものである場合において、差押えを受けた者と当該記録媒体の所有者、所持者又は保管者とが異なるときは、被告事件の終結を待たないで、決定で、当該差押えを受けた者に対し、当該記録媒体を交付し、又は当該電磁的記録の複写を許さなければならない。
④　（省略）

第220条　（省略）
②　前項後段の場合において逮捕状が得られなかつたときは、差押物は、直ちにこれを還付しなければならない。第123条第3項の規定は、この場合についてこれを準用する。
③〜④　（省略）

第222条　［第123条］の規定は、検察官、検察事務官又は司法警察職員が第218条、第220条……の規定によつてする押収……について……これを準用する。ただし、司法巡査は、［第123条］に規定する処分をすることができない。

　押収物について留置を継続する必要がない場合、その占有を解いて、押収物を押収前の状態に戻す処分を還付といい、原則として被処分者に還付する。したがって、改正法により新設された電磁的記録に係る記録媒体の差押えの執行方法（刑訴法222条1項・110条の2）において、差し押さえられた「他の記録媒体」が被押収者の用意したものである場合には、原状回復措置として、これを還付することになる。これに対して、差し押さえられた「他の記録媒体」が捜査機関の用意したものである場合には、その「所有者、所持者又は保管者」は捜査機関であるから、本来、これを還付する必要はない。もっとも、この処分のうち移転を行った場合には、対象となったデータは元の記録媒体から消去されているので、還付に代わる原状回復措置として、その「他の記録媒体」を交付し、又は対象となったデータの複写を許すこととされた（刑訴法222条1項・123条3項）。

　また、被疑者を緊急逮捕（刑訴法210条1項）した場合、逮捕後、直ちに逮捕状を求める手続をとらなければならないところ、緊急逮捕の現場で令状によらない差押え（刑訴法220条1項2号）を行ったものの、その後、逮捕状が発せられなかったときにも、直ちに押収物を還付することとされている。差押えにあたって移転の処分を行った場合には同様に、差し押さえた「他の記録媒体」を交付し、又は対象となったデータの複写を許すことになる（刑訴法220条2項・123条3項）。

5 残された課題

1　検証としてのリモートアクセス捜査

　前述の通り、リモートアクセス捜査は差押えに付随する処分として規定されており、差押えの対象物であるパソコン等と一体のものとして利用されているサーバ等の記録媒体について、差押えに先立って行うことが想定されている。もっとも、事前にパソコン等にログインするためのパスワード等が判明していないこともある。そこで、パソコン等を差し押さえた後にリモート

アクセス捜査を行うことができるか、またその場合に、どのような手続によるべきかが問題となる。

　考えられるのは、対象の存在、性質、状態、内容を認識する強制処分である検証によることであるが、検証としてのリモートアクセス捜査について扱った裁判例として、東京高判平成28年12月7日高刑集69巻2号5頁[1]がある。この事案では、捜査機関がリモートアクセス捜査を許可する捜索差押許可状に基づいて被疑者宅を捜索し、パソコン等を差し押さえたが、ログインするためのパスワードが判明していなかったので、その場でリモートアクセス捜査を行うことはできなかった。その後の解析により、被告人が犯行に利用していたGmailアカウントのアクセス履歴の存在等が確認されたことから、検証に伴う必要な処分（刑訴法222条1項・129条）としてリモートアクセス捜査を行うこととし、差し押さえたパソコンを対象として検証許可状の発付を得て、その内容を複製したパソコンからインターネットに接続し、Gmailアカウントにログインして送受信メールをダウンロードした。検証としてのリモートアクセス捜査に関する判示は、以下の通りである。

　　「本件検証は、本件パソコンの内容を複製したパソコンからインターネットに接続してメールサーバにアクセスし、メール等を閲覧、保存したものであるが、本件検証許可状に基づいて行うことができない強制処分を行ったものである。しかも、そのサーバが外国にある可能性があったのであるから、捜査機関としては、国際捜査共助等の捜査方法を取るべきであったともいえる。そうすると、本件パソコンに対する検証許可状の発付は得ており、被告人に対する権利侵害の点については司法審査を経ていること、本件パソコンを差し押さえた本件捜索差押許可状には、本件検証で閲覧、保存したメール等について、リモートアクセスによる複写の処分が許可されていたことなどを考慮しても、本件検証の違

（1）　この判決の紹介・解説として、山内由光・研修832号（2017年）13頁、宇藤崇・法学教室445号（2017年）152頁、四方光・刑事法ジャーナル58号（2018年）143頁、笹倉宏紀・平成29年度重要判例解説（2018年）182頁、星周一郎「サイバー空間の犯罪捜査と国境・覚書き」警察学論集73巻4号（2020年）71頁がある。

法の程度は重大なものといえ……る。」

　強制処分である検証については、原則として令状によることとされており（刑訴法218条1項）、令状には「検証すべき場所若しくは物」を記載しなければならない（刑訴法219条1項）。この事案では、差し押さえたパソコンを対象とする検証許可状に基づいて、別の記録媒体であるメールサーバにアクセスしているので、令状によらない検証（刑訴法220条1項2号）が認められる場合ではないのに、令状に記載された「検証すべき場所若しくは物」を超えて検証したものとして許されないことになる。また、必要な処分（刑訴法222条1項・129条）は、検証の目的を達成するために必要な限度でのみ行うことができるから、令状に「検証すべき場所若しくは物」として記載されていないメールサーバに及ぶとは考えられない[2]。

　それでは、リモートアクセス捜査のように、あるいはより具体的に、メールサーバ等の記録媒体が「検証すべき場所若しくは物」として令状に記載され、司法審査を受けている場合はどうだろうか。検証としてのリモートアクセス捜査を否定する見解としては、リモートアクセス捜査は改正法によって新設された場合にのみ行うことができるというものがある[3]。もっとも、立法過程で、その他の方法によるリモートアクセス捜査を排除する意思が明らかにされたというわけではなく[4]、リモートアクセス捜査によるデータの検索、コピーはまさに検証としての性質を有するという見解もある[5]。

　手続的な問題として、検証にあたっては令状を呈示することとされているが（刑訴法222条1項・110条）、サーバ等の管理者が個々のユーザの利用する

（2）　笹倉・前掲注(1)183頁。

（3）　宇藤・前掲注(1)152頁、早乙女宜宏「リモートアクセスによる差押えに伴う問題点の一考察」日本大学法科大学院法務研究16号（2019年）61頁、67頁。

（4）　笹倉・前掲注(1)183頁、四方・前掲注(1)146～147頁、川出敏裕「サイバー犯罪の捜査」警察学論集71巻9号（2018年）157頁、171～173頁。

（5）　山内・前掲注(1)19～20頁、四方・前掲注(1)146～147頁、中野目善則「サイバー犯罪の捜査と捜査権の及ぶ範囲──プライヴァシーの理解の在り方、法解釈の在り方、他国へのアクセスの及ぶ範囲等の観点からの検討」警察政策22巻（2020年）130頁、142～147頁。

記録領域に保管されているデータについて一般的に権限を有しない場合には、個々のユーザが自由にアクセスすることのできる記録領域に対して、司法審査を経た上でアクセスする限りにおいて、その管理者を被処分者ととらえる必要はないとすれば[6]、個々のユーザへの令状呈示で足りるということになろう。これに対して、会社の管理するネットワーク上のデータのように、サーバ等の管理者が一定の権限を有する場合には、その管理者も被処分者ととらえ、令状を呈示する必要があると思われるが、サーバ等の設置場所が判明せず、検証を行う緊急性が認められる場合には、令状を呈示しなくても、あるいは事後的な通知をもって代えることも許されるとの指摘もなされている[7]。

2　国境を越えるデータの押収

(1)　記録命令付差押え

　冒頭で紹介したサイバー犯罪条約は、締約国に対して、自国の当局がデータの「提出命令」を行う権限を付与するための国内法の整備を求めている（サイバー犯罪条約18条）。具体的には、①「自国の領域内に所在する者に対し、当該者が保有し又は管理している特定のコンピュータ・データであって、コンピュータ・システム又はコンピュータ・データ記憶媒体の内部に蔵置されたものを提出するよう命令すること」、②「自国の領域内でサービスを提供するサービス・プロバイダに対し、当該サービス・プロバイダが保有し又は管理している当該サービスに関連する加入者情報を提出するよう命令すること」が、その権限の内容である。このうち①を担保するためのものが記録命令付差押えである。

　①の対象となる者の範囲は「自国の領域内に所在する者」であるが、「保有し又は管理している」というのは、データが保管されている記録媒体を自

（6）　貴志浩平「ハイテク犯罪と捜査手続」捜査研究47巻10号（1998年）18頁、20～21頁、長沼範良「ネットワーク犯罪への手続法的対応」ジュリスト1148号（1999年）212頁、216頁。国境を越えるリモートアクセス捜査について同様の考え方を示すものとして、四方・前掲注(1)48～149頁がある。
（7）　貴志・前掲注(6)21頁、長沼・前掲注(6)216頁。

国の領域内で物理的に保有している場合だけではなく、自国の領域内から正当な権限に基づいてデータの提出を自由に管理できる状況にある場合も含まれると注釈されており[8]、提出命令の対象となるデータが他国にある場合も想定されている。立法担当者によると、「記録命令付差押えが我が国に所在する者に対して行われ、その者が対象となる電磁的記録を保管又は利用する権限を有する限り、当該電磁的記録が外国に所在するサーバなどの記録媒体に記録されている場合であっても、記録行為自体は、その命令を受けた者によって行われるものであり、これにより記録された他の記録媒体を捜査機関が差し押さえたとしても、外国の主権を侵すものとは考えられない。」とのことである[9]。この点については、捜査機関の命令に基づいて行われる以上、主権侵害の可能性は否定できないものの、サイバー犯罪条約18条は、対象となるデータが他国にある場合にも提出命令が可能であることを締約国が合意したものであるとの見解も示されている[10]。

(2)　リモートアクセス捜査

サイバー犯罪条約はまた、「蔵置されたコンピュータ・データに対する国境を越えるアクセス」についても定めている（サイバー犯罪条約32条）。具体的には、①「公に利用可能な蔵置されたコンピュータ・データにアクセスすること（当該データが地理的に所在する場所のいかんを問わない。）。」、②「自国の領域内にあるコンピュータ・システムを通じて、他の締約国に所在する蔵置されたコンピュータ・データにアクセスし又はこれを受領すること。ただし、コンピュータ・システムを通じて当該データを自国に開示する正当な権限を有する者の合法的なかつ任意の同意が得られる場合に限る。」のいずれかに当たる場合に、他の締約国の許可なく越境アクセスできるとされている。

（8）　Council of Europe, Explanatory Report to the Convention on Cybercrime（https://rm.coe.int/16800cce5b）（last accessed 2020/9/9）at 29（173）（hereinafter "Explanatory Report"）.

（9）　杉山徳明＝吉田雅之「「情報処理の高度化等に対処するための刑法等の一部を改正する法律」について（下）」法曹時報64巻5号（2012年）1049頁、1068頁（注6）。

（10）　川出敏弘「コンピュータ・ネットワークと越境捜査」酒巻匡ほか編『井上正仁先生古稀祝賀論文集』（有斐閣、2019年）414頁。

　それ以外の場合については規定されるに至っていないが[11]、利用者の同意が得られない場合に、国境を越えてリモートアクセス捜査を行うことができるだろうか。前述の東京高裁平成28年判決は、「そのサーバが外国にある可能性があったのであるから、捜査機関としては、国際捜査共助等の捜査方法を取るべきであったともいえる」としており、これは、立法担当者の「一般には、電磁的記録を複写すべき記録媒体が他国の領域内にあることが判明した場合において、［サイバー犯罪］条約第32条によりアクセス等をすることが許されている場合に該当しないときは、当該他国の主権との関係で問題を生じる可能性もあることから、この処分を行うことは差し控え、当該他国の同意を取り付けるか、捜査共助を要請することが望ましいのではないかと考えられる」[12]との見解とも一致するように思われる。もっとも、サーバ等が他国に設置されていること、あるいはどこの国にあるのかさえわからないことは珍しいことではなく、このように解すると、実質的にリモートアクセス捜査の道が閉ざされてしまうことにもなりかねない。

　そこで、相手国が越境リモートアクセス捜査を認識し、これを国際法上違法であると評価する場合はさておき[13]、サーバ等が他国に設置されている可能性があるというにとどまる場合には、国内の刑事裁判において適用される証拠法には影響を与えないとの見解も示されている。裁判例としては、大阪高判平成30年9月11日高刑速（平30）344頁[14]がある。この事案では、捜査機関が被告人らの会社を捜索し、関係者の同意に基づいてサーバにアクセスし、データをコピーするなどしたが、そのサーバがアメリカ合衆国の会社によって管理されているものであったため、国境を越えるリモートアクセス捜査の適法性も含めて争われた。同意の任意性は否定されたものの、リモート

---

(11)　Explanatory Report, *supra* note 7, at 53（293）.

(12)　杉山＝吉田・前掲注(9)1095頁。

(13)　越境リモートアクセス捜査と主権侵害の問題については、本書第12章参照。

(14)　この判決の紹介・解説として、栗田理史・研修849号（2019年）25頁、指宿信・新判例解説Watch24号（2019年）187頁、宇藤崇・法学教室462号（2019年）157頁、中島宏・法学セミナー768号（2019年）130頁、深野友裕・警察学論集72巻4号（2019年）151頁、星・前掲注(1)がある。同様の立場を示した裁判例として、東京高判平成31年1月15日高刑速（令1）95頁参照。

アクセス捜査の適法性と証拠能力の関係については以下のように判示されている。

> 「相手国が捜査機関の行為を認識した上、国際法上違法であるとの評価を示していればともかく、そうではない場合に、そもそも相手国の主権侵害があったといえるのか疑問がある。その点は措いて、外国の主権に対する侵害があったとしても、実質的に我が国の刑訴法に準拠した捜査が行われている限り、関係者の権利、利益が侵害されることは考えられないのであり、本件においては、……リモートアクセス等は、実質的に司法審査を経た本件捜索差押許可状に基づいて行われていると評価することができるのであるから、被告人らに、このような違法性を主張し得る当事者適格があるかどうかも疑問である。しかも、違法収集証拠として証拠能力が否定されるのは、捜査手続に令状主義の精神を没却するような重大な違法があって、これを証拠として許容することが将来における違法な捜査の抑制の見地から相当でないと認められる場合に限られるから、上記主権侵害から生じた違法は、それだけで直ちに当該捜査手続によって得られた証拠の証拠能力を否定すべき理由とはなり得ないというべきである。」

　上告審である最（二小）決令和3年2月1日裁時1761号4頁[15]は、「電磁的記録を保管した記録媒体が［サイバー犯罪に関する］条約の締約国に所在し、同記録を開示する正当な権限を有する者の合法的かつ任意の同意がある場合に、国際捜査共助によることなく同記録媒体へのリモートアクセス及び同記録の複写を行うことは許されると解すべきである。」と確認した上で、特に、「任意の同意」があったとはいえない点について、リモートアクセス捜査の違法性を示唆しつつも、重大な違法はないとして、これにより収集された証拠の証拠能力を肯定することができると判断した。

　法廷意見では証拠能力の有無に関して主権への言及はないものの、三浦守

---

(15)　この決定の紹介・解説として、前田雅英・WLJ判例コラム227号（2021年）がある。

裁判官の補足意見は、以下のように付言している。

> 「電磁的記録を保管した記録媒体が外国に所在する場合に、同記録媒体へのリモートアクセス及び同記録の複写を行うことは、当該外国の主権との関係で問題が生じ得るが、法廷意見が説示するとおり、その記録媒体がサイバー犯罪に関する条約の締約国に所在し、同記録を開示する正当な権限を有する者の合法的かつ任意の同意がある場合に、国際捜査共助によることなく同記録媒体へのリモートアクセス及び同記録の複写を行うことは許されると解される。
>
> 　本件においては、……リモートアクセスの対象である記録媒体は、日本国外にあるか、その蓋然性が否定できないものであって、同条約の締約国に所在するか否かが明らかではないが、このような場合、その手続により収集した証拠の証拠能力については、上記の説示をも踏まえ、権限を有する者の任意の承諾の有無、その他当該手続に関して認められる諸般の事情を考慮して、これを判断すべきものと解される。」

　判例は、違法に収集された証拠について、その証拠能力を否定する違法収集証拠排除法則を採用しているものの、証拠排除の基準としては、「証拠物の押収等の手続に、憲法35条及びこれを受けた刑訴法218条1項等の所期する令状主義の精神を没却するような重大な違法があり、これを証拠として許容することが、将来における違法な捜査の抑制の見地からして相当でないと認められる場合においては、その証拠能力は否定される」との立場をとっている[16]。したがって、たとえ主権侵害の可能性があったとしても、少なくとも越境リモートアクセス捜査によって収集された証拠を排除すべきほどの重大な違法はないと考えることもできそうである[17]。もっとも、相手国がこのような越境リモートアクセス捜査を認識し、これを国際法上違法であると評

---

(16)　最（一小）判昭和53年9月7日刑集32巻6号1672頁。

(17)　笹倉・前掲注(1)183頁、山内・前掲注(1)21〜22頁、深野・前掲注(14)163頁、早乙女・前掲注(3)67〜68頁、川出・前掲注(4)174頁。

価する場合には、違法収集証拠排除法則にいう重大な違法が認められる可能性のほか[18]、主権侵害の原状回復措置としてのデータの破棄の結果、これを証拠として利用できなくなる可能性[19]や、違法収集証拠排除法則とは別の「手続的正義」の観点から証拠能力が否定される可能性[20]も指摘されている。

3　サイバー空間における事後追跡可能性

　改正法により、プロバイダ等に対して通信履歴の保全を要請することができるようになったが、保全要請の時点で通信履歴が残っていなければ効を奏しない。サイバー犯罪の被害がすぐに認知されるとは限らず、また、十分な解析によって初めて必要な通信履歴を特定することが可能となる場合もあるが、その時点で、通信履歴の保存期間が経過する間際になっていたり、既に消去されていたりすることも考えられる。そこで、プロバイダ等が、通信の構成要素であって通信の秘密として保護されるべき通信履歴を保存できる対象・条件やその期間等、通信履歴の保存のあり方が問われることになる。

　電気通信事業における個人情報保護に関するガイドライン（平成29年総務省告示第152号。最終改正平成29年総務省告示第297号）（以下、本章において「ガイドライン」という。）は、通信の秘密への配慮から、業務の遂行上必要な場合に限って通信履歴を記録することを認めている（ガイドライン32条1項）。記録した通信履歴については、その目的を達成するために必要最小限の範囲内で保存期間を設定し、保存期間が経過したときは速やかに消去することとされているが、保存期間については、「通信履歴のうち、インターネット接続サービスにおける接続認証ログ（利用者を認証し、インターネット接続に必要となる IP アドレスを割り当てた記録）の保存については、利用者からの契約、利用状況等に関する問合せへの対応やセキュリティ対策への利用など業務上の必要性が高いと考えられる一方、利用者の表現行為やプライバシーへの関わりは比較的小さいと考えられることから、電気通信事業者がこれらの

---

(18)　川出・前掲注(10)430頁。
(19)　芝原邦爾ほか編『経済刑法——実務と理論』（商事法務、2017年）572頁〔笹倉宏紀〕。
(20)　指宿・前掲注(14)189～190頁。

業務の遂行に必要とする場合、一般に6か月程度の保存は認められ、適正な
ネットワークの運営確保の観点から年間を通じての状況把握が必要な場合な
ど、より長期の保存をする業務上の必要性がある場合には、1年程度保存す
ることも許容される。」との解説が加えられている[21]。

　これを受けて、政府は、サイバーセキュリティ戦略（2018年7月27日閣議
決定）として、「サイバー犯罪捜査等においては、サイバー空間における事
後追跡可能性の確保が必要である。これには、関連事業者の協力や国際的な
連携が不可欠であるため、必要な取組を行う。特に、通信履歴等に関するロ
グの保存の在り方については、関係のガイドラインを踏まえ、関係事業者に
おける適切な取組を推進する。」旨、国会に報告している[22]。このようなガ
イドラインについては、協力的なプロバイダ等では既に行われている実務で
はあるものの、多様な事業者が参入する可能性を考慮すれば、法令による通
信履歴の保存の義務化も検討すべきであるとの指摘もなされている[23]。この
ほか、無線LAN、インターネットカフェ、Tor[24]といった通信匿名化技術
等、サイバー空間における事後追跡の障害となっていると認められる手段へ
の対策についても、引き続き検討していく必要がある[25]。

---

(21)　総務省「電気通信事業における個人情報保護に関するガイドライン（平成29年総務
　　省告示第152号。最終改正平成29年総務省告示第297号）の解説」（https://www.
　　soumu. go. jp/main_content/000603940. pdf──〔2021年3月12日最終閲覧〕）109頁。
(22)　内閣サイバーセキュリティセンター「サイバーセキュリティ戦略」（https://www.
　　nisc. go. jp/active/kihon/pdf/cs-senryaku2018. pdf──〔2021年3月12日最終閲覧〕）21頁。
(23)　岡部正勝「サイバー空間の脅威と対処の現状──『警察捜査力の強化』を中心に──」
　　比較法雑誌49巻4号（2016年）45頁、53頁。
(24)　The onion routerの略であり、タマネギの皮のように何重にも暗号化することで、
　　通信経路を匿名化するソフトウェアのことをいう。
(25)　総合セキュリティ対策会議・平成27年度報告書「サイバー犯罪捜査及び被害防止対
　　策における官民連携の更なる推進」（https://www. npa. go. jp/cyber/csmeeting/h27/
　　pdf/h27_honpen. pdf──〔2021年3月12日最終閲覧〕）2～3頁。詳細に検討するもの
　　として、総合セキュリティ対策会議・平成23年度報告書「サイバー犯罪捜査における事
　　後追跡可能性の確保に向けた対策について」（https://www. npa. go. jp/cyber/
　　csmeeting/h23/pdf/h23. pdf──〔2021年3月12日最終閲覧〕）がある。

6 おわりに

　このように、サイバー犯罪条約の発効に伴って国内法の整備が進められているが、課題も残されている。また、国境を観念し難いサイバー空間では、何を「犯罪」ととらえ、どのように捜査していくのか、各国で共通認識をもち、互いに協力していくことも不可欠である。我が国におけるデータの押収について検討する際には、サイバー犯罪条約の改訂のほか、例えば、欧州連合（EU）の GDPR（General Data Protection Regulation）[26]やアメリカ合衆国のクラウド法（Clarifying Lawful Overseas Use of Data Act）[27]等、各国の動向もふまえておく必要があり、実際に運用するにあたっては、これらとの整合性も問われることになる。

〈参考文献・資料〉
・外務省「サイバー犯罪に関する条約」
　（https://www.mofa.go.jp/mofaj/gaiko/treaty/treaty159_4.html〔2021年3月12日最終閲覧〕）
・法務省「情報処理の高度化等に対処するための刑法等の一部を改正する法律案」概要
　（http://www.moj.go.jp/content/001268374.pdf〔2021年3月12日最終閲覧〕）
・杉山徳明＝吉田雅之「『情報処理の高度化等に対処するための刑法等の一部を改正する法律』について（下）」法曹時報64巻5号（2012年）1049頁

（なかむら・まりこ）

---

(26)　GDPRについては、例えば、石井夏生利『EUデータ保護法』（勁草書房、2020年）、星周一郎「GDPRと刑事司法指令・PNR指令の相関——データの越境移転の規律を中心に」ジュリスト1521号（2018年）20頁、指宿信「越境するデータ、越境する捜索——域外データ取得をめぐる執行方式に関する欧米の立法動向」Law & Technology 82号（2019年）45頁、51〜57頁、鈴木一義「サイバー犯罪に対する捜査——越境アクセスを中心に（2・完）」法学新報126巻3・4号（2019年）1頁、2〜9頁参照。
(27)　クラウド法については、本書第12章のほか、例えば、指宿・前掲注(26)49〜51頁、鈴木・前掲注(26)2〜9頁、四方光「米国クラウド法の意義と我が国の課題」警察学論集73巻1号（2020年）48頁、小山剛ほか編『日常のなかの「自由と安全」——生活安全をめぐる法・政策・実務』（弘文堂、2020年）250〜270頁〔四方光〕参照。

第9章
デジタルデータの証拠法

中央大学大学院法務研究科特任教授（東京高等検察庁検事）　　**島田　健一**

1　総　　説
2　デジタル証拠の特殊性
3　デジタル証拠に対する処分

1 総　　説

　刑事手続上、「証拠」という語句は多義的な概念として用いられる。

　分類の観点に応じて直接証拠・間接証拠、実質証拠・補助証拠、人的証拠・物的証拠、供述証拠・非供述証拠のように分類されるが、以下に述べるサイバー犯罪の「証拠」とは、特に断りのない限り、任意若しくは強制の捜査活動により獲得し又は獲得しようとする物的証拠のうち、刑法7条の2に規定する「電子的方法、磁気的方法その他人の知覚によっては認識することができない方式によって作られる記録」（デジタルデータ）又はその記録媒体そのもの（電磁的記録媒体等）を指すものとして用いる（なお、以下では、他の一般的な証拠との区別を図るため、本稿では、この意味での「証拠」を便宜的に「デジタル証拠」と呼び、電磁的記録媒体等に記録された電磁的記録についても適宜「デジタルデータ」と呼ぶ。）。

　デジタル証拠は、近年は、いわゆる「クラウド」と呼ばれるコンピュータ・ネットワーク群に接続された記憶領域上に存在することも多いが、「クラウド」という語句については、法令上の明確な定義はなく、概ね、コンピュータ・ネットワーク群を雲に見立てた上で、その利用者が、ソフトウェアやデータの物理的な保存場所（コンピュータやサーバの設置場所）に関わりなくどこからでもサービスを利用できるような態様のシステム運用形態を指す概念として用いられるのが一般的理解と思われることから[(1)]、以下では、特に断りのない限り、本稿でも同様の理解に立つ概念として用いることとす

る。

　デジタル証拠は、物理的な記録媒体の所有又は管理とは別に、記録されているデジタルデータの管理権が設定され、かつ、その管理権についても、複数の者が有する管理権が重畳的に設定されていることが多いだけでなく、同一の記録媒体中に第三者の処分権に係るデジタルデータが並存して記録されていることも多い。

　そのため、証拠獲得、取り分け強制処分の在り方については、一般的な有体証拠に対して指摘されている手続上の問題に関する議論をそのまま妥当させるのではなく、デジタル証拠に特有の要素を加味して検討・解釈する必要があるが、後述のとおり、このような検討・解釈については、第三者の権利侵害が生じる局面や、リモート捜査により外国所在のデジタル証拠を収集した場合の手続きの適法性等の局面でその重要性が増してくる。

2 デジタル証拠の特殊性

　デジタル証拠の代表例は、ハードディスクやフラッシュメモリに代表される電磁的記録媒体及びそこに記録されたデジタルデータであるが、このようなデジタル証拠は、他の一般的な有体証拠とは異質な性質が多く見られる。

　すなわち、デジタル証拠は、性質上、物理的特徴に乏しく、証拠物としての電磁的記録媒体等のままでは、その内容が不可視・不可読であるばかりか、ひとたびコンピュータを介在させた場合には、内容の消去を含む改ざん行為や加工が極めて容易であり、かつ、そのような改ざん・加工の痕跡がほとんど残らないという性質を併せ持つ。

　また、デジタル証拠、取り分け、電磁的記録媒体等に記録されているデジ

（1）　米国国立標準技術研究所（NIST）では「共用の構成可能なコンピューティングリソース（ネットワーク、サーバ、ストレージ、アプリケーション、サービス）の集積に、どこからでも、簡便に、必要に応じて、ネットワーク経由でアクセスすることを可能とするモデルであり、最小限の利用手続きまたはサービスプロバイダとのやりとりで速やかに割当てられ提供されるもの」と定義されている（独立行政法人情報処理推進機構「NISTによるクラウドコンピューティングの定義」2020年9月1日 https://www.ipa.go.jp/files/000025366.pdf）。

タルデータは、その性質上、人の五感の作用だけではその意味内容を覚知できないため、供述証拠であるか非供述証拠であるかを問わず、その獲得や可視化・可読化の実現のためには、常に、コンピュータを始めとする電子機器類を介在させる必要がある。

　そのため、その具体的手段については、適法性や相当性に関し、一般的な有体証拠とは異なる観点からの特別な考慮が必要となり、捜索・押収・検証等の強制処分の局面において、令状主義との関連で種々の問題が生じることがある。

　例えば、処分対象となる電磁的記録媒体等の記録内容が、通常の紙媒体の書面と同様に、全て出力印字されて有体化・固定化されている場合には、当該書面に対して強制処分を執行する捜査官がその内容を見読ないし認識することは容易であり、裁判官においても、捜査官と同様の内容を見読ないし認識し得ることから、従来的な問題以上の格別困難な問題は生じないが、これが電磁的記録媒体等に記録・保存された状態であった場合には、電磁的記録媒体等が多種多様な規格・形状の下に普及しているという事情とも相まって、強制処分の対象とすべき「物」の関連性判断の適法性が問題となり得るほか、それ以前の令状請求段階でも、処分対象とすべき「物」の具体的な特定が困難なため、概括的に処分対象を摘示せざるを得ないという問題が生じる[2]。

　さらに、デジタル証拠は、記録されている情報（デジタルデータ）に真の価値がある一方で、その情報が記録されている電磁的記録媒体等に関して、それ自体の個性と意義に乏しい場合が多く、同一の媒体に複数人が別異に管理する情報が並置して記録されていることも常態的であることから、電磁的記録媒体等そのものに対する処分がなされた場合には、その電磁的記録媒体等に並置して記録されている他の無関係な第三者が管理する情報に対してまで当該処分の効力が及ぶことがあり得る。

　そのような処分がなされた場合、取り分け、当該処分が強制処分である場

（2）　最（二小）決平成10年5月1日刑集52巻4号275頁、大阪高判平成30年9月11日高裁刑事裁判速報平成30年11号。

合には、真に獲得する必要のあるデジタルデータとの関係において当該処分が過大な処分と目され、ひいては証拠の押収手続に違法があるとして、当該証拠の証拠能力に疑義が呈されるという問題も生じる[3]。

3 デジタル証拠に対する処分

1 デジタル証拠の捜索・差押え等

サイバー犯罪の捜査におけるデジタル証拠の収集手段としては、被疑者又は第三者から証拠の任意提出を受けて領置（刑事訴訟法221条。なお、以下では、特に断りのない限り、引用条文は刑事訴訟法を指す。）をする場合もあるが、前記のように、「捜査に非協力的な被疑者方又は第三者が管理する場所若しくは物」が処分対象の場合には、強制処分たる捜索・差押え（218条1項）によるのが一般的であり、実際にも、捜索・差押えが実施される場合は非常に多い。

しかしながら、デジタル証拠の捜索・差押えが実施される実際の現場において、コンピュータを始めとする数多くのデジタル証拠が存在していた場合、外見からでは、どのコンピュータや電磁的記録媒体等が被疑事実と関連性を有する物であるかを、令状を執行する捜査官の五感で判断・特定することは非常に困難である。

すなわち、「任意の協力が得られる相手方が管理する場所又は物」を対象とする強制処分であれば、強制処分の対象となるコンピュータや電磁的記録媒体等を予め特定することは容易であるから、令状の請求及び実際の執行のいずれの段階であっても、押収対象物の特定に関して問題が生ずる余地は比較的少ない。

しかし、「捜査に非協力的な被疑者方又は第三者が管理する場所若しくは物」を対象とする強制処分の場合には、そもそも、実際に令状執行現場に臨場するまで、そこにどれだけの数のコンピュータが存在しているのかすら分

（3）　前掲注(2)大阪高判平成30年9月11日では、第三者の大量のデータが保存されていたサーバを、サーバごと包括的に差し押さえた手続を適法と認め、同手続により得られたデジタル証拠の証拠能力を肯定した。

からず、まして、電磁的記録媒体等に至っては、その数や、どのような種類の記録媒体に目的とするデータ（当該被疑事実に関連する証拠）が記録されているのか、外見上からは判別困難な場合が多く、また、実際に令状の執行を開始したとしても、そこで見出された電磁的記録媒体等の記録内容を逐一確認することには多大な時間を要するだけでなく、物理的な支障が生ずるおそれもある。

しかも、近時のデジタルデバイス（パソコンやスマートフォンのほか、一部のストレージ・ドライブ等の情報処理用電子機器類）は、セキュリティの観点から、パスコードロックが施されているものが多く、パスコードを知らなければその内容を確認すること自体が極めて困難であるばかりか、仮にパスコードを入手して、デジタルデバイスを起動させたり、記録内容にアクセスできる状態に至ったとしても、起動自体や記録内容の閲覧により、自動的にメタデータ等を上書きするものも少なくないため、証拠の同一性という観点から見た場合には、捜査官が関連性判断のためにデジタル証拠の内容を確認した結果、かえって、確認前と確認後の証拠の同一性を失わせ、後日、押収手続の適法性をめぐる無用の紛争を招来しかねない[4]。

したがって、デジタル証拠の捜索・差押えにおける被疑事実と押収物の関連性判断に関する適法性評価については、外見上から被疑事実との関連性を有するか否かを捜査官の五感で判断することが比較的容易な他の一般的な有体証拠の捜索・差押えの場合と同水準の厳格さをもってすることは合理性を欠くと言わざるを得ず、ある程度の包括的な押収であったとしても、その適法性判断に際しては、上記のようなデジタル証拠の特殊性を反映・考慮する必要がある。

（4）　主に情報技術の観点からデジタル・フォレンジックスの概念が提唱され、デジタル証拠の収集に際しての準則を策定する試みがなされている（特定非営利活動法人デジタル・フォレンジック研究会「証拠保全ガイドライン第8版」2020年9月1日 https://digitalforensic.jp/wp-content/uploads/2020/06/guideline_8 thv1.10.pdf）が、このような準則に則った証拠収集であるか否かは、あくまで、押収等の手続の適法性判断に際して一要素として評価される事項でしかなく、同準則に抵触した行為の存否が直ちに押収手続の適法性判断を左右するものではなく、まして証拠能力の肯否に消長を来すものではないことに留意する必要がある。

　具体的には、犯罪の態様・軽重、差押対象物の証拠としての価値・重要性、捜索・差押え時における被処分者の協力姿勢の有無及びその程度、デジタル証拠の存置・保管状況等から推認される処分対象となるデジタル証拠の毀損・滅失の危険性の有無及びその程度、対象となるデジタル証拠の数量、内容確認に要する時間、捜索・差押え現場において内容確認をすることにより被処分者が受ける不利益の程度等の諸要素を総合考慮して関連性についての適法性を決すべきであるが[5]、他方で、デジタル証拠の特性に精通しているとは言い難い裁判官により適法性判断がなされた場合には、このような諸要素について、必ずしも適切な評価を得られるとは限らないことから、捜査機関においては、これらの諸要素の適切な確認・考慮を怠り、捜索現場で発見されたデジタル証拠を、安易に全て差し押さえるような態様の押収手続を執ることは、基本的には許されないものと考えるべきであろう[6]。

　判例は、令状により差し押さえようとするパソコン、フロッピーディスク等の中に被疑事実に関する情報が記録されている蓋然性が認められる場合において、そのような情報が実際に記録されているかをその場で確認していたのでは記録されている情報を損壊される危険があるときは、内容を確認することなしに当該パソコン、フロッピーディスク等を差し押さえることが許容され得るとし[7]、また、第三者の大量のデータが保存されていたサーバを、

（5）　最（三小）決昭和44年3月18日刑集23巻3号153頁（國學院大學映研フィルム事件）。
（6）　デジタル証拠の差押えに際しての関連性判断の適法性が争われ、手続が違法とされた事案として、東京地決平成10年12月27日判時1637号152頁。
　　同事案では、プロバイダが管理する多数のフロッピーディスクを差し押さえたところ、差し押さえられたフロッピーディスクのうちに、事件と無関係の会員428人の管理に係るデータが記録されたフロッピーディスクが多数存在していたことを理由として、その差押えの適法性が準抗告で争われ、裁判所は、差し押さえたフロッピーディスクには被疑者に関するデータ以外にも無関係の他の会員のデータが多数収録されており、これら他会員に係るデータが収録されたフロッピーディスクは被疑事実との関連性が無いことを理由として差押え手続を違法とした。
　　この決定については、無関係の第三者の情報保護という利益と比較した場合には、それら第三者の情報が含まれるフロッピーディスクを差し押さえた点については相当性を欠くという趣旨ならば正当と言える余地もあるとの指摘もあるが（井上正仁「コンピュータ・ネットワークと犯罪捜査（上）」法学教室244号（2001年）60頁）、本決定がそのような検討を経て下された形跡はなく、前掲注(2)最（二小）決平成10年5月1日との整合性という点からも、その論拠と結論の妥当性には疑問が残る。

サーバごと包括的に差し押さえた手続きの適法性が争われた事案において、「電磁的記録に係る記録媒体の差押えにおける差押えの対象は、記録媒体に保存されている個々の電磁的記録ではなく、記録媒体そのものであ」り、したがって、「保存されている情報の中に被疑事実と関連性のある情報が含まれている以上、他に被疑事実と関連性のない情報が保存されていたとしても、当該記録媒体と被疑事実との関連性が否定されるものではな」いとして、デジタル証拠の差押えについては、そこに記録されているデジタルデータの一部であっても被疑事実との関連性が認められるものがあれば、他に記録されているデジタルデータに被疑事実との関連性が認められずとも、差押え自体は適法であるとの原則論を示し、仮に本体の差押えに代わる替的手段が存在したとしても、「電磁的記録に係る記録媒体については、差押状を執行する段階で、差し押さえるべき記録媒体の差押えに代え、記録媒体に記録された電磁的記録の全部又は一部の複製物を作成してこれを差し押さえる方法もあるが（刑事訴訟法法222条1項、110条の2）[8]、捜査の目的に照らし、この方法が常に有用、適切であるとは限らず、法文上も、上記の処分は、記録媒体自体の差押えの代替的な処分と位置付けられ、これを選択するか否かは、差押えをする者の裁量に委ねられてい」るとして、押収手段の取捨選択については、令状執行に当たる捜査官の裁量に委ねられているという立法趣旨に沿った解釈を示した上で、上記差押えについては、被疑事実の内容やそれから想定される要証事項に鑑み、被疑者らが業務に関連して作成、保存していた電磁的記録のうち、相当広範囲のものが被疑事実との関連性を有していたと考えられることや、同サーバに保存されている電磁的記録が相当多量

（7）　前掲注(2)最（二小）決平成10年5月1日。

（8）　捜査機関が、裁判官に対して差押許可状を請求する前に、差押えの対象物の管理者等に対し、捜査上必要なデジタルデータを具体的に特定した上で、差押許可状を請求する予定である旨を連絡し、これを受けた管理者等において、管理しているデジタルデータの中から該当するものを抽出して別の電磁的記録媒体（フラッシュメモリやDVDディスク等）に記録し、その手筈が整った段階で、捜査機関が当該電磁的記録媒体を対象物とする差押許可状の発付を受けて、上記管理者等の立会いの下で当該電磁的記録媒体を差し押さえるという方法であり、従来から、携帯電話会社やISP（インターネット・サービス・プロバイダ）、SNS等の事業者が管理している顧客の通信履歴を差し押さえる場合に用いられてきた。

であり、捜査官らが、差押えをする場で直ちに記録媒体の内容等を把握し、保存されている電磁的記録のうち収集が必要なものの範囲や、記録媒体自体の差押えに代えて複写等の代替的方法を選択することの適否を的確に判断することは容易ではなく、電磁的記録という対象の性質上、複写等の作業の過程で情報の毀損、改変が生じる可能性もある等の事情に鑑みれば、捜査官らが、複写等の代替的方法を選択することなく記録媒体（サーバ）自体を差し押さえた点に裁量逸脱の違法はないとした[9]。

　こうした判例の判断・解釈の傾向は、いずれも、デジタル証拠の押収手続に関する改正刑事訴訟法の立法趣旨を踏まえ、前記のようなデジタル証拠の特殊性を正当に考慮することで現実的な結論を導くもので、デジタル証拠の押収手続の指針として適切と評価できるであろう[10]。

2　デジタル証拠に対応する現行刑事訴訟法上の諸制度

　デジタル証拠には、膨大かつ多様な情報が蓄積されているのが常態である上、前記のとおり、サイバー犯罪の証拠であっても、当該犯罪とは全く無関係の多数の第三者に係る情報が併存して記録されていることが多く（多数の利用者によって同時並行的に利用されることが想定されている ISP やクラウド・サービスの提供事業者が管理するサーバはその典型である。）、情報処理の高度化等に対処するための刑法等の一部を改正する法律（平成23年法律第74号）による刑事訴訟法改正（以下、「平成23年改正」という。）の施行前までは、そのようなサーバ等を対象とする処分を行う場合に、どのようにして第三者の権利保護を図るかが大きな課題となっていた。

（9）　前掲注(2)大阪高判平成30年9月11日。
（10）　商業用に供されているサーバについては、設置主体である事業者は、捜査機関からの任意の照会に対し、セキュリティ上の観点から設置場所の回答を拒絶することが多く、設置場所に関する資料を別途入手していない限り、そのようなサーバの差押えを執行することは事実上不可能であると思われる（前掲注(2)大阪高判平成30年9月11日の事案において捜査機関がサーバを差し押さえたのは、捜索対象となった会社の事務所内に、同社が提供していたインターネット・サービスのためのサーバが物理的に設置されていたという事情の存在が大きい）が、実際の捜査現場においては、任意処分を含む他の押収手段が執られる場合も多く、この問題が顕在化する事案はそれほど多くないと推察される。

　すなわち、平成23年改正前までは、インターネットを介したデータのダウンロードのように、ネットワークに接続されたコンピュータを使って他のコンピュータにアクセスし、その内部データを取得すること（リモート）自体は容易であっても、コンピュータ・ネットワークの一部を構成するコンピュータないしコンピュータ・ネットワークそのものに対する処分が、常にネットワーク全体に即時に影響を与え、ネットワークを構成する他のコンピュータ等の管理者らの利益にも影響を及ぼす場合があること等にかんがみ、捜査の対象として、ネットワーク上に保存・流通しているデジタルデータを強制処分によって取得することについては消極的な見解が支配的であった[11]。

　このような問題に対し、立法的解決を与えたのが、平成23年改正によって導入された以下の諸制度であるが、各制度の概要については第8章にて詳述されているところに譲り、以下では、各制度における証拠収集手続上の問題点ないし留意点に焦点を当てて述べることとする。

(1)　電磁的記録に係る記録媒体の差押えの執行方法（110条の2、222条1項）

ア　補充性の要否

　222条1項において準用する110条の2の処分（以下単に「110条の2の処分」という。）は、デジタルデータの記録媒体自体の差押えが可能である場合であっても、前記趣旨に基づき、より侵害的でない方法を選択して差押えをすることを可能とした規定であるが、これにより、電磁的記録に係る記録媒体自体の差押えを行う場合には、110条の2の処分を原則とし、これができない又は適当でない場合に限り、例外的に記録媒体自体の差押えをすることができると解すべきか、両者の関係性が問題になる。

　この点、差押えの対象が特定のデジタルデータであったとしても、デジタルデータはその性質上、原本性をそれ単体だけで判断することが難しく、記録媒体自体の物理的特徴や他に記録されている情報[12]を踏まえて初めてその

---

(11)　古田佑紀「コンピュータネットワーク上の捜査と第三者の保護」『松尾浩也先生古稀祝賀論文集 下巻』（1998年、有斐閣）200頁。

原本性が明らかになる場合もあることから、このような比較判断を差押えの執行現場で行うことは困難な場合が多く、仮に被差押者等の関係者から原本である旨の供述が得られたとしても、その供述の真偽を執行現場で判断することも困難な場合が多い上、記録媒体自体が重要な意味を持つ場合も少なくないこと、法文上も「できる」と規定されていること等に照らせば、110条の2の処分は、差押えに当たっての原則的形態ではなく、いずれの方法を選択するかは、基本的に差押えをする者の裁量に委ねられると解するのが相当である[13]。

イ　処分の態様

差し押さえるべき記録媒体に記録された電磁的記録を他の記録媒体へ複写、印刷又は移転することができるとされているところ、110条の2第1号では、差押えをする者が直接これらの行為をする場合を規定し、同第2号では、被差押者にこれらの行為をさせる場合が規定されている[14]。

「複写」とは、差押えの対象となるデジタルデータを元の記録媒体に残したまま、他の記録媒体上に同一内容のデジタルデータを新たに創出させること、「印刷」とは、差押えの対象となるデジタルデータを出力して紙類に顕現させること[15]、「移転」とは、差押えの対象となるデジタルデータを元の記憶媒体から消去すると同時に他の記録媒体上に同一内容のデジタルデータを新たに創出させることをいう。

複写、印刷又は移転のいずれを選択するかは、差押えをする者の裁量判断に委ねられていると解されるが、その選択に際しては、110条の2の処分の

---

(12)　自動生成ログのファイルや、場合によっては、ファイルスラック領域（あるファイルの上に、それよりサイズの小さいファイルを上書きした場合に、ハードディスクのクラスタ内に残る元データの残骸部分。この領域に意図的にデータを残すことは非常に難しいとされる。）の情報等が想定できる。

(13)　前掲注(2)大阪高判平成30年9月11日参照。

(14)　1号と2号のいずれの方法によるかは、差押えをする者が判断・選択することとなるところ、裁判所（裁判官）による公判廷での差押えについても同様である（本文後段）。

(15)　デジタルデータの出力には、いわゆるバイナリ状態での出力と、特定のアプリケーション環境を介して可視化・可読化された状態での出力との2つの態様があるが、差押えの目的が刑事手続における「証拠」の収集にあることに照らせば、ここで想定されている「印刷」は後者の意味と解するのが相当である。

選択時と同様に、被差押者に及ぼす不利益等をも考慮して選択する必要があろう[16]。

複写又は移転させる「他の記録媒体」は、差押えを受ける側が用意する場合もあれば、差押えをする側が用意する場合もあり得るが、いずれの場合であっても、差押えをする者は、差し押さえるべき記録媒体（元の記録媒体）に記録されたデジタルデータを他の記録媒体に複写又は移転して、その「他の記録媒体を」取得するという一連の手続きを強制的に行うものであるから、ここでいう「差押え」は、当該「他の記録媒体」の取得過程手続の全体を意味すると解するのが相当であり、したがって、複写又は移転の前段階のみに違法がある場合には、「他の記録媒体」への複写又は移転行為自体に違法性が認められなくとも、証拠能力が否定される場合があり得ることに留意する必要がある。

ウ　不服申立

検察官、検察事務官又は司法警察職員がした「押収……に関する処分」に対しては、準抗告をすることができる（430条1項、2項）ところ、222条1項（110条の2準用）の処分も、形式的な文言上は、ここにいう「押収……に関する処分」に当たると考えられる。

したがって、前記ア及びイに関連して、110条の2の処分で足りるにもかかわらず、記録媒体自体を差し押さえた場合、あるいは、「他の記録媒体」にデジタルデータを複写すれば足りるにもかかわらず、（元の記録媒体から当該デジタルデータを消去して）それを移転により差し押さえた場合、これらの処分に対する準抗告（430条1項、2項）が認められるか否かが問題となり得るが、110条の2の処分が可能な場面は、記録媒体自体を差し押さえることもできる状況である上、その差押えの方法及び態様の選択は、執行現場の具体的状況によって左右されることから、基本的には捜査機関の判断に委ねる

---

(16)　事後的評価で最良とは言えない方法とされたとしても、直ちに処分が違法とされるものではなく、仮に、当該処分が違法であると評価されたとしても、憲法35条及びこれを受けた刑事訴訟法218条1項等の所期する令状主義の精神を没却するような重大な違法があり、これを証拠として許容することが、将来における違法な捜査の抑制の見地からして相当でないと認められるような場合（最（一小）判昭和53年9月7日刑集32巻6号1672頁）でない限り、証拠能力までは否定されない。

のが適当であって、仮に事後的に見た時に当該処分が110条の2の処分でも足りたことや、移転の代わりに複写でも足りたと認め得るような場合であっても、これらを理由とした準抗告は、原則として認められないと解すべきである[17]。

(2)　電気通信回線で接続している記録媒体からの複写（リモート差押え。218条2項）

ア　趣　旨

平成23年改正による本制度の新設前は、ネットワークに接続されたコンピュータに対する強制処分を実施する際、同じネットワーク内に接続された別のコンピュータ又は記憶装置に、犯罪の証拠たるデジタルデータが存する蓋然性が強く認められたような場合であっても、捜査機関は、その証拠たるデジタルデータが実際に記録されているコンピュータ又は記憶装置を対象とした新たな令状の発付を受けた上、それらが所在・設置されている場所に赴いた上で、捜索・差押等の強制処分を行わなければならないとするのが通説的見解であったが[18]、デジタルデータをコンピュータ・ネットワーク越しに利用する形態が一般化した近年は、差押え等の対象とする記録媒体を特定することの困難性や、その消去・改変・隠匿の危険性がより高まり、令状記載の場所に所在するコンピュータやこれに付属する記録媒体等を差し押さえる方法だけでは捜査目的を達成できない場合が増加することが懸念されたことから、差押対象物が電子計算機であるときは、当該電子計算機とネットワークで接続された他の記録媒体に記録されている電磁的記録を当該電子計算機又は他の記録媒体に複写した上で差し押えることができるよう、リモート差押えが導入された。

---

(17)　捜査機関が裁量を著しく逸脱したことが明らかに認められるような態様で記録媒体を差し押さえたような場合、権利侵害を受けた者が準抗告をすることができる場合もあろうが、裁量逸脱の違法は個別事案における諸事情を総合して判断されるもので、110条の2の処分の選択に関する準抗告を認めるか否かの原則論とすべきではない。

(18)　最初の令状によって処分対象とされたコンピュータ等を操作して、デジタルデータの記録先のコンピュータ又は記憶装置に対して強制処分の効力を及ぼすリモートは認められないとするのが通説であった。

イ　憲法35条との関係

　リモート差押えについては、令状主義を定める憲法35条との関係をどのように解するかが問題となるところ、リモート差押えは、前記のような現在のコンピュータの利用形態に即し、コンピュータの差押えの範囲をこれと一体的に使用されている記録媒体にまで拡大しようとするものであって、リモート差押えをするためには、裁判官の発する令状に、「差し押さえるべき物」であるコンピュータのほか、「差し押さえるべき電子計算機に電気通信回線で接続している記録媒体であつて、その電磁的記録を複写すべきものの範囲」を記載しなければならないこととされ（219条2項）、司法審査を経て、複写の対象となる記録媒体が特定・明示されているから[19]、憲法35条1項の要請を満たすものと言える。

　同様に、憲法35条2項との関係についても、リモート差押えの対象となる記録媒体は、差し押さえるべきコンピュータとは物理的には異なるものの、前記のとおり、機能的・概念的にはコンピュータと一体として使用されているものであって、認知すべき事項が存在する蓋然性も両者に共通して認められることは明らかであるから、差し押さえることについての「正当な理由」の有無の判断は、差し押さえるべきコンピュータと一体として行うことができると考えられるので[20]、リモート差押えの令状は、憲35条2項の趣旨を満たすものと言える。

---

(19)　憲法35条1項が、正当な理由に基づいて発せられ、かつ、捜索する場所及び押収する物を明示する令状を要求している趣旨は、場所及び目的物について、捜索・押収をする根拠が存在することをあらかじめ裁判官に確認させ、それを令状の上に明示させて、その範囲においてのみ捜索・押収をすることを捜査機関に許すことにより、捜査機関の恣意を防止しようとする点にあると考えられる（井上正仁『捜査手段としての通信・会話の傍受』（1997年、有斐閣）38頁）。

(20)　憲法35条2項が捜索・押収について各別の令状を要求している趣旨は、場所や対象が別個であったり、あるいは、同一の場所や対象でも機会が異なれば、そこに特定の目的物があり、あるいは関連性のある事項が認知できる蓋然性（「正当な理由」の有無）の判断も異なってくるのが通常であることから、それぞれについて、その都度、「正当な理由」の有無を裁判官が確認した上で、捜索・押収の処分を許すことにさせようとする点にあると考えられる（井上正仁『強制捜査と任意捜査［新版］』（2014年、有斐閣）411〜412頁）。

ウ　リモート差押えの対象等

　リモート差押えの対象となる記録媒体は、「当該電子計算機に電気通信回線で接続している記録媒体であつて、当該電子計算機で作成若しくは変更をした電磁的記録又は当該電子計算機で変更若しくは消去をすることができることとされている電磁的記録を保管するために使用されていると認めるに足りる状況にあるもの」であり、「作成」とは、記録媒体上に新たに電磁的記録を存在するに至らしめること、「変更」とは、記録媒体上に存在している電磁的記録に改変を加えること、「消去」とは、記録媒体上に存在している電磁的記録を消すことをいう。

　記録媒体が、差押対象物たるコンピュータで作成・変更した電磁的記録を「保管するために使用されていると認めるに足りる状況にある」か否かは、当該コンピュータやその接続回線の使用状況等に照らし、その蓋然性が認められるか否かで判断される[21]。

　なお、リモート差押えの対象物は、令状に記載された「差し押さえるべき電子計算機に電気通信回線で接続している記録媒体」であるが、後記のとおり、そこからの複写は「その電磁的記録を複写すべきものの範囲」（219条2項）に限定されることから、例えば、当該範囲が令状に記載された特定のアカウントによって画定されている場合には、仮に、令状執行時において、接続先の記憶媒体に複数のアカウントに係るデジタルデータが存在していることが判明したたとしても、令状に掲げられていないアカウントに対応するデジタルデータまで複写することが許されないことは当然である。

エ　「複写」することができる電磁的記録

　リモート差押えにより複写することができる電磁的記録は、「その電磁的記録」、すなわち、「当該電子計算機で作成若しくは変更をした電磁的記録」又は「当該電子計算機で変更若しくは消去をすることができることとされて

---

(21)　例えば、差押対象物たるコンピュータにクラウド・サービス（iCloudやGoogle Drive等）のアカウントが設定され、その利用のためのアプリケーションがインストールされている場合には、そのアカウントに対応するクラウド・サービスの記憶領域は、当該コンピュータで作成・変更したデジタルデータを保管するために使用されている蓋然性が認められる場合が多いであろう。

いる電磁的記録」であるが、リモート差押えの対象物はあくまで、「電磁的記録を複写した記録媒体」であり、電磁的記録（デジタルデータ）自体ではないことに留意する必要がある。

　また、「複写」とは110条の2の処分の場合と同義であるが、110条の2の処分と異なり、リモート差押えの場合には、複写元の電磁的記録を他の記録媒体（差し押さえるべきコンピュータ）上に存在するに至らしめると同時に元の記録媒体から消去するという意味での「移転」を218条2項の処分としてはすることができない。

　もっとも、コピー防止に使用されるDTCP（Digital Transmission Content Protection）技術が施されたデジタルデータ（代表的なものとしては、家庭内での孫コピー作成を禁じている地上・BS・CSの各デジタル放送の映像データがある）については、リモート接続先の記憶媒体から差し押さえるべきコンピュータ（複写先）に複写すると、自動的に記録元の記憶媒体から消去される技術仕様であるため、現象的には「移転」と同じ結果が生じるが、この場合には、リモート差押えをする者が積極的に複写元の記録媒体からデジタルデータを消去するものではなく、あくまで、「複写」に伴う技術的な反射的効果として消去が生じていると見ることもできることから、法的には「移転」ではなく「複写」と評価するのが相当であろう。

　次に、差押えは、「証拠物又は没収すべき物と思料するもの」を対象とする処分であり（99条1項）、被疑事実との関連性があると思料されないものを差し押さえることは許されないと解されており、一般的には、関連性の有無を検討・判断することなく、複写元（リモートアクセス先）の記録媒体に記録されている電磁的記録の全てを複写した上でそのコンピュータを差し押さえるような態様のリモート差押えは認められないが、リモート差押えの複写元の記録媒体は、膨大な数量の電磁的記録が記録されていることが多く、しかもその電磁的記録の大部分は、可視化・可読化のためのアプリケーション等を介さない限りその内容を五感の作用で覚知することができないため、差押えの現場において、それらの電磁的記録の全てについて、逐一、被疑事実との関連性の有無を確認すべきというのは、捜査の迅速性を阻害し、リモート差押え導入の趣旨にも反する。

　そこで、差押えの現場において、被疑事実との関連性があると思料される電磁的記録とそれ以外の電磁的記録との区別が容易であるにもかかわらず、捜査機関において、被疑事実の捜査目的以外の目的をもって、殊更に、被疑事実との関連性がないと思料される電磁的記録の複写に及んだような場合でなければ、複写された電磁的記録の中に結果的に被疑事実との関連性に乏しい電磁的記録が含まれていたとしても、基本的にはそのリモート差押え手続が違法性を帯びることはないと解するのが妥当である[22]。

オ　「複写」と差押えとの先後関係等

　リモート差押えは、対象となる電磁的記録を差押対象物たる「電子計算機又は他の記録媒体に複写した上、当該電子計算機又は当該他の記録媒体を差し押さえる」と規定されている文言からも明らかなとおり、差押えの前に電磁的記録の複写がなされることが前提とされる類型の強制処分である。

　したがって、例えば、他の場所で別の手続きにより一旦押収したコンピュータを事後的にネットワークに接続した上、そのコンピュータが押収前にネットワークで接続していた記録媒体にアクセスし、あらためて接続先の記録媒体上の電磁的記録をそのコンピュータに複写（ダウンロード）することは、リモート差押えとは異なり、現行法では認められていない類型の強制処分になると言わざるを得ない。

　また、別の手続きにより一旦押収したコンピュータについて、押収前の接続先の記録媒体との接続状況等を「検証」するとして、実際に当該コンピュータを当該記録媒体にリモート接続して、当該記録媒体上の電磁的記録を当該コンピュータ又は他の記録媒体に複写（ダウンロード）して取得することは、現行法上認められていない類型の強制処分を別の強制処分類型である検証によって実現する（しようとする）もので、強制処分法定主義に抵触するおそれがあるだけでなく、場合によっては令状主義の潜脱を意図したとして、その電磁的記録を複写したコンピュータ又は他の記録媒体のみならず、その電磁的記録を元に得られた他の証拠についても証拠能力が否定されることがあり得る[23]。

---

(22)　前掲注(2)最（二小）決平成10年5月1日、前掲注(2)大阪高判平成30年9月11日参照。

カ　リモート差押えにおける海外所在の記録媒体からの複写の可否

　インターネットに接続されたコンピュータのデータは国境を越えて流通することが当然に予定されていることから、そのコンピュータを対象とする強制処分の執行に当たっては、国境越え捜査の問題に関する検討が不可避である。

　この問題は、一般的には、捜査機関が、自国内で、インターネットに接続された端末から外国に設置されたコンピュータ等に集積されたデータにアクセスすることが可能か否かという問題として論じられることが多いところ、議論の詳細及び政策論については第10章で詳述されているところに譲り、以下では、もっぱら証拠収集手続の適法性及び証拠能力判断について焦点を当て述べることとする。

　証拠収集手続の適法性を否定的に解する見解は、日本の裁判官が発付した令状の効力は、他国の主権下にある人又は器物には当然には及ばないことから、リモート差押えに係る複写を行おうとする場合にあっては、他国の主権侵害を生じないよう、コンピュータ又は他の記憶媒体に複写しようとする電磁的記録の保存先の記憶媒体が日本国内に設置されているのか、それとも海外に設置されているのかを慎重に見定めてからリモート差押えに及ぶべきであって、一般的には、仮に複写しようとする電磁的記録が海外に設置された記憶媒体に保存されている可能性が否定できないのであれば、利用者又は管理者の任意の同意が得られない限り、その機器からの複写は差し控えるのが相当であるとし[24]、あるいは、従来、日本の司法官憲が外国所在の人や物を対象として捜査活動、取り分け、強制処分を実施しようとする場合には、当該相手国政府に対し、国際捜査共助や司法共助を依頼し、その相手国政府の司法当局等によって該処分を行ってもらってきたことや、任意処分に関しても、当該相手国政府機関により行ってもらうか、又は、許可を受けた上で、自国からの捜査員派遣による任意捜査をすることが必須要件とされてきたこ

(23)　東京高判平成28年12月7日高刑集69巻2号5頁参照。
(24)　河村博＝上冨敏伸＝島田健一編『概説サイバー犯罪』（2018年、青林書院）263〜265頁〔島田健一〕。

と等を論拠とする[25][26]。

　このような観点から、海外所在のストレージに保存されているデータを捜査機関が取得したことにつき、「……そのサーバが外国にある可能性があったのであるから、捜査機関としては、国際捜査共助等の捜査方法を取るべきであった」として、他の事由とともに違法理由の1つに挙げた上、取得したデータ及びその派生証拠の証拠能力を否定した裁判例もある[27]。

　これに対し、リモート差押えの対象が一定範囲にとどまる限り、外国の捜査機関であっても、物理的な意味で他国の主権下に存在するコンピュータや記憶媒体に、コンピュータ・ネットワークを介して直接アクセスすることが許されるとして、証拠収集手続の適法性を肯定的に解する見解も有力である[28]。

　思うに、コンピュータ・ネットワークの最大の特徴は、その利用者が、現実的・物理的なデジタルデータ（電磁的記録）の保存場所という地理的要素を意識することなく、そのデジタルデータの利用を可能とする点にあり、国家という枠組みで見た時には、「国境」という主権を画する最重要要素に関係なく、世界中のどこからでも、地理的には他国の領域内に存在する情報にアクセスすることが可能な電気通信システムであると言うことができるのであって、このような特徴に鑑みれば、そもそも論として、基本的に自国の主権下でのみ認められる裁判権しか行使し得ない裁判所が、被侵害国からの何らのアクションもなされていない段階で、コンピュータ・ネットワーク、取り分け、インターネットが原理的に無視している国境及び主権に対する侵害という概念を、自国内での証拠収集手続の適法性判断（及び証拠能力判断）に際して一方的に考慮・反映させることには強い疑義を抱かざるを得ない。

---

(25)　古田・前掲注(11)201頁註。
(26)　河博＝上冨＝島田編・前掲注(24)265頁註30〔島田〕。
(27)　前掲注(23)東京高判平成28年12月7日。
(28)　これらの見解は、リモート差押えによる複写処分が許可された捜索差押許可状に基づく執行であることを強調し、あるいは、実際に捜査員が相手国内に立ち入るわけではなく、ネットワークを通じて対象サーバにその本来予定している動作をさせるに過ぎず、国家主権を実質上侵害するものではないとして許される余地は十分あること等を論拠とする。

　実際、司法権の立場からも、証拠能力判断に主権侵害を反映させることについては、「我が国の捜査官が当該外国の承認を得ることなく、外国において、捜査官としての資格で捜査をした場合には違法捜査の問題が生じよう。この場合には、捜査官の行為は、当該外国の主権を侵害し、国際法上も違法であると考えられるばかりでなく、我が国の刑事訴訟法の適用が制限されている場合であるから、捜査手続は違法といわざるを得ないであろう。そうすると、我が国の捜査官が当該外国の承認なく作成・収集した証拠能力の問題は、違法収集証拠の証拠能力の問題となろう。違法に収集した証拠の証拠能力はすべて否定されるものではなく、一定の要件がある場合にのみ否定されるとするのが最高裁判所の判例であるところ、この場合の違法性は、外国の主権侵害という点にあり、実質的に刑事訴訟法に準拠した捜査が行われている限り、被疑者・被告人の権利が侵害されるということはあり得ないから、証拠能力を否定すべき理由とはなり得ないものと思われる。そればかりではなく、このような違法性を主張し得る当事者適格（standing）が被告人にあるかどうかも疑問である。」との見解[29]も示されているところである[30]。

　このような観点からすれば、リモート差押えによって収集された証拠については、我が国の刑事訴訟法が定める手続要件を充足している限り、基本的には、他国の主権への抵触の有無をその証拠能力判断に反映させるべきではなく、まして、前記裁判例[31]のように、証拠収集手続の適法性判断に際して、何らの限定を付すこともなく単に「国際捜査共助等の捜査方法」を取るべき

---

(29)　渡邊忠嗣＝堀籠幸男『刑事裁判手続における渉外関係上の諸問題』〔司法研究報告書第30輯第2号〕85頁。

(30)　類似の観点から、「国外にある記録媒体へのアクセスが外国の主権を侵害することになるのかは、国際的に見解が一致しているものではない。さらに、仮に主権侵害に該当するとの立場に立ったとしても、具体的事情の下では主権侵害に該当しないと判断されることもあり得る。いずれにせよ、他国にアクセスを行うことが主権侵害であると評価される可能性があるのだとしても、主権を侵害されない利益は国家によって放棄可能であり、アクセスを受ける国がアクセスを行う国の捜査行為を了解さえすれば、主権の問題は回避できる。」、「特に最近のクラウドにおいては、サーバがどの国に置かれているのか分からない場合がほとんどであり、同意を求めようにも求める相手が分からない状態があり、国境を越えてデータにアクセスする場合にデータの所在する国に許可を求めるのは現実的ではない側面もある。」とする見解もある（河村＝上冨＝島田編・前掲注(24)156～157頁〔大原義宏〕）。

とし、それが取られていないことを理由のひとつとして証拠能力を否定するというのは、対象とするデジタルデータを保存した記憶媒体の所在地が、我が国と国交がなく、かつ、国際刑事警察機構（ICPO）にも加盟していない国又は地域であった場合[32]に、事実上、我が国の捜査機関がそれらの国又地域に物理的に所在する記録媒体に保存されているデジタルデータの取得を断念すると宣言するのに等しいという弊害すら生じさせかねないことから、その論理を首肯することはできない。

(3)　記録命令付差押え（99条の2、218条1項）

ア　趣　　旨

差押えを受ける相手方が基本的に協力的で、捜査機関が求めるデータを他の記録媒体に抽出・記録することを厭わず、その記録媒体に対する差押えであれば順応的態度を取ることが予想される場合[33]には、元の記録媒体自体を差し押さえることなく、相手方の協力を得てデータを抽出・記録して証拠化できれば捜査目的を達することができるような手続きを用いることが望ましい。

このような趣旨から、平成23年改正においては、電磁的記録の保管者等をして、必要な電磁的記録を記録媒体に記録させた上、当該記録媒体を差し押さえることを可能にする記録命令付差押えが導入された。

イ　処分の相手方

記録命令付差押えの相手方となる「電磁的記録を保管する者」とは、電磁的記録を自己の実力支配内に置いている者をいい、「電磁的記録を利用する権限を有する者」とは、電磁的記録が記録されている記録媒体にアクセスし

---

(31)　前掲注(23)東京高判平成28年12月7日。

(32)　2020年8月現在、我が国と国交を樹立しておらず、かつ、国際刑事警察機構にも加盟していない国又は地域には、朝鮮民主主義人民共和国、北キプロス・トルコ共和国などの5ヶ国がある。

(33)　携帯電話会社やインターネット接続プロバイダ等の電気通信事業者の場合には、捜査機関から契約者の通信履歴データについて任意の提出要請を受けても、事後に法的問題が生ずる可能性を懸念し、原則としてこれに応じることはないという方針を確立しているが、そのような事業者であっても、裁判官の発する令状があれば、捜査機関が求めるデータをフラッシュメモリや光ディスク等の小型記録媒体に記録した上、当該記録媒体の差押えを受けるという対応を取る場合が多い。

て当該電磁的記録を利用することを適法になし得る者をいう。

　後者については、対象となる電磁的記録を排他的に管理する権限を有していることまでは不要であり、単に当該電磁的記録を利用できる権限（ユーザー・アカウント）を有することをもって足りる。

ウ　処分の内容

　「記録させ」るとは、特定の記録媒体に保存されている電磁的記録を内容の同一性を保ったまま他の記録媒体に複写させることや、暗号化されている電磁的記録を復号させて他の記録媒体に記録し直させることのほか、複数の記録媒体にまたがって記録されている電磁的記録を抽出・統合させた電磁的記録を作成させ、これを他の記録媒体に記録し直させることも含み[34]、「印刷させ」るとは、ある記録媒体に記録されている電磁的記録を紙媒体等に刷り出すことをいう。

エ　110条の２の処分との相違点

　記録命令付差押えと110条の２の処分とは、いずれも、原本性のある記録媒体自体を差し押さえることなく、必要な電磁的記録のみを取得する手続きである点で共通しているが、110条の２の処分では、必要な電磁的記録を他の記録媒体に「移転」することができるとされているのに対し、記録命令付差押えで命じることができるのは、電磁的記録を記録媒体に「記録させ、又は印刷させ」ることであり、電磁的記録の「移転」を命じることはできない。

　したがって、例えば、著作権法に反して不正に複製された電磁的記録のように、対象とする電磁的記録を被処分者の元に残しておくことが不適切と考えられるような場合には、記録命令付差押えではなく、110条の２の処分のうち「移転」を選択することが相当であると考えられる。

　また記録命令付差押えは、管理権を持つ被処分者をして電磁的記録を記録又は印刷させる手続きであるから、命令主体である裁判所や捜査機関において、原本性のある記録媒体の所在を特定・把握する必要性に乏しく、必要な電磁的記録が記録されている記録媒体の物理的・場所的特定までは不要であ

---

(34)　例えば、インターネット接続プロバイダに対し、その保有するIPアドレスの利用者への割当記録の中から、ある期間内に特定の利用者に対して割り当てたIPアドレスの記録だけを抽出させ、それを別の記録媒体に記録し直させる場合が想定される。

るが（したがって、前記のとおり、物理的存在として異なる複数の記録媒体に分散して記録されている電磁的記録から、必要な電磁的記録だけを抽出・統合させて記録させることも可能である）が、110条の2の処分は、あくまで差押えの方法として位置付けられているため、前記のとおり、対象となる記録媒体自体が物理的・場所的に特定されている必要がある。

（しまだ・けんいち）

第10章
サイバー犯罪対策の国際協力の枠組み

中央大学法学部兼任講師 　川 澄 真 樹

1 はじめに

　サイバーの世界では犯罪が実行される場所とその結果が発生する場所が国境を越えることがあり、さらには犯罪の実行とその結果の発生場所が同一国であってもその過程で外国のサーバー等への経由がなされているということもある。例えば、海外から我が国の企業や政府機関に不正アクセスがなされた場合にその証拠が海外のサーバー等に保存されていたり、児童ポルノ画像を日本国内で頒布している場合であっても重要な証拠が海外のサーバー等に所在する場合などが考えられる。このように、国境・法域を容易に越えるサイバー犯罪に対抗するためには、一国だけの対策や取組みでは限界があり、より効果的・効率的な国際的な協力枠組みを構築することが求められる。以下ではサイバー犯罪対策の国際協力の枠組みについてみていくこととする。

2 サイバー犯罪条約

　国境を越えて行われるサイバー犯罪の捜査においては、国際的な捜査協力体制を整え、これを拡充することが不可欠である。そこで、我が国は、サイ

バー犯罪捜査においては、「サイバー犯罪に関する条約」（サイバー犯罪条約）
に加盟し、平成24年からその効力が発生している。このサイバー犯罪条約の
成立の経緯には、以下のような背景・状況があった。すなわち、コンピュー
タ・ネットワークの発展により、世界中でＥメール、インターネット、電
子商取引等が利用可能となる一方で、このようなコンピュータ・システムを
攻撃する、あるいはこれを利用して行われるサイバー犯罪が登場するに至っ
た[1]。そして、このサイバー犯罪の結果は国境を越えて発生し、かつ、広範
な影響を及ぼし得るという特質があるため、サイバー犯罪の防止と抑制のた
めには法的拘束力を有する国際文書を作成の上、国際的に協調して有効な手
段を取る必要性が高いとの認識が欧州評議会において共有されるようになっ
た[2]。その後、欧州評議会では、条約の作成作業が行われ、平成13年にサイ
バー犯罪条約が正式に採択されることとなり、我が国も同年に同条約に署名
したというものである[3]。以下ではサイバー犯罪条約の内容について特に国
際協力の枠組みに関して重要な点を概観することとする。

　サイバー犯罪条約では、まず第１章で各種の用語の定義を行っている（第
１章第１条参照）。そして、第２章では国内的に取る措置として、刑事実体法
で各国が犯罪化することが求められる行為類型を規定しており、そこでは、
違法なアクセス（第２条）、違法な傍受（第３条）、データの妨害（第４条）、
システムの妨害（第５条）、装置の濫用（第６条）、コンピュータに関連する
偽造（第７条）コンピュータに関連する詐欺（第８条）、児童ポルノに関連す
る犯罪（第９条）、著作権及び関連する権利の侵害に関連する犯罪（第10条）
が犯罪化する行為類型として規定されている（第２章第１節）。次に同条約
は、手続法に関して各国が取らなくてはならない措置について定め、捜査ま
たは刑事訴訟のための権限と手続（第14条）、蔵置されたコンピュータ・デー
タの迅速な保全（第16条）、通信記録の迅速な保全及び部分開示（第17条）、
提出命令（第18条）、蔵置されたコンピュータ・データの捜索・押収（第19

（１）　外務省「サイバー犯罪に関する条約の説明書」１頁。https://www.mofa.go.jp/
　　mofaj/gaiko/treaty/pdfs/treaty159_4b.pdf
（２）　外務省・前掲注(1)1頁。
（３）　外務省・前掲注(1)1頁。

条）、通信記録のリアルタイム収集（第20条）、通信の内容の傍受（第21条）について必要な立法その他の措置を取ることなどを定めている（第2章第2節）。

　そして、同条約では第3章で国際協力について規定している。そこでは、まず、一般的にコンピュータ・システム、データに関連する犯罪に関する捜査や刑事訴訟、電子証拠の収集のためにできる限り広範に相互協力すること（第23条）、相互援助に関する一般原則（第25条）、自国の捜査の過程で入手した情報を他の条約締約国に開示することが当該締約国による本条約に従って定められる犯罪に対する捜査等で役立つ可能性がある場合、または、開示により締約国が協力要請をする可能性がある場合に自国の国内法の範囲内で当該締約国に自発的に情報を提供することができること（第26条第1項）が定められている（第3章第1節）。そして、暫定措置に関する規定として、他の条約締約国内の蔵置されたコンピュータ・データであり、捜索・押収、開示等のために相互援助の要請を行う意図があるものについて迅速な保全命令の発出等を要請することができること（第29条第1項）、要請を受けた締約国は特定の通信に関する通信記録の保全のための要請を実施する過程において、他国のサービス・プロバイダが当該通信の伝達に関与していたことが判明した場合、要請国に対して当該プロバイダと当該通信が伝達された経路特定のための十分な量の通信記録を迅速に開示すること（第30条第1項）が定められている。さらに、他の条約締約国にある蔵置されたコンピュータ・データについての当該締約国へ捜索・押収、開示等の要請を求めることができ（第31条第1項）、さらに、要請を受けた締約国は関連規定に従って要請に応じなくてはならないこと（第31条第2項）などが定められている。また、蔵置されたコンピュータ・データについては、一定の場合に他の締約国の許可なくデータにアクセスすることなどができ、すなわち、(1)それが公に利用可能な蔵置されたコンピュータ・データへのアクセスの場合（データが地理的に所在する場所を問わない）、(2)自国の領域内のコンピュータ・システムを通じて他の条約締約国に所在するコンピュータ・データにアクセスする場合であり、コンピュータ・システムを通じて当該データを自国に開示する正当な権限を有する者の合法的かつ任意の同意がある場合と定められている（第32

条)⁽⁴⁾。この他には、自国に適用される条約と国内法によって認められている範囲内で、コンピュータ・システムによって伝達される特定の通信の内容をリアルタイムで収集しまたは記録することについて相互に援助を提供することとされており（第34条）、さらに、捜査や証拠の収集のために速やかに援助の提供を確保するために常時利用可能な連絡部局（24/7ネットワーク）を指定することなどが求められている（第35条第1項）。加えて、サイバー犯罪条約では、第1節に従って定められる一定の犯罪を行った犯罪人の引渡しに関する規定がなされている（第24条）（第3章第2節）。

　最後に、第4章では最終規定として、効力の発生（第36条）、適用領域（第38条）等について規定されており（第4章）、サイバー犯罪条約は、サイバー犯罪対策における国際協力において、各締約国が取ることができる包括的な手段と枠組みを提供している。

　以上がサイバー犯罪条約の概要である。サイバー犯罪条約は迅速かつ効率的・効果的な締約国間でのサイバー犯罪に関する対応を企図しており、条約の締約国間ではこのような条約の枠組みを利用して証拠を収集するなどしてサイバー犯罪に対する捜査等を実施することが可能である。そして、このサイバー犯罪条約は欧州評議会の国際条約であるが、我が国のように、欧州評議会加盟国以外の国々（米国、カナダ、オーストラリア等）も条約を締約しており、この点にその有効性が指摘されている⁽⁵⁾。しかしながら、日々巧妙化・複雑化するサイバー犯罪に対抗するにはこのような条約による国際的な協力体制だけでは依然として不十分な面がある。そこで、世界各国の関連当局間での情報交換・交流、トレーニング等が重要となり、このような場面で重要な役割を果たしているのがICPOとIGCIである。

（4）　この規定は、いわゆるリモートアクセスに関する問題と関係する。この点に関しては、本書第8章、第12章を参照。
（5）　大原義宏「捜査共助要請」河村博＝上冨敏伸＝島田健一編『概説サイバー犯罪　法令解説と捜査・公判の実際』（2018年、青林書院）153頁。

3 ICPOとIGCI

　ICPO（国際刑事警察機構（International Criminal Police Organization-INTERPOL））とは、各国の国内法の範囲でかつ「世界人権宣言」の精神に基づき、刑事警察間における最大限の相互協力を確保・推進することを目的として1956年に設立された機構である[6]。ICPOには2020年3月末現在194の国と地域が加盟しており[7]、その活動内容は加盟国から提供された国際犯罪及び国際犯罪者に関する情報をデータベースに記録・蓄積するなどして世界的な情報ハブ機能を提供し[8]、さらにテロ犯罪、サイバー犯罪、組織犯罪を中心に情報交換の促進、トレーニング・捜査支援を行うなどしている[9]。我が国では警察庁が国家中央事務局としてICPOに加盟し、ICPOとの情報連絡窓口として機能しており[10]、外国の捜査機関へ捜査協力要請を行い、同時に、外国の捜査機関から捜査協力要請に応じている。また、我が国は、アジア地域内のインターポール国家局等に情報通信に関する技術的指導を行ってきている他、事務総局の主催するサイバー犯罪対策に関する研修へ講師を派遣するなどしてサイバー犯罪対策の分野で積極的な技術協力を進めてきている[11]。

　そして、インターポールの果たす大きな役割の一つが国外逃亡被疑者の所在発見、行方不明者の発見等への協力である。サイバー犯罪においても被疑者が国内に所在するとは限らず、外国に逃亡したり、そもそも外国から犯罪が行われているということがあり得る。また、サイバー犯罪はサイバー空間における犯罪にとどまらず、現実世界での犯罪・被害と相互に複雑に関係し

（6）　警察庁「国際刑事警察機構の概要」 https://www.npa.go.jp/interpol/chapter1.html
（7）　警察庁刑事局組織犯罪対策部国際捜査管理官「2020 国際刑事警察機構 ICPO-INTERPOL」4頁。
　　 https://www.npa.go.jp/interpol/pic1/INTERPOL_Pamphlet.pdf
（8）　警察庁刑事局組織犯罪対策部国際捜査管理官・前掲注(7)6頁。
（9）　警察庁刑事局組織犯罪対策部国際捜査管理官・前掲注(7)9頁。
（10）　警察庁刑事局組織犯罪対策部国際捜査管理官・前掲注(7)2頁。
（11）　警察庁刑事局組織犯罪対策部国際捜査管理官・前掲注(7)11頁。

ていることがある。例えば、児童ポルノ等を作成する目的での略取誘拐や人身取引などが関係している場合もあり得る。そこで、インターポールでは、このような国外逃亡被疑者や行方不明者の所在発見等に努めるべく、国際手配の制度を設けている[12]。国際手配の制度にはまず「国際手配書」があり、これは、国家中央事務局等の要請に基づいてインターポール事務総局が全加盟国に対して発行するものである[13]。国際手配書には、赤手配書、青手配書、緑手配書、黄手配書、黒手配書、オレンジ手配書、紫手配書、インターポール国際連合特別手配書があり、それぞれの手配書の目的・内容についてみると、赤手配書は、引渡しまたは同等の法的措置を目的として、被手配者の所在の特定及び身柄の拘束を求めることができる[14]。青手配書は、事件に関連のある人物の人定、その所在地または行動に関する情報を収集することを目的としており、緑手配書は、罪を犯した者で、その犯罪を他国で繰り返す恐れのある者に関する警告及び情報を提供することを目的としている[15]。黄手配書は、主に未成年の行方不明者の所在の特定または自己の身元を特定することができない者の身元特定のために情報を求めることを目的とし、黒手配書は、身元不明の死体に関する情報を求めるものとされている[16]。さらに、オレンジ手配書は、公共の安全に対し、深刻かつ切迫した脅威となる行事、人物、事物または手口に関する警告を行うことを目的とし、紫手配書は、犯罪者が使用する手口、物、仕掛けや隠匿方法に関する情報を求めるまたは提供することを目的とする場合に用いる[17]。そして、インターポール国際連合特別手配書は、国際連合安全保障理事会の制裁対象である個人や団体に対する情報を提供することを目的としている[18]。また、国際手配書によらない国際手配の方法は「ディフュージョン」と呼ばれ、国家中央事務局等から加盟国に対して直接的に協力要請を行うことができるものである[19]。このような

---

(12)　警察庁刑事局組織犯罪対策部国際捜査管理官・前掲注(7) 7 頁。

(13)　警察庁刑事局組織犯罪対策部国際捜査管理官・前掲注(7) 7 頁。

(14)　警察庁刑事局組織犯罪対策部国際捜査管理官・前掲注(7) 7 頁。

(15)　警察庁刑事局組織犯罪対策部国際捜査管理官・前掲注(7) 7 頁。

(16)　警察庁刑事局組織犯罪対策部国際捜査管理官・前掲注(7) 7 ～ 8 頁。

(17)　警察庁刑事局組織犯罪対策部国際捜査管理官・前掲注(7) 8 頁。

(18)　警察庁刑事局組織犯罪対策部国際捜査管理官・前掲注(7) 8 頁。

国際手配の制度はサイバー犯罪対策の領域でも有効に活用されることが期待される。

　以上のようにインターポールは様々な国際的な犯罪に対応するべく重要な機能を果たしている。そして近時ではさらにサイバー犯罪への対策を重要視しており、この点についての機能・役割をさらに拡充・強化すべく、サイバー犯罪対策に特化したIGCIをシンガポールに新規に開設した。

　IGCI（INTERPOL Global Complex for Innovation）は、ICPOの事務総局本部の機能補完とアジア地域における活動を強化することを目的として2015年4月にシンガポールに新たに設置された[20]。ICPOの活動内容の一つとして、加盟国の捜査能力の向上のためのトレーニングがあるが、IGCIは特にサイバー犯罪捜査・対策に関するトレーニング施設を設置し、さらに、デジタルフォレンジックによる直接的な捜査支援をするなどして新たな形態の犯罪への加盟国の対応能力向上を目指している[21]。従来ICPOは各国の捜査機関に対して、例えば、血痕の鑑識捜査を行うなどといった直接的な捜査支援は行ってきてはおらず、あくまで情報交換、照会、トレーニング等といった側面からの支援が主要な活動内容であったといえる。しかしながら、IGCIでは、サイバー犯罪の領域でデジタルフォレンジックを通じて直接的に捜査の場面において支援を行っているということがその大きな特徴の一つである。このようにIGCIでは、ICPO加盟国が日々巧妙化するサイバー犯罪に対抗するための重要な役割を担っており、今後もその活躍が大きく注目されている。

　以上がICPOとICGIの概要であるが、この他にも世界規模でのサイバー犯罪対策への取り組みが存在している。それが24時間コンタクト・ポイントの設置である。

---

(19)　警察庁刑事局組織犯罪対策部国際捜査管理官・前掲注(7)7〜8頁。
(20)　警察庁刑事局組織犯罪対策部国際捜査管理官・前掲注(7)2頁。
(21)　警察庁刑事局組織犯罪対策部国際捜査管理官・前掲注(7)9頁。

4　24時間コンタクト・ポイント

　24時間コンタクト・ポイントについて確認するには、まずG7ローマ／リヨングループについて簡単にみておく必要がある。G7ローマ／リヨングループとは、1978年に発足したG8テロ専門家会合（G8ローマ・グループ）と1995年に設置されたG8国際組織犯罪対策上級専門家会合（G8リヨン・グループ）が2001年に発生した同時多発テロ事件以降、合同で開催されているものを指す[22]。G7ローマ／リヨングループには6つのサブグループ（法執行プロジェクト、ハイテク犯罪、テロ対策実務者、刑事法、移民専門家、交通保安）が設置されており、我が国の警察庁も複数の省庁が関係するサブグループの取りまとめ官庁の一つとして中心的な役割を演じている[23]。そして、このG7ローマ／リヨングループの前身である当時のG8リヨングループのハイテク犯罪サブグループは、特にサイバー犯罪においては、通信網へのアクセス記録が簡単に消去され得るため、犯人の追跡・特定に困難が伴う問題に着目し、24時間体制のコンタクト・ポイントの設置などについて議論してきた[24]。このような議論の結果、24時間体制のコンタクト・ポイントは1997年12月のG8司法内務閣僚会合で策定された「ハイテク犯罪と闘うための原則と行動計画」等に基づき設置され、2019年2月現在、86の国と地域に設置されている[25]。同原則と行動計画によれば、「国際ハイテク犯罪に対する適時・効果的な対応を確保するため、この分野に精通した人員からなる設立済みのネットワークを活用し、24時間体制のコンタクト・ポイントとなる者を指定する。」とされており、常時、各国のサイバー犯罪捜査に対する協力体制を整えている。24時間コンタクト・ポイントは場所や時間を問わず行われるサイバー犯罪に対抗するために極めて重要な役割を担っている。

---

(22)　警察庁長官官房総務課国際総合研究官「令和元年の国際協力等の状況」2頁。
　　　https://www.npa.go.jp/about/overview/kokusai/kyouryoku/R01.pdf
(23)　警察庁長官官房総務課国際総合研究官・前掲注(22)2頁。
(24)　外務省「G8のハイテク犯罪対策について」　https://www.mofa.go.jp/mofaj/gaiko/soshiki/hi_tech.html
(25)　警察庁「第3章サイバー空間の安全の確保」『令和元年版警察白書』153頁注3
　　　https://www.npa.go.jp/hakusyo/r01/pdf/07_dai3sho.pdf

　このように、サイバー犯罪に関する国際捜査協力の枠組みはサイバー犯罪条約や ICPO、ICGI による捜査協力・支援、さらには24時間コンタクト・ポイントの設置などの方法により促進されてきている。しかしながら、国際的な捜査協力の必要性はサイバー犯罪の登場により生じたわけではなく、それ以前においても非常に重要な役割を演じてきた。このような従来からの国際的な捜査における協力の枠組みはいかなるものなのであろうか。サイバー犯罪捜査における国際的な協力枠組みをより深く理解し、今後の課題や新たな方策を検討するためにはその前提として従来型の国際捜査共助の内容についても確認する必要がある。以下では証拠等の収集に関する従来からの国際捜査共助の枠組みについて概観する。

5 従来からの国際捜査共助

　従来からの国際捜査共助については一般的に以下のように理解されている。すなわち、国際捜査共助のルートは、「外交ルート」、「中央当局ルート」、「ICPO ルート」の三つに大きく分類することができ、証拠を収集するに際しては、原則として、求められる証拠についての犯罪が双方の国で犯罪として処罰対象とされていなければならず（双罰性）、政治犯罪については取り扱うことができないものと理解されている。

　ここでいう双罰性とは、双方の国で罰することができる罪に共助の対象を限定するという意味である。したがって、共助要請国では罪となるが、共助実施国では罪とはならない行為については原則的に共助を要請・実施することはできない。とはいえ、これを厳密に突き詰めて考えていくと各国の犯罪の行為類型の若干の相違により捜査共助が実施できないという事態が生じることになる。そこで実際には、双罰性の要件は、罪名及び犯罪の構成要件の規定の仕方が同じである必要はなく、社会的事実関係の中で双方の国において犯罪として処罰することができるのであれば、充足されると解されている[26]。すなわち、実質的に同種の行為が双方の国において犯罪とされていれば足りると解されているのである[27]。このような双罰性の要件があるからこそ、先にみたサイバー犯罪条約では犯罪化する類型を予め締約国内で定める

ことが求められているのである。

　また、双罰性の要件の他にも政治犯罪についての共助要請は扱わないとする原則がある。政治犯罪とは一般的に、一国の政治体制の変革を目的とし、またはその国家の内外政策に影響を与えることを目的とする行為であり、その行為がその国の刑罰法規に触れるものをいうとされる[28]。そして政治犯罪は絶対的政治犯罪と相対的政治犯罪に分けられ、前者は例えば、革命やクーデター計画、非合法政治結社といった純粋な政治犯罪を指し、後者は政治秩序に対する侵害に関連して殺人などの通常の犯罪が行われるものを指すといわれる[29]。この点については、特に政治犯引渡しの原則の問題としてどの範囲を政治犯罪とするかという議論が国際法の領域でなされてきており、各国の考え方が異なることがあり得る[30]。とはいえ、我が国に関していえば、双罰性の要件との関係もあるが、少なくとも日本国内では完全に適法である政治結社による表現活動等についての他国からの捜査共助要請には応じないということができるものと思われる。このような政治犯罪についての原則は、サイバー犯罪条約においても同様であり、政治犯罪またはこれに関連する犯罪であると認める犯罪に関係する場合、援助の要請の拒否等をすることができることとされている（第27条４項ａ号、第29条５項ａ号、第30条２項ａ号）。

　以上が国際捜査共助の原則的な説明であるが、我が国の捜査機関がこのような国際捜査共助の制度・仕組みを利用して外国の捜査機関に犯罪の証拠や関連する資料等の収集を依頼することができる根拠はどのようなものであろうか。これについては、捜査についての規定である刑訴法197条１項がその根拠であると一般的に解されている。本来、我が国の捜査機関に捜査権限がある犯罪の捜査がたまたま国外に及ぶ場合、その捜査を放棄することは求め

(26)　山内由光「国外にある証拠の収集に関する諸問題（上）」捜査研究783号（2016年）19頁。

(27)　四方光『サイバー犯罪対策概論──法と政策──』（2014年、立花書房）130頁脚注３。

(28)　岡田泉「第12章個人・企業の保護と刑事国際協力」松井芳郎ほか『国際法［第５版］』（2007年、有斐閣）186頁。

(29)　岡田・前掲注(28)186〜187頁参照。

(30)　岡田・前掲注(28)186〜187頁参照。

られず、実際には捜査権限は国外にまで及んでいると解される[31]。すなわち、我が国で起きた犯罪に関する証拠が国外に存在する場合であっても、我が国の捜査機関の捜査権限自体は失われてはいない。しかしながら、犯罪の証拠や被疑者が所在する外国において我が国の捜査機関が独自に捜査を実施することは国家主権の点から通常は認められない[32]。外国の捜査機関が我が国において無断で独自に捜査を実施・展開している場面を想像してみれば、このような行為が国家主権の侵害であるということは容易に想像がつくであろう[33]。そこで、国際捜査共助という手段を用いて捜査目的を実現することになるのであり、それは捜査について規定する刑訴法197条1項により認められるということになるのである。以下ではまず、このような国際捜査共助の3つのルートについてみていくこととする。

1 外交ルート

このルートは警察や検察からの外国への捜査共助の要請を外務省が相手国に依頼する方法である。国際捜査共助の原則として、我が国の捜査当局から相手国への捜査当局へ直接的に捜査共助を依頼することは認められておらず、これは、外国に対して捜査共助要請を行うことは国家を当事者として行うものであり、外交関係にも影響を与えるため、捜査機関が個別に要請するのではなく、外交に関する事務を所管する外務大臣が行うべきであると考えられているためである[34]。一方、外国から我が国への捜査共助要請があった場合の手続は「国際捜査共助等に関する法律」（国際捜査共助法）によることとされている。共助実施の根底には国家間では相互に同種の協力を行うべきという相互主義の考え方があるため、我が国で実施できない共助を外国に対して実施することを要請するのは相当ではない[35]。したがって、我が国の法

---

(31)　小木曽綾「国際化に対応する刑事司法」椎橋隆幸編『プライマリー刑事訴訟法［第6版］』（2017年、不磨書房）355頁参照。

(32)　小木曽・前掲注(31)355頁参照。

(33)　国の中にはこのような外国の捜査機関が国内で捜査することを犯罪として処罰している国もあり、例えば、スイスではスイス刑法271条がこのような活動を禁じており、違反者は3年を超えない拘禁刑等に処せられる（山内・前掲注(26)15頁、15頁脚注4）。

(34)　山内・前掲注(26)16頁参照。

　律で実施できる共助についての基本的な内容を理解しておくことが有益となる[36]。同法の規定する手続の概要は以下の通りである。

　まず、共助の要請の受理及び証拠の送付は原則として外務大臣が行い（第3条第1項）、外務大臣は共助の要請を受理したときには、共助要請書または外務大臣作成の共助要請があったことを証明する書面に関係書類を添付し、意見を付して法務大臣に送付する（第4条）。その後、法務大臣は法律の規定・条件に従い、⑴相当と認める地方検察庁の検事正に対して関係書類を送付して、共助に必要な証拠の収集を命じること、⑵国家公安委員会に共助の要請に関する書面を送付すること、⑶海上保安庁長官その他の刑訴法190条で規定される司法警察職員として職務を行うべき者の置かれている国の機関の長に共助の要請に関する書面を送付することのうちいずれかの措置を取る（第5条第1項）。そして、書面の送付を受けた国家公安委員会は相当と認める都道府県警察に対して関係書類を送付して共助に必要な証拠の収集を指示する（第6条）。さらに、⑴書面の送付を受けた検事正は検察官に、⑵第6条の指示を受けた都道府県警察の警視総監または道府県警察本部長は各都道府県警察の司法警察員に、⑶海上保安庁長官その他の刑訴法190条で規定される司法警察職員として職務を行うべき者の置かれている国の機関の長はその機関の相当と認める司法警察員に共助に必要な証拠を収集するための処分をさせることとされている（第7条）。これらの共助に必要な証拠の収集に際し、検察官及び司法警察員は関係人に出頭を求めてこれを取り調べること、鑑定を嘱託すること、実況見分、通信履歴の電磁的記録の必要なものを特定してこれを消去しないように求めることなどができるが、さらに、必要があると認めるときには、裁判官による令状により差押え、記録命令付差押え、捜索、検証を実施することができる（第8条第1項、第2項）。

　以上が国際捜査共助法の基本的な枠組みであり、この枠組みと同様の共助については他国にも要請できることになる。このように外交ルートでは裁判官の発付した令状による捜索など我が国でいうところの強制処分に当たる捜

（35）　大原・前掲注⑸145頁
（36）　大原・前掲注⑸145頁参照。

査を要請することが可能になるなど、実質的な証拠の収集という面では効果的な威力を発揮するルートであるといえる。しかしながら、捜査において特に迅速性や密航性が求められる場合、外交ルートでの要請は必ずしも適当な手段とはならない場合があるとも指摘されている[37]。特に、サイバー犯罪の捜査については、外交ルートでは、他国に捜査共助を要請し、その承諾を得る場合、数か月の時間を要するのが通常であり、犯罪者が瞬時に犯罪に関するデータや証拠を移動させることが可能な点で有効的な手段とはいえないともされる[38]。サイバー犯罪条約の締約が求められた理由はこのような事情に基づくものであるともいえるであろう。

2　中央当局ルート

　国際捜査共助は外交ルートによることが原則であるが、国家間で条約を締約している場合には我が国の中央当局から相手の中央当局に対して直接的に捜査共助要請を行うことができる。この二国間の捜査共助条約は刑事共助条約（Mutual Legal Assistance Treaty〈MLAT〉）（協定）と呼ばれ、現在、我が国は、米国、韓国、中国、香港、EU 及びロシアとの間で条約（協定）を締約している[39]。刑事共助条約に基づく捜査共助要請に対しては原則として（拒否事由がない限り）これを実施することが条約締約国の義務となっており、さらに外交ルートを割愛して中央当局間で要請を行うことが可能になるなど、捜査共助の迅速化・効率化を図ることができる[40]。

　そこで、我が国と米国間で締約している刑事共助条約の概要について簡単にみてみると、我が国と米国は他方の請求に基づいて、捜査、訴追その他の刑事手続について条約の規定に従って共助を行い、証言、供述、証拠となる

（37）　山内・前掲注(26)16頁。
（38）　中野目善則「サイバー犯罪の捜査と捜査権の及ぶ範囲──プライヴァシーの理解の在り方、法解釈の在り方、他国へアクセスの及ぶ範囲等の観点からの検討──」警察政策第22巻130頁（2020年）133頁。
（39）　法務省「第3編第3章第3節　捜査・司法に関する国際協力 1 捜査共助」『令和元年版犯罪白書──平成の刑事政策──』
http://hakusyo1.moj.go.jp/jp/66/nfm/n66_2_3_3_3_1.html
（40）　大原・前掲注(5)149頁参照。

書類、記録などの取得を請求することができる（第1条第1項、第2項）。各締約国は中央当局を指定し、共助の請求は請求国の中央当局から被請求国の中央当局に対して行われる（第2条第1項、第2項）。共助の拒否事由は、政治犯罪である場合などがあるが、さらに、請求国では犯罪であるが、被請求国で犯罪とならない場合（双罰性が認めらない場合）であり、その際、請求された共助の実施に当たり、裁判所による令状に基づく強制措置等が必要である場合も拒否事由となる（第3条第1項）。共助の請求に際しては、被請求国に対して、捜査、訴追その他の手続を行う当局の名称や関係法令の条文、請求する共助やその目的についての説明等を行い、証言、供述、証拠となる書類、記録の提出が求められている者の特定に関する情報、取得方法等について可能な範囲で通報しなければならない（第4条第2項、第3項）。被請求国の中央当局は条約の関連規定に従って速やかに請求された共助を実施し、または、権限を有する他の当局に速やかに請求を送付することとされており、我が国と米国では裁判官が請求された共助の実施に必要な捜索令状等を発する（第5条第1項、第4項）。また、被請求国は証言、供述、証拠となる書類、記録を取得する際、必要があれば強制措置を取ることができる（第9条第1項）ことなどが定められている。このように、刑事共助条約による中央当局ルートは外務省を経由せず迅速かつ円滑に外交ルートと同等の内容の捜査共助を要請できる。したがって、刑事共助条約を締約している国に捜査共助要請を行う場合にはこのルートを選択するということになろう。令和元年版の犯罪白書によれば、平成30年中に刑事共助条約（協定）により外国に捜査共助を要請した件数は検察庁からが9件、警察等からが125件あり、逆に、我が国が捜査共助の要請を受託した件数が83件ある[41]。

　サイバー犯罪捜査の場面においては、先にみたサイバー犯罪条約により条約締約国間で捜査共助を実施することができる。そしてそこでは基本的には刑事共助条約などの条約、法令等の適用を通じ共助が行われることとされている[42]。しかし、サイバー犯罪条約では、仮に刑事共助条約のような国家間

での個別的な取り決めが締約されていなくとも同条約の下でこの刑事共助条約と同様の共助を行える点に大きなメリットがあるのである[43]。

3　ICPO ルート

　第3のルートが先にみた ICPO を通じて外国に捜査協力を要請するルートである。この ICPO ルートによる協力要請は関与機関が少なく、手続が簡便であり、協力要請に対する結果を比較的早く得ることが期待できる[44]。しかしながら、ここでの協力要請は証拠の収集を目的とするものではなく、あくまで調査の結果得られた情報、資料の収集を目的とするものであり、例えば、署名入り調書の原本や証拠物の提供を求めることはできず、入手できる資料も複製であることに注意する必要がある[45]。これは、我が国が ICPO から捜査協力要請を受けた場合、国際捜査共助法第18条に従って対応することになるが、そこで行うことができる措置は任意の措置に限られ、捜索・押収等の強制処分を行うことができず[46]、ICPO ルートは本来的に証拠の収集を目的とするものではないと解されているからである[47]。また、このルートで入手された複製資料について刑事裁判でその文書の真正を立証することはできないため、刑事裁判で利用する予定がある資料であれば、最初から ICPO ルートによらない捜査共助を要請するほうがよい場合もあり、情報・証拠の用途を見極めて本ルートと捜査共助を使い分ける必要がある[48]。この点、サ

---

(42)　サイバー犯罪条約第23条、第25条第4項参照。

(43)　サイバー犯罪条約第27条参照。大原・前掲注(5)153頁参照。

(44)　山内・前掲注(26)20頁。

(45)　山内・前掲注(26)20頁。

(46)　国際捜査共助法第18条は、例えば、国家公安委員会が各都道府県警察などに調査を指示することができ、その指示を受けた都道府県警察の警察本部長は各都道府県警察の警察官に調査のための必要な措置を採ることことを命ずるものとされており、命令を受けた警察官は関係人に質問し、実況見分をし、書類その他の物の所有者、所持者もしくは保管者にその物の提示を求め、または公務所もしくは公私の団体に照会して必要な事項の報告を求めることができることなどが規定されている。したがって、ここでは強制処分や強制捜査を行うことが予定されていないといえる。

(47)　山内・前掲注(26)20頁参照。

(48)　山内・前掲注(26)20～21頁参照。

イバー犯罪捜査の場面では、例えば、強制処分たる捜索・押収、検証には当たらない任意処分としての捜査関係事項照会書による通信契約者情報の取得が考えられる[49]。このような ICPO ルートは近時 IGCI などのサイバー犯罪捜査の支援に特化した部局が登場したことから今後の展開が注目される。令和元年版犯罪白書によれば、平成30年中の ICPO 経由の国際協力の件数は、我が国が捜査協力を要請した件数が445件であり、捜査協力の要請を受けた件数は1,693件ある[50]。

6 逃亡犯罪人引渡しの枠組み

　ここまでは外国に所在する犯罪の証拠の収集に関する国際協力の様々な枠組みを概観してきた。このような国際的な協力によって得られたサイバー犯罪に関する情報や証拠に基づき、捜査機関は捜査を進め、被疑者を確保し、さらに、刑事裁判で利用する証拠を拡充させる。しかしながら、この点、被疑者が国外にいる場合が問題となる。このような場合、いかにして我が国は被疑者を確保することができるのであろうか。上述したようにサイバー犯罪条約では犯罪人引渡しについての規定を設けている。すなわち、サイバー犯罪条約では、サイバー犯罪条約で定める犯罪が犯罪人引渡条約の引渡犯罪となり、引渡しに条約の存在が条件となる国の場合、犯罪人引渡条約を締約していない国からの引渡請求であってもサイバー犯罪条約を引渡しの根拠とすることができ、引渡しに条約の存在を条件としない国はサイバー犯罪条約で定める犯罪を引渡犯罪と定めることが規定されており、さらに、引渡しに際しては、請求を受けた国の法令、条約に定められる条件に従うこととされている（第24条第１項～第５項）。各国はこのような規定に従い、被疑者の引渡しに応じることになる。以下では、我が国における従来からの逃亡犯罪人引

---

(49)　四方・前掲注(27)131頁参照。

(50)　法務省「第３編第３章第３節　捜査・司法に関する国際協力 3 刑事警察に関する国際協力」『令和元年版犯罪白書――平成の刑事政策――』3-3-3-3図「ICPO 経由の国際協力件数の推移」。
　　　http://hakusyo1.moj.go.jp/jp/66/nfm/images/full/h3-3-3-03.jpg

渡の枠組みについて概観しておくこととする。

　被疑者の身柄の引渡しについては、我が国においては、逃亡犯罪人引渡法が定められており、後述する逃亡犯罪人引渡条約を締約していない国から逃亡犯の身柄の引渡しの請求を受けた場合については同法に従って応じることができる[51]。そこで、参考までに同法について簡単にみると、まず、引渡犯罪が政治犯罪である場合や請求国で死刑または無期もしくは長期3年以上の拘禁刑にあたるものでないときなどは引渡しができず（第2条）、外務大臣は引渡請求書または外務大臣の作成した引渡しの請求があったことを証明する書面に関係書類を添付し、法務大臣に送付し（第3条）、法務大臣は、東京高等検察庁検事長に対し関係書類を送付して、逃亡犯罪人を引き渡すことができる場合に該当するかどうかについて東京高等裁判所に審査の請求をなすべき旨を命じる（第4条第1項）。また、東京高等検察庁検事長は、一定の場合を除き、東京高等検察庁の検察官に東京高等裁判所の裁判官のあらかじめ発する拘禁許可状により、逃亡犯罪人を拘禁させなければならず（第5条第1項）、東京高等検察庁の検察官は、検察事務官、警察官、海上保安官または海上保安官補に拘禁許可状により逃亡犯罪人の拘束をさせることができる（第6条第1項）。そして、法務大臣は、東京高等裁判所が逃亡犯罪人の引渡しを決定した場合、逃亡犯罪人を引き渡すことが相当であると認めるときは、東京高等検察庁検事長に対し逃亡犯罪人の引渡しを命ずる（第14条第1項）ことなどが定められている。

　また、逃亡犯罪人引渡条約を締約している国との間では条約に基づいて相互に引渡しが可能であり、我が国は現在、米国と韓国との間で条約を締約している[52]。そこで、米国との条約について簡単にみると、引渡犯罪は付表に掲げられる犯罪[53]であり、両締約国で死刑または無期もしくは長期1年を超

---

(51)　法務省「第3編第3章第2節　犯罪者の国外逃亡・逃亡犯罪人の引渡し　2　逃亡犯罪人の引渡し」『令和元年版犯罪白書──平成の刑事政策──』参照。
　　　http://hakusyo1.moj.go.jp/jp/66/nfm/n66_2_3_3_2_2.html
(52)　法務省・前掲注(51)参照。
(53)　多くのものがあるが、例えば、殺人、傷害致死などの我が国でいうところの個人的法益に関するものから、公務執行妨害などの国家的法益に関するものまで幅広く掲げられている（付表参照）。

える拘禁刑が定められているものなどに限定されており（第2条第1項）、引渡しを求められている者が被請求国の法令上当該犯罪を行ったと疑うに足る相当な理由があることなどが求められる（第3条）。また、ここでも政治犯罪などは引渡しの対象とはならず（第4条第1項）、引渡しの請求は外交上の経路により、引渡しを求められている者を特定する文書や犯罪事実を記載した書面、犯罪の構成要件や罪名、条文、逮捕令状の写し等を示さなくてはならない（第8条第1項～第3項）。また、緊急時において、引渡犯罪についての逮捕令状が発付されている場合などは、一定の条件の下、引渡しを求められている者を仮拘禁することができ（第9条第1項）、被請求国は外交上の経路により引渡しの請求についての決定を速やかに通知する（第12条第1項）ことなどが定められている。

7 今後の課題

　サイバー犯罪は日に日に巧妙化、複雑化し、重大な被害をもたらしており、迅速な捜査を行い、早急に被疑者を特定・検挙することが求められるが、自国だけではこれらの犯罪に対処することはできない。そこで我が国もより円滑な国際捜査協力体制を整えるべく、従来の国際捜査共助の枠組みに加えて、サイバー犯罪条約を締約するなどしてきている。しかしながら、このような条約による共助も事件数が増加することに伴い、人的・予算的要因から対応が遅れた場合、犯罪者が条約加盟国以外に証拠を移転させたりするなどして捜査に支障をきたす可能性が指摘されている[54]。サイバー犯罪の領域では、従来の国際捜査共助、サイバー犯罪条約の枠組みだけで対応するには既に限界を迎えており、今後我が国もさらなる方策を検討しなければならない。そこで、この点について外国法に目を向けると、例えば、米国では行政協定による通信事業者からの直接的な通信内容の取得などを認めるクラウド法（CLOUD Act）及び同法による改正を受けた蔵置通信法（Stored Communications Act）が制定されている。また、EU でも EU 加盟国の関連

---

[54]　中野目・前掲注(38)133頁参照。

機関は、EU域内でサービスを提供するプロバイダに対して、データの所在地を問わず、電子証拠の提出や保全を命じる際の規定を提案している（同法及び規則案については第12章参照）。このような外国の新たな国際捜査協力の枠組みは我が国にとっても参考になろう。今後は我が国も米国をはじめとする各国の対応を注視しながら新時代に即したサイバー犯罪対策の国際協力の枠組みをさらに構築していくことが求められている。

〈参考文献〉
・大原義宏「捜査共助要請」河村博＝上冨敏伸＝島田健一編『概説サイバー犯罪　法令解説と捜査・公判の実際』（2018年、青林書院）143頁
・岡田泉「第12章個人・企業の保護と刑事国際協力」松尾芳郎ほか『国際法［第5版］』（2007年、有斐閣）186頁
・岡部正勝「犯罪捜査における国際協力」大沢秀介＝佐久間修＝荻野徹編『社会の安全と法』（2013年、立花書房）245頁
・小木曽綾「国際化に対応する刑事司法」椎橋隆幸編『プライマリー刑事訴訟法〔第6版〕』（2017年、不磨書房）353頁
・四方光『サイバー犯罪対策概論——法と政策——』（2014年、立花書房）128頁
・四方光「米国クラウド法の意義と我が国の課題」警察学論集第73巻第1号（2020年）48頁
・中野目善則「サイバー犯罪の捜査と捜査権の及ぶ範囲——プライヴァシーの理解の在り方、法解釈の在り方、他国へアクセスの及ぶ範囲等の観点からの検討——」警察政策第22巻（2020年）130頁
・山内由光「国外にある証拠の収集に関する諸問題（上）」捜査研究783号（2016年）13頁
・山内由光「国外にある証拠の収集に関する諸問題（下）」捜査研究784号（2016年）24頁
・外務省「サイバー犯罪に関する条約の説明書」
　https://www.mofa.go.jp/mofaj/gaiko/treaty/pdfs/treaty159_4b.pdf（最終閲覧日2020年9月30日）
・外務省「G8のハイテク犯罪対策について」
　https://www.mofa.go.jp/mofaj/gaiko/soshiki/hi_tech.html（最終閲覧日2020年9月30日）
・警察庁「国際刑事警察機構の概要」
　https://www.npa.go.jp/interpol/chapter1.html（最終閲覧日2020年9月30日）
・警察庁「第3章サイバー空間の安全の確保」『令和元年版警察白書——平成の刑事政策——』153頁
　https://www.npa.go.jp/hakusyo/r01/pdf/07_dai3sho.pdf（最終閲覧日2020年9月30日）
・警察庁刑事局組織犯罪対策部国際捜査管理官「2020 国際刑事警察機構 ICPO-INTERPOL」2頁、6頁、7～9頁、11頁
　https://www.npa.go.jp/interpol/pic1/INTERPOL_Pamphlet.pdf（最終閲覧日2020年9月30日）

・警察庁長官官房総務課国際総合研究官「令和元年の国際協力等の状況」2頁。
　https://www.npa.go.jp/about/overview/kokusai/kyouryoku/R01.pdf（最終閲覧日2020
　年9月30日）
・法務省「第3編第3章第2節　犯罪者の国外逃亡・逃亡犯罪人の引渡し　2　逃亡犯罪人
　の引渡し」『令和元年版犯罪白書——平成の刑事政策——』
　http://hakusyo1.moj.go.jp/jp/66/nfm/n66_2_3_3_2_2.html（最終閲覧日2020年9月30日）
・法務省「第3編第3章第3節　捜査・司法に関する国際協力　1　捜査共助」『令和元年版
　犯罪白書——平成の刑事政策——』
　http://hakusyo1.moj.go.jp/jp/66/nfm/n66_2_3_3_3_1.html（最終閲覧日2020年9月30日）
　3-3-3-1表「捜査共助等件数の推移」
　http://hakusyo1.moj.go.jp/jp/66/nfm/images/full/h3-3-3-01.jpg（最終閲覧日2020年9
　月30日）
・法務省「第3編第3章第3節　捜査・司法に関する国際協力　3　刑事警察に関する国際
　協力」『令和元年版犯罪白書——平成の刑事政策——』
　http://hakusyo1.moj.go.jp/jp/66/nfm/n66_2_3_3_3_3.html（最終閲覧日2020年9月30日）
　3-3-3-3図「ICPO経由の国際協力件数の推移」
　http://hakusyo1.moj.go.jp/jp/66/nfm/images/full/h3-3-3-03.jpg（最終閲覧日2020年9
　月30日）
　及び上記文献に記載の各論文等も参照。

（かわすみ・まさき）

第 **4** 部

サイバー犯罪対策

第11章
日本のサイバーセキュリティ政策

警察庁交通局交通規制課課長補佐
（元警察庁生活安全局情報技術犯罪対策課課長補佐）　　人 見 友 章

1 はじめに

　インターネットが国民生活や社会経済活動に不可欠な社会基盤として定着し、今や、サイバー空間は国民の日常生活の一部となっている。こうした中、サイバー空間における脅威は深刻な情勢が続いている。

　政府においては、このような脅威に対処するため、サイバーセキュリティ政策を推進している。そこで、本章では、サイバーセキュリティに関連する法令としてサイバーセキュリティ基本法をまず取り上げる。次に、政府の推進体制の変遷を解説する。最後に、政府全体の取組としてどのようなことを推進しているかを解説する。

2 サイバーセキュリティ基本法

1　基本法の成立

　平成12年当時、米国、欧州、アジアの国々が、21世紀における各国の国際競争優位を高めるため、急速に発展しているIT基盤の構築を国家戦略として集中的に進めようとしていた。一方、当時の日本は、インターネットの普及率が主要国の中で最低レベルにあるなど、IT革命への取組は大きな後れを取っていた。そこで、これまでの後れを取り戻し、高度情報通信ネット

ワーク社会の形成に関する施策を迅速かつ重点的に推進するとともに、その推進に必要な体制を整備するため、高度情報通信ネットワーク社会形成基本法（IT 基本法）[1]が制定された。

　このIT 基本法第22条では、「高度情報通信ネットワーク社会の形成に関する施策の策定に当たっては、高度情報通信ネットワークの安全性及び信頼性の確保、個人情報の保護その他国民が高度情報通信ネットワークを安心して利用することができるようにするために必要な措置が講じられなければならない」と規定されているものの、IT 基本法自体は、IT 政策の推進に主眼が置かれていた。

　その後、サイバー空間の情勢は大きく変化し、サイバーセキュリティの問題は深刻化の一途をたどった。このような情勢の下、平成26年4月、自民党は、「わが国のサイバーセキュリティ体制の強化に向けての提言」を取りまとめ、政府に対し申入れを行った。この提言では、「サイバーセキュリティの強化を含む情報セキュリティ政策の在り方について、基本理念、国や地方自治体等の関係者の責務、国による基本的施策、そして、これらの総合的かつ効果的な推進体制等を定めた、IT 基本法の特別法ともいうべき「サイバーセキュリティ基本法」（仮称）が必要であり、スピード感を持ってこれを制定するためには、議員立法により提案することが焦眉の急である」旨が記載されている。また、東京オリンピック・パラリンピックに向け、サイバーセキュリティ対策について万全を期す観点からも体制の強化を図ることが必要不可欠である旨も記載されている。

　これを受け、第186回国会にサイバーセキュリティ基本法案が議員立法により提出され、第187回国会において可決・成立し、平成26年11月公布された。

　IT とサイバーセキュリティは、車の両輪とも言うべきものであるが、そ

（1）　第204回国会にデジタル社会形成基本法案が提出されている。この法案が可決・成立すれば、この法律の施行に伴いIT 基本法は廃止され、デジタル社会形成基本法に基づきIT 政策は推進されることになる。したがって、施行後は、サイバーセキュリティ基本法とデジタル社会形成基本法を車の両輪としてサイバーセキュリティ政策とIT 政策を推進していくこととなる。

れぞれに対応する IT 基本法とサイバーセキュリティ基本法という２つの基本法が制定されたわけである。

2　基本法の構成

サイバーセキュリティ基本法は、第 I 章　総則、第 II 章　サイバーセキュリティ戦略、第 III 章　基本的施策、第 IV 章　サイバーセキュリティ戦略本部、第 V 章　罰則から構成されている。

なお、罰則については、**3** 及び **4** で解説する。

(1)　総　　則
ア　目　　的

サイバーセキュリティ基本法の目的が、経済社会の活力の向上及び持続的発展、国民が安全で安心して暮らせる社会の実現、国際社会の平和及び安全の確保並びに我が国の安全保障への寄与にあることが規定されている（第 1 条）。

イ　定　　義

サイバーセキュリティ基本法において、初めて「サイバーセキュリティ」[2]という言葉が法令上の用語として規定された。サイバーセキュリティ基本法では、「情報の安全管理」及び「情報システム及び情報通信ネットワークの安全性及び信頼性の確保」のために必要な措置が講じられ、その状態が適切に維持管理されていることを「サイバーセキュリティ」と定義している（第 2 条）。

（2）　サイバーセキュリティ基本法第 2 条では、「この法律において「サイバーセキュリティ」とは、電子的方式、磁気的方式その他人の知覚によっては認識することができない方式（以下この条において「電磁的方式」という。）により記録され、又は発信され、伝送され、若しくは受信される情報の漏えい、滅失又は毀損の防止その他の当該情報の安全管理に必要な措置並びに情報システム及び情報通信ネットワークの安全性及び信頼性の確保のために必要な措置（情報通信ネットワーク又は電磁的方式で作られた記録に係る記録媒体（以下「電磁的記録媒体」という。）を通じた電子計算機に対する不正な活動による被害の防止のために必要な措置を含む。）が講じられ、その状態が適切に維持管理されていることをいう」と規定されている。
なお、この章において、「サイバーセキュリティ」と「情報セキュリティ」の 2 つの用語が用いられているが、ほぼ同義で用いられているものと解して差し支えない。

ウ　基本理念

サイバーセキュリティ基本法の基本理念を規定しており、サイバーセキュリティに対する脅威に対して、国、地方公共団体、重要社会基盤事業者等の多様な主体の連携により、積極的に対応することなどが示されている（第3条）。

なお、重要社会基盤事業者[3]とは、重要インフラ事業者を意味している。

エ　責務等

国、地方公共団体、重要社会基盤事業者、サイバー関連事業者その他の事業者及び教育研究機関の責務が規定されている（第4条～第8条）。また、国民については、「基本理念にのっとり、サイバーセキュリティの重要性に関する関心と理解を深め、サイバーセキュリティの確保に必要な注意を払うよう努めるものとする」とされている（第9条）。

(2)　サイバーセキュリティ戦略

サイバーセキュリティに関する基本的な計画（サイバーセキュリティ戦略）について規定されている。サイバーセキュリティ基本法が施行される以前も情報セキュリティ政策会議が決定したサイバーセキュリティ戦略があったが、サイバーセキュリティ基本法においては、サイバーセキュリティ戦略の案につき閣議の決定を求めなければならないことが規定されるとともに、国会への報告を行うことなどについても規定された。サイバーセキュリティ戦略の内容については、**4**の**1**で解説する。

(3)　基本的施策

ア　国の行政機関等におけるサイバーセキュリティの確保

国の行政機関等においてサイバーセキュリティを確保するため、サイバーセキュリティに関する統一的な基準の策定、情報システムに対する不正な活動の監視及び分析、国内外の関係機関との連携及び連絡調整によるサイバーセキュリティに対する脅威への対応等を行うことが規定されている。

（3）　国民生活及び経済活動の基盤であって、その機能が停止し、又は低下した場合に国民生活又は経済活動に多大な影響を及ぼすおそれが生ずるものに関する事業を行う者をいう。

　　サイバーセキュリティに関する統一的な基準の策定とは、「政府機関等における情報セキュリティ対策のための統一基準群」[4]を策定することを指す。情報システムに対する不正な活動の監視及び分析とは、GSOC[5]の運用や各省庁のCSIRT[6]と連携した対処等を指す。国内外の関係機関との連携及び連絡調整によるサイバーセキュリティに対する脅威への対応とは、海外のCERT[7]等との連携を図るとともに、IWWN[8]やFIRST[9]といった枠組みとの連携を図ることなどを指す。

イ　重要社会基盤事業者等におけるサイバーセキュリティ確保の促進

　　重要インフラ事業者等においてサイバーセキュリティを確保するため、基準の策定、演習及び訓練等を行うことが規定されている。

　　基準の策定とは、安全基準等[10]の策定を想定している。演習及び訓練の例としては、分野横断的演習が挙げられる。

ウ　犯罪の取締り及び被害の拡大の防止

　　サイバーセキュリティの確保には、重要インフラ事業者、民間事業者、教育研究機関等が行うサイバーセキュリティ対策だけでなく、警察等の犯罪捜査や被害拡大防止措置も必要になることから、サイバーセキュリティに関す

（4）　「政府機関等における情報セキュリティ対策のための統一基準群」については、4の3を参照されたい。

（5）　Government Security Operation Coordination teamの略。政府関係機関情報セキュリティ横断監視・即応調整チームのことをいう。

（6）　Computer Security Incident Response Teamの略。企業や行政機関等において、情報システム等にセキュリティ上の問題が発生していないかを監視するとともに、万が一問題が発生した場合にその原因解析や影響範囲の調査等を行う体制のこと。

（7）　Computer Emergency Response Teamの略。

（8）　International Watch and Warning Networkの略。サイバー空間のぜい弱性、脅威、攻撃に対応する国際的な取組の促進を目的とした会合のこと。

（9）　Forum of Incident Response and Security Teamの略。各国のＣＳＩＲＴの協力体制を構築する目的で、平成2年に設立された国際協議会であり、令和元年6月現在、世界92か国の官・民・大学等480の組織が参加している。

（10）　関係法令に基づき国が定める「強制基準」、関係法令に準じて国が定める「推奨基準」及び「ガイドライン」、関係法令や国民からの期待に応えるべく業界団体等が定める業界横断的な「業界標準」及び「ガイドライン」、関係法令や国民・利用者等からの期待に応えるべく重要インフラ事業者等が自ら定める「内規」等の総称。ただし、重要インフラにおける情報セキュリティ確保に係る安全基準等策定指針は含まない。

る犯罪の取締り及びその被害の拡大の防止のために必要な措置を講ずることが規定されている。

エ　国際協力の推進等

サイバーセキュリティに関する分野において、国際社会における役割を積極的に果たすとともに、国際社会における我が国の利益を増進するため、開発途上地域のサイバーセキュリティに関する対応能力の構築の積極的な支援、犯罪の取締りその他の国際協力等を推進することが規定されている。

開発途上地域のサイバーセキュリティに関する対応能力の構築の積極的な支援とは、日・ASEAN 情報セキュリティ政策会議等を通じた継続的な取組や、人材育成、情報共有の体制構築等のキャパシティビルディング等を想定している。犯罪の取締りその他の国際協力とは、国際捜査共助の枠組みを活用し、国境を越えて行われるサイバー犯罪・サイバー攻撃に対処すること、G7ローマ／リヨン・グループ[11]に置かれたハイテク犯罪サブグループ等の国際会議への参加、FBI による米国内外の捜査機関等の職員を対象としたサイバー犯罪対策等に関する研修への職員派遣等を想定している。

オ　そ　の　他

アからエのほか、民間事業者及び教育研究機関等の自主的な取組の促進、多様な主体の連携等、サイバーセキュリティ協議会、我が国の安全に重大な影響を及ぼすおそれのある事象への対応、産業の振興及び国際競争力の強化、研究開発の推進、人材の確保等について規定している。サイバーセキュリティ協議会については、**4**で解説する。

⑷　サイバーセキュリティ戦略本部

サイバーセキュリティ基本法施行以前は、高度情報通信ネットワーク社会推進戦略本部（IT 総合戦略本部[12]）の下に、官民における統一的・横断的な

---

(11)　昭和53年にボン・サミットを契機に発足したG8テロ専門家会合（G8ローマ・グループ）と平成7年にハリファクス・サミットで設置されたG8国際組織犯罪対策上級専門家会合（G8リヨン・グループ）が、平成13年の米国における同時多発テロ事件以降合同で開催されているもので、国際組織犯罪対策やテロ対策等について検討している。
　　なお、平成26年3月より、G7として実施している。
(12)　設置当初の略称は「IT 戦略本部」であり、途中から「IT 総合戦略本部」の略称が用いられることとなったが、この章では、便宜上「IT 総合戦略本部」に統一する。

情報セキュリティ対策の推進を図るため、情報セキュリティ政策会議が置かれていた。サイバーセキュリティ基本法では、当該会議を改組し、内閣にサイバーセキュリティ戦略本部を置くことを規定している。詳細は、*3*の*4*で解説する。

3　平成28年改正

(1)　背　　　景

平成27年6月1日、日本年金機構は、外部から送付された不審メールに起因する不正アクセスにより、日本年金機構が保有している個人情報の一部（約125万件）が外部に流出したことが5月28日に判明したとして、報道発表を行った。

特定の政府機関、企業を狙った標的型攻撃が我が国において広く社会的に問題化したのは平成23年の衆議院事務局、三菱重工業等に対する標的型攻撃に端を発するが、個人情報が大量に流出したことが現実に確認された初めての事案であった。

これを受け、「日本再興戦略」改訂2015では、「中央省庁に加え、独立行政法人や府省庁と一体となり公的業務を行う特殊法人等を、段階的に内閣サイバーセキュリティセンター（NISC）の制度に基づく監視・監査対象に追加しつつ、内外の専門家の叡智を結集した質・量両面での体制・機能の一層の強化を進め、政府機関等へのサイバー攻撃に対する検知・分析・対処能力や監査等を充実・強化することにより、再発防止を徹底する」といったサイバーセキュリティの抜本的な強化が盛り込まれた。また、サイバーセキュリティ戦略（平成27年9月4日閣議決定）では、「政府機関全体としてのサイバーセキュリティを強化するため、独立行政法人や、府省庁と一体となり公的業務を行う特殊法人等における対策の総合的な強化を図る」ことなどが盛り込まれた。

(2)　改　正　内　容

ア　監視、監査等の対象範囲の拡大

平成28年改正以前は、情報システムに対する不正な活動の監視や原因究明調査については、国の行政機関のみを対象としていた。これを独立行政法人

や特殊法人・認可法人にまで対象範囲を拡大した。また、監査の対象範囲についても、国の行政機関及び独立行政法人であったものを特殊法人・認可法人にまで拡大した。

　なお、特殊法人・認可法人については、全ての法人を対象範囲にするのではなく、サイバーセキュリティ戦略本部が指定する法人(13)に限定している。

イ　サイバーセキュリティ戦略本部の一部事務の委託

　監査、原因究明調査の対象範囲を指定法人等にまで拡大したことに伴い、サイバーセキュリティ戦略本部の事務が増大することが想定されたことから、一部の事務を独立行政法人情報処理推進機構（IPA(14)）等に委託することができる旨が規定された。

ウ　罰　　則

　サイバーセキュリティ戦略本部の事務の委託を受けた法人の役員若しくは職員又はこれらの職員にあった者が、秘密を漏らすなどした場合の罰則が設けられた（第38条）。

エ　そ　の　他

　サイバーセキュリティ基本法にサイバーセキュリティ戦略本部の一部事務の委託を規定することに伴い、情報処理の促進に関する法律を改正し、サイバーセキュリティ戦略本部から委託を受ける事務に係る IPA の業務追加等を行った。

4　平成30年改正

(1)　背　　景

　平成28年10月に施行されたサイバーセキュリティ基本法及び情報処理の促

---

(13)　サイバーセキュリティ基本法では、「当該法人におけるサイバーセキュリティが確保されない場合に生ずる国民生活又は経済活動への影響を勘案して、国が当該法人におけるサイバーセキュリティの確保のために講ずる施策の一層の充実を図る必要があるものとしてサイバーセキュリティ戦略本部が指定する」とされている（第13条）。令和2年10月現在、地方公共団体情報システム機構、地方公務員共済組合連合会、地方職員共済組合、都職員共済組合、全国市町村職員組合連合会、国家公務員共済組合連合会、日本私立学校振興・共済事業団、公立学校共済組合及び日本年金機構が指定されている。

(14)　Information-technology Promotion Agency の略。

進に関する法律の一部を改正する法律の附帯決議では、同法の施行後 2 年以内に、サイバーセキュリティ基本法を見直す必要性について検討し、その結果に基づいて、必要な措置を講ずることとされた。

「2020年及びその後を見据えたサイバーセキュリティの在り方について──サイバーセキュリティ戦略中間レビュー──」では、情報共有・連携ネットワーク（仮称）の構築・運用として、「NISC が総務省、経済産業省と連携し、有用な情報を有するセキュリティ機関や民間事業者からのインシデント情報やその脅威情報の提供を促進し、警察庁等と協調しつつ、迅速な集約・分析、効果的な対策の共有を行う情報連携体制を構築することにより、サイバー攻撃の被害及び被害拡大を防止すること。その際、2020年東京大会に向けた対策と連動させるとともに、既存の情報共有体制から得られた教訓を活かした仕組みとすること」が盛り込まれた。平成29年 5 月に日本を含む世界150か国以上で感染が確認されたランサムウェアである Wannacry の事案が発生したが、迅速な情報共有が不十分であったことから、攻撃手口や被害状況等の機微な情報が迅速に共有されることで、同様の手口によるサイバー攻撃の被害拡大を防ぐことの必要性が高まったものである。

(2)　改 正 内 容

ア　サイバーセキュリティ協議会の組織

国の行政機関、重要インフラ事業者、サイバー関連事業者等、官民の多様な主体が相互に連携し、より早期の段階で、サイバーセキュリティの確保に資する情報を迅速に共有することにより、サイバー攻撃による被害を予防し、また、被害の拡大を防ぐことなどを目的としてサイバーセキュリティ協議会を組織することとなった。

令和 2 年 6 月 5 日現在、国の行政機関の長、独立行政法人、地方公共団体、重要インフラ事業者、サイバー関連事業者、教育研究機関等合計225者が協議会の構成員となっている。

イ　守秘義務と情報提供義務

協議会の事務に従事する者又は従事していた者は、正当な理由がなく、当該事務に関して知り得た秘密を漏らし、又は盗用してはならないとし、構成員には守秘義務が課せられている。また、当該規定に違反した者に対して、

１年以下の懲役又は50万円以下の罰金が科されている（第38条）。罰則により担保された守秘義務を設けることは、協議会に提供した情報が適切に取り扱われず、当該情報が漏れてしまうのではないかとの懸念を払拭する意義がある。

　協議会は、その構成員に対し、サイバーセキュリティに関する施策の推進に関し必要な資料の提出、意見の開陳、説明その他の協力を求めることができる。この場合において、当該構成員は、正当な理由がある場合を除き、その求めに応じなければならないとし、構成員には情報提供義務が課されている。

ウ　サイバーセキュリティ戦略本部の一部事務の委託

　サイバーセキュリティに関する事象が発生した場合における国内外との関係機関との連絡調整に係る事務の一部を、サイバーセキュリティに関する事象が発生した場合における国内外との関係機関との連絡調整について十分な技術的能力及び専門的な知識経験を有するとともに、当該事務を確実に実施することができるものとして政令で定める法人に委託することができるとした。サイバーセキュリティ基本法施行令では、当該法人として一般社団法人JPCERT コーディネーションセンターを定めている。

3 サイバーセキュリティ政策の推進体制

1　情報セキュリティ関係省庁局長級等会議

　平成11年４月、内閣総理大臣を本部長とする高度情報通信社会推進本部では、「高度情報通信社会推進に向けた基本方針──アクションプラン」を策定した。このアクションプランにおいて示されたハイテク犯罪対策等に関する議論を行うため、平成11年９月、内閣官房副長官（事務）を議長とする情報セキュリティ関係省庁局長級等会議が設置された。この会議の庶務は、警察庁、防衛庁（当時）、通商産業省（当時）及び郵政省（当時）の協力を得て、内閣官房内閣安全保障・危機管理室（当時）において処理することとされた。この会議体が、政府におけるサイバーセキュリティ政策に関する最初の推進体制と言える。

　この会議では、具体的な課題として、「法制度の検討」、「ハッカー対策等の基盤整備」、「いわゆるサイバーテロ対策」を挙げ、実務的な議論を行うこととされた。

2　情報セキュリティ部会と情報セキュリティ対策推進会議、情報セキュリティ対策推進室

　平成12年１月から２月にかけ、中央省庁等のホームページを狙った同時多発的な不正アクセス事案が発生した。これにより、科学技術庁（当時）や総務庁（当時）を始めとする８つの省庁のホームページがサイバー攻撃を受け、内容を改ざんされたり、消去されたりした。このほか、侵入までには至らなかったが、システムに不正に侵入しようとした形跡が複数の省庁において発見されるなど、事態は深刻なものであった。中央省庁を狙った同時多発的なサイバー攻撃が敢行されたのは初めてのことであり、新聞等の報道でも大きく取り扱われた。

　このような事案を受け、情報セキュリティ対策強化の必要性が高まったことから、高度情報通信社会推進本部の下に、官民の有識者から構成される情報セキュリティ部会が設置された。

　また、平成12年２月、関係行政機関相互の緊密な連携の下、官民における情報セキュリティ対策の推進を図るため、内閣官房副長官（事務）を議長とする情報セキュリティ対策推進会議が設置された。この会議の庶務は、警察庁、総務庁（当時）、防衛庁（当時）、通商産業省（当時）及び郵政省（当時）の協力を得て、内閣官房において処理することとされた。この会議の設置に伴い、情報セキュリティ関係省庁局長級等会議は廃止された。

　さらに、平成12年２月、官民における情報セキュリティ対策の推進に係る総合調整を行うため、内閣官房内閣安全保障・危機管理室に、情報セキュリティ対策推進室が設置された。この情報セキュリティ対策推進室が、情報セキュリティ対策推進会議の事務局を担っていた。平成14年４月、情報セキュリティ対策推進室に、各省庁における情報セキュリティ対策の立案に必要な調査・助言等を行うための体制として緊急対応支援チーム「ＮＩＲＴ」[15]が設置された。総合調整を担ってきた内閣官房にＮＩＲＴという実働部隊を配

置したことは、各省庁の情報セキュリティ対策に積極的に関与しようという姿勢の表れでもあった。

3　情報セキュリティ政策会議と情報セキュリティセンター

　平成16年7月、IT総合戦略本部情報セキュリティ専門調査会の下に、情報セキュリティ分野の政策に関する基本的な問題を議論するため、情報セキュリティ基本問題委員会が設置された。この委員会は、第1次提言を取りまとめ、政府の取組の問題として、情報セキュリティに関する我が国としての基本戦略の策定・実行体制の不足及び政府自身の情報セキュリティ対策のための統一的・横断的な総合調整機能の不足を挙げ、結論として、情報セキュリティ政策会議（仮称）及び国家情報セキュリティセンター（仮称）の設置を挙げた。

　これを受け、IT総合戦略本部は、平成16年12月、「情報セキュリティ問題に取り組む政府の役割・機能の見直しに向けて」を決定した。

　そして、平成17年4月、情報セキュリティ対策推進室を発展・改組し、内閣官房情報セキュリティセンター（NISC(16)）が設置された。設置当時のNISCの主な機能は、①情報セキュリティに関する基本戦略（中長期計画、年度計画）の立案、②政府機関の総合対策促進、③政府機関の事案対処支援、④重要インフラの情報セキュリティ対策の4つであった。センター長には、内閣官房副長官補（安全保障・危機管理）が充てられた。

　また、平成17年5月、IT総合戦略本部の下に、官民における統一的・横断的な情報セキュリティ対策の推進を図るため、情報セキュリティ政策会議が設置された。内閣官房長官を議長、国家公安委員会委員長を始めとした関係大臣及び情報セキュリティに関し優れた識見を有する者を構成員とした。この会議の庶務は、警察庁、総務省、外務省(17)、経済産業省及び防衛省の協力を得て、内閣官房において処理することとされた。情報セキュリティ政策

---

(15)　National Incident Response Team の略。
(16)　National Information Security Center の略。
(17)　外務大臣は平成25年5月から構成員として加わり、外務省も庶務を協力して行うこととなった。

会議の設置に伴い、情報セキュリティ対策推進会議は廃止された。

4 サイバーセキュリティ戦略本部と内閣サイバーセキュリティセンター

⑴ サイバーセキュリティ戦略本部等の法定化

サイバー空間に対する社会経済活動等のあらゆる活動の依存度が高まるなどした結果、サイバー空間を取り巻くリスクは、次のように深刻化しているとされた。

- ・政府機関、独立行政法人等の研究機関、重要インフラ事業者等において、国の機密や技術情報の窃取等が目的とみられる標的型攻撃による脅威が顕在化するなど、国家安全保障・危機管理上の喫緊の課題として、サイバー空間を取り巻くリスクが甚大化
- ・IoT（Internet of Things）と呼ばれる、あらゆるものがインターネットに接続される時代を迎えようとしており、スマートフォン、自動車、複合機等のモノや社会インフラにもリスクが拡散
- ・サイバー空間には国境がなく、多種多様な主体による攻撃が世界中から我が国に対して行われており、海外において外国政府や軍の関与の可能性がある攻撃に使用された不正プログラム等が我が国でも同時期に確認されたことなどが明らかとなるなど、リスクがグローバル化

サイバーセキュリティ政策については、情報セキュリティ政策会議及びNISCにより推進されていたが、情報セキュリティ政策会議については、IT総合戦略本部長決定により、IT総合戦略本部の下に置かれており、また、NISCは、内閣総理大臣決定により、内閣官房に設置されているという状態が続いていた。この点について、法的な根拠・権限が不明確という指摘がなされるようになった。

そこで、サイバーセキュリティ基本法では、IT総合戦略本部の下に置かれていた情報セキュリティ政策会議を内閣に置くサイバーセキュリティ戦略本部に発展・改組してIT総合戦略本部と同格の位置付けとした。また、内閣官房組織令を改正して情報セキュリティセンターを内閣サイバーセキュリティセンター（NISC[18]）に発展・改組して法制上の位置付けを明確化した。

⑵　サイバーセキュリティ戦略本部の所掌事務等

ア　サイバーセキュリティ戦略の案の作成及び実施の推進

サイバーセキュリティ戦略については、内閣総理大臣が閣議の決定を求めることとされているが、当該戦略の案の作成はサイバーセキュリティ戦略本部の事務と規定されている。また、サイバーセキュリティ戦略の実施の推進については、サイバーセキュリティ戦略に基づく年次計画を策定し、実行状況をフォローアップすることを想定している。

イ　国の行政機関、独立行政法人及び指定法人におけるサイバーセキュリティに関する対策の基準の作成及び当該基準に基づく施策の評価（監査を含む。）その他の当該基準に基づく施策の実施の推進

サイバーセキュリティに関する対策の基準とは、政府機関等の情報セキュリティ対策のための統一基準群を想定している。また、これらに基づき、国の行政機関、独立行政法人及び指定法人におけるサイバーセキュリティの確保のための施策の評価のため、監査等の取組を行うことを想定している。

ウ　国の行政機関、独立行政法人又は指定法人で発生したサイバーセキュリティに関する重大な事象に対する施策の評価（原因究明のための調査を含む。）

国の行政機関、独立行政法人又は指定法人においてインシデントが発生した際に、調査を行うことが規定されている。

エ　総合調整等

サイバーセキュリティ関係施策に関する予算重点化方針を始めとした指針等の作成等について規定されている。

オ　緊密な連携

IT総合戦略本部及び国家安全保障会議と緊密な連携を図る旨が規定されている。

---

(18) National center of Incident readiness and Strategy for Cybersecurityの略。内閣官房情報セキュリティセンターの略称もNISCであったが、内閣官房内閣サイバーセキュリティセンターに改組されても略称はNISCとなった。

⑶　**サイバーセキュリティ戦略本部の組織等**

　サイバーセキュリティ戦略本部は、サイバーセキュリティ戦略本部長、サイバーセキュリティ戦略副本部長及びサイバーセキュリティ戦略本部員で組織する旨が規定されている。サイバーセキュリティ戦略本部長は、内閣官房長官をもって充てるとされている。サイバーセキュリティ戦略本部員は、国家公安委員会委員長を始めとした関係大臣及び情報セキュリティに関し優れた識見を有する者をもって充てるとされている。

⑷　**勧　　　告**

　サイバーセキュリティ戦略本部長は、監査、原因究明調査等の結果や資料の提供等に基づき、必要があると認めるときは、関係行政機関の長に対し、勧告することができる旨が規定されている。

　日本年金機構の情報流出事案の際には、「日本年金機構における個人情報流出事案に関する原因究明調査結果」（平成27年８月20日サイバーセキュリティ戦略本部決定）、「検証報告書」（平成27年８月21日日本年金機構における不正アクセスによる情報流出事案検証委員会）等を踏まえ、サイバーセキュリティ戦略本部長から厚生労働大臣に対し、勧告を行った。

⑸　**資料提供等**

　関係行政機関の長は、サイバーセキュリティ戦略本部長の求めに応じて、サイバーセキュリティに関する資料又は情報の提供及び説明その他必要な協力を行わなければならない旨が規定されている。日本年金機構の情報流出事案の際には、厚生労働省に対し、資料の提供を求めるなどした。

⑹　**NISC の事務**

　内閣官房組織令では、NISC においては次の事務をつかさどると規定されている。

・情報システムに対する不正な活動の監視及び分析
・インシデントの原因究明のための調査
・サイバーセキュリティの確保に関し必要な助言、情報の提供その他の援助
・サイバーセキュリティの確保に関し必要な監査
・サイバーセキュリティの確保に関する企画及び立案並びに総合調整

4 サイバーセキュリティに係る政府の取組

1　サイバーセキュリティ戦略

(1)　これまでの戦略

ア　第１次情報セキュリティ基本計画（平成18年２月）

情報セキュリティ政策会議が設置されて初めて策定された基本計画である。我が国が情報セキュリティ問題に取り組む上での４つの基本方針として、「官民各主体の共通認識の形成」、「先進的技術の追求」、「公的対応能力の強化」及び「連携・協調の推進」が掲げられた。

イ　第２次情報セキュリティ基本計画（平成21年２月）

第１次情報セキュリティ基本計画からの「発展」と「継続」を掲げ、策定された。取組を行う政策領域として、「課題の把握から事前対策、事後対応まで視野に入れた取組」、「技術面での対応から制度面、人的側面の対応まで視野に入れた取組」、「国内における対策の推進から、情報セキュリティ確保のために国際的になされる活動も視野に入れた取組」及び「国民の日常生活や経済活動といった個別主体に関係の深い領域から、安全保障や文化といった我が国全体に関係の深い領域にまで対応した取組」が挙げられた。

ウ　国民を守る情報セキュリティ戦略（平成22年５月）

平成21年７月の米韓における大規模サイバー攻撃事態の発生等を受け、策定された。基本方針として、「サイバー攻撃事態の発生を念頭に置いた政策の強化及び対処体制の整備」、「新たな環境変化に対応した情報セキュリティ政策の確立」及び「受動的な情報セキュリティ対策から能動的な情報セキュリティ対策へ」が掲げられた。

エ　サイバーセキュリティ戦略（平成25年６月）

従来の「情報セキュリティ」確保のための取組はもとより、広くサイバー空間に係る取組を推進する必要性と取組姿勢を明確化するため、「サイバーセキュリティ戦略」という名称が初めて用いられた。目指すべき社会像として、「世界を率先する」「強靱で」「活力ある」サイバー空間を構築し、これが社会システムに組み込まれることにより、サイバー攻撃等に強く、イノベーションに満ちた、世界に誇れる社会として、「サイバーセキュリティ立

国」を実現することを目指すとした。また、基本的な考え方として、「情報の自由な流通の確保」、「深刻化するリスクへの新たな対応」、「リスクベースによる対応の強化」及び「社会的責務を踏まえた行動と共助」が掲げられた。

オ　サイバーセキュリティ戦略（平成27年9月）

サイバーセキュリティ基本法施行後初めてのサイバーセキュリティ戦略であり、2020年東京オリンピック・パラリンピック競技大会の開催、そしてその先の2020年代初頭までの将来を見据えつつ、今後3年程度の基本的な施策の方向性を示すものとして位置付けられた。基本原則として、「情報の自由な流通の確保」、「法の支配」、「開放性」、「自律性」及び「多様な主体の連携」が掲げられた。

(2)　現行のサイバーセキュリティ戦略

ア　現 状 認 識

サイバーセキュリティ戦略（平成27年9月4日閣議決定）では、連接融合社会の到来が指摘されたが、現行のサイバーセキュリティ戦略では、AI、IoT、Fintech、ロボティクス、3Dプリンタ、AR/VR[19]等、サイバー空間における知見や技術・サービスが社会に定着し、経済社会活動・国民生活の既存構造に変革をもたらすイノベーションを牽引しており、この結果、サイバー空間と実空間の一体化が進展しているとされた。

イ　目 指 す 姿

新しい価値やサービスが次々と創出されて人々に豊かさをもたらす社会（Society5.0[20]）の実現に寄与するため、実空間との一体化が進展しているサイバー空間の持続的な発展を目指すとされた。

このため、これまでの基本的な立場を堅持しつつ、3つの観点[21]から、官民のサイバーセキュリティに関する取組を推進していくとしている。

基本的な立場とは、次のことをいう。

・基本法の目的（「経済社会の活力の向上及び持続的発展」、「国民が安全で安

---

(19)　Augmented Reality/Virtual Reality（拡張現実／仮想現実）の略。
(20)　狩猟社会、農耕社会、工業社会、情報社会に続く、人類史上5番目の新しい社会のこと。

心して暮らせる社会の実現」及び「国際社会の平和及び安全の確保並びに我が国の安全保障への寄与」）に沿って施策を推進すること。
・基本的な理念（自由、公正かつ安全なサイバー空間）を堅持すること。
・基本原則（「情報の自由な流通の確保」、「法の支配」、「開放性」、「自律性」及び「多様な主体の連携」）を堅持すること。

　3つの観点とは、「サービス提供者の任務保証」、「リスクマネジメント」及び「参加・連携・協働」をいう。

ウ　目的達成のための施策——経済社会の活力の向上及び持続的発展——
・新たな価値創出を支えるサイバーセキュリティの推進
　　経営層の意識改革、サイバーセキュリティに対する投資の推進等が掲げられている。
・多様なつながりから価値を生み出すサプライチェーンの実現
　　サイバーセキュリティ対策指針の策定、サプライチェーンにおけるサイバーセキュリティを確保できる仕組みの構築等が掲げられている。
・安全な IoT システムの構築
　　IoT システムにおけるサイバーセキュリティの体系の整備と国際標準化等が掲げられている。

エ　目的達成のための施策——国民が安全で安心して暮らせる社会の実現——
・国民・社会を守るための取組
　　安全・安心なサイバー空間の利用環境の構築及びサイバー犯罪対策への対策が掲げられている。
・官民一体となった重要インフラの防護
　　行動計画に基づく主な取組及び地方公共団体のセキュリティ強化・充

----

(21)　3つの観点とは、「サービス提供者の任務保証」、「リスクマネジメント」及び「参加・連携・協働」をいう。3つの観点からサイバーセキュリティに関する官民の取組を推進し、サイバー空間における安全・安心と経済発展を両立させ、信頼できるサイバー空間が自立的・持続的に進化・発展することを目指すとしている。全ての主体が、サイバーセキュリティに関する取組を自律的に行いつつ、相互に影響を及ぼし合いながら、サイバー空間が進化していく姿を、持続的に発展していく一種の生態系にたとえて、「サイバーセキュリティエコシステム」と呼称している。

実が掲げられている。

・政府機関等におけるセキュリティ強化・充実

　クラウド化の推進等による効果的なセキュリティ対策、監査を通じた
サイバーセキュリティの水準の向上等が掲げられている。

・大学等における安全・安心な教育・研究環境の確保

　大学等の多様性を踏まえた対策の推進及び大学等の連携協力による取
組の推進が掲げられている。

・2020年東京大会とその後を見据えた取組

　2020年東京大会に向けた態勢の整備及び未来につながる成果の継承が
掲げられている。

・従来の枠を超えた情報共有・連携体制の構築

　多様な主体の情報共有・連携の推進等が掲げられている。

・大規模サイバー攻撃事態等への対処態勢の強化

オ　目的達成のための施策――国際社会の平和・安定及び我が国の安全保障への寄与――

・自由、公正かつ安全なサイバー空間の堅持

　自由、公正かつ安全なサイバー空間の理念の発信及びサイバー空間に
おける法の支配の推進が掲げられている。

・我が国の防御力・抑止力・状況把握力の強化

　国家の強靱性の確保、サイバー攻撃に対する抑止力の向上等が掲げら
れている。

・国際協力・連携

　事故対応等に係る国際連携の強化、能力構築支援等が掲げられてい
る。

カ　横断的施策

人材育成・確保、研究開発の推進等が掲げられている。

キ　推進体制

NISC を中心に関係機関の一層の能力強化を図るとともに、各府省庁間の
総合調整及び産学官民連携の促進の要となる主導的役割を担うとされ、ま
た、各府省庁の施策が着実かつ効果的に実施されるよう、必要な予算の確保

と執行を図るとされた。

2　年次計画

現行のサイバーセキュリティ戦略では、サイバーセキュリティ戦略本部は、戦略を的確に実施していくため、3年間の計画期間内において、年次計画を作成するとともに、その施策の進捗状況を検証して、年次報告として取りまとめ、次年度の年次計画に反映することとされている。令和2年7月には、2019年度年次報告・2020年度年次計画として、「サイバーセキュリティ2020」が策定された。この「サイバーセキュリティ2020」には、令和2年度以降も見据えた新しい生活様式に関連した取組や、次期サイバーセキュリティ戦略も見据えた取組も盛り込まれた。

(1)　新しい生活様式の定着に向けた今後の取組

政府機関等においては、機関外での業務実施機会や複数の政府機関等が外部サービスを利用して連携する機会が増えたことを踏まえ、かかる環境下での情報セキュリティに対する特有の留意点や考え方を示していくことが有用であり、統一基準への追記を始め、必要な発信を行っていくこととされた。

(2)　現状の認識を踏まえ加速・強化すべき取組

新たな情報通信サービスの普及、新型コロナウイルス感染症対策としてのテレワーク等の積極的活用等に着目し、自助・共助・公助の観点から、次の事項を特に加速・強化すべき取組としてまとめ、次期サイバーセキュリティ戦略につなげるものとして整理された。

・新型コロナウイルス感染症対応を踏まえたDX[22]の推進とサイバーセキュリティ対策
・クラウドサービスの利用拡大に伴う防御範囲・手法の転換
・5G商用サービス開始とそれに伴うデータ活用の高度化
・サプライチェーン・リスクの拡大と予見性の確保
・国際的な議論の高まりと統一的な国際ルールへの期待

---

(22)　Digital Transformationの略。将来の成長、競争力強化のために、新たなデジタル技術を活用して新たなビジネスモデルを創出・柔軟に改変すること。

3　統一基準

　サイバーセキュリティ基本法では、サイバーセキュリティ戦略本部は、国の行政機関等のサイバーセキュリティに関する対策の基準を作成することを規定している。この規定に基づき、作成されたのが、「政府機関等の情報セキュリティ対策のための統一基準群」である。

　統一基準群は、国の行政機関、独立行政法人及び指定法人の情報セキュリティ水準を向上させるための統一的な枠組みであり、国の行政機関、独立行政法人及び指定法人の情報セキュリティのベースラインや、より高い水準の情報セキュリティを確保するための対策事項を定めている。

　統一基準群の運用により、それぞれの組織の PDCA サイクルや政府機関等全体の PDCA サイクルを適切に回し、政府機関等全体の情報セキュリティの確保を図っている。

　統一基準群は、次の規程から構成される。

⑴　政府機関等の情報セキュリティ対策のための統一規範

　サイバーセキュリティに関する対策の基準として、国の行政機関等がとるべき対策の統一的な枠組みを定め、国の行政機関等に自らの責任において対策を図らしめることにより、国の行政機関等全体のサイバーセキュリティ対策を含む情報セキュリティ対策の強化・拡充を図ることを目的とする規程であり、統一基準群の最上位のものである。

⑵　政府機関等の情報セキュリティ対策の運用等に関する指針

　国の行政機関等におけるサイバーセキュリティに関する対策の基準の運用に関し、必要な事項を定めた規程である。

⑶　政府機関等の情報セキュリティ対策のための統一基準

　政府機関等の情報セキュリティ対策のための統一規範に基づく国の行政機関等における統一的な枠組みの中で、統一規範の実施のため必要な要件として、情報セキュリティ対策の項目ごとに遵守すべき事項を定めた規程である。

⑷　政府機関等の対策基準策定のためのガイドライン

　国の行政機関等が統一基準を基に対策基準を策定する際に、統一基準の遵守事項を満たすためにとるべき基本的な対策事項を例示するとともに、対策基準の策定及び実施に際しての考え方等を解説するため、定められた規程で

ある。

4　GSOC 等

　政府機関等におけるサイバーセキュリティ対策について、政府横断的な立場から推進するため、平成20年 4 月から NISC において政府機関に対する情報セキュリティ横断監視・即応調整チーム（第一 GSOC）を、また、平成29年 4 月から NISC の監督の下、IPA において独立行政法人及び基本法に基づく指定法人に対する情報セキュリティ横断監視・即応調整チーム（第二 GSOC）を運用している。

　GSOC では、24時間365日体制でサイバー攻撃等の不審な通信の横断的な監視、不正プログラムの分析や脅威情報の収集を実施し、各組織へ情報提供を行っている。

　また、NISC は各府省庁の要請により情報セキュリティ緊急支援チーム（CYMAT[23]）を派遣し、技術的な支援・助言を実施している。

　一方、各府省庁や各法人はそれぞれ組織内 CSIRT を設置し、自組織の情報システムの構築・運用を行うとともに、サイバー攻撃による障害等の事案が発生した場合には、情報システムの管理者としての責任を果たす観点から、自ら被害拡大の防止、早期復旧のための措置、原因の調査、再発防止等の対応を実施している。

5　重要インフラ防護

(1)　重要インフラ

　重要インフラとは、他に代替することが著しく困難なサービスを提供する事業が形成する国民生活及び社会経済活動の基盤であり、その機能が停止、低下又は利用不可能な状態に陥った場合に、我が国の国民生活又は社会経済活動に多大なる影響を及ぼすおそれが生じるものをいう。

---

(23)　Cyber incident Mobile Assistance Team の略。我が国の機関等において大規模なサイバー攻撃等により政府として一体となって迅速・的確に対応すべき事態等が発生した際に、機関の壁を越えて連携し、被害拡大防止等について機動的な支援を行うため、平成24年に内閣官房に設置した体制のこと。

⑵　重要インフラ分野

　令和2年1月現在、「情報通信」、「金融」、「航空」、「空港」、「鉄道」、「電力」、「ガス」、「政府・行政サービス（地方公共団体を含む。）」、「医療」、「水道」、「物流」、「化学」、「クレジット」及び「石油」の14分野となっている。

⑶　重要インフラ防護の目的と基本的考え方

　重要インフラ防護の目的は、重要インフラにおいて、機能保証[24]の考え方を踏まえ、自然災害やサイバー攻撃等に起因する重要インフラサービス障害の発生を可能な限り減らすとともに、その発生時には迅速な復旧を図ることにより、国民生活や社会経済活動に重大な影響を及ぼすことなく、重要インフラサービスの安全かつ持続的な提供を実現することである。

　重要インフラ事業者等における情報セキュリティ対策は、一義的には当該重要インフラ事業者等が自らの責任において実施することを基本的な考え方としている。ただし、重要インフラ全体の機能保証の観点からは、各関係主体が連携して重要インフラ防護の目的を果たすために努力を払うことが必要である。このため、重要インフラ防護における関係主体が一丸となった取組を通じて、重要インフラ防護の目的を果たすとともに、併せて国民の安心感の醸成、社会の成長、強靱化及び国際競争力の強化を目指すこととされている。

⑷　重要インフラの情報セキュリティ対策に係る第4次行動計画

　重要インフラの情報セキュリティ対策に係る第4次行動計画では、「安全基準等の整備及び浸透」、「情報共有体制の強化」、「障害対応の体制の強化」、「リスクマネジメント及び対処態勢の整備」及び「防護基盤の強化」という5つの施策を推進することとされている。それぞれの施策の取組状況は、次のとおりである。

ア　安全基準等の整備及び浸透

　重要インフラサービスの安全かつ持続的な提供の実現を図る観点から、重

---

(24)　重要インフラサービスは、それ自体が国民生活及び社会経済活動を支える基盤となっており、その提供に支障が生じると国民の安全・安心に直接的かつ深刻な負の影響が生じる可能性がある。このため、各関係主体は、重要インフラサービスを安全かつ持続的に提供するための取組（機能保証）が求められる。

要インフラの各分野の安全基準等で規定されることが望まれる項目を整理した「重要インフラにおける情報セキュリティ確保に係る安全基準等策定指針（第5版）」（平成30年4月4日サイバーセキュリティ戦略本部決定）が策定された。

令和元年5月には当該指針が改定され、災害が発生した場合であっても被害を低減できるような防止対策を事前に検討・実施することにより適切な設備の設置及び管理を行う仕組みを構築することや、システムのリスク評価に応じてデータの適切な保護や保管場所の考慮を始めとした望ましいデータ管理を行うことが対策項目として追加された。

イ　情報共有体制の強化

重要インフラサービス障害に係る情報及び脅威情報を分野横断的に収集する仕組み及びサイバー空間から関連する情報を積極的に収集・分析する仕組みを構築することにより、収集した情報を取りまとめ、必要な情報発信が行われたほか、セプター[25]事務局や重要インフラ事業者等との情報共有に関し、情報共有体制の更なる改善が図られている。具体的には、政府内において、その実施に必要な事項を記載した「重要インフラ所管省庁との情報共有に関する実施細目」を発展させ、「「重要インフラの情報セキュリティ対策に係る第4次行動計画」に基づく情報共有の手引書」が策定された。

ウ　障害対応の体制の強化

官民の情報共有体制を含めた重要インフラ全体の重要インフラサービス障害対応能力の維持・向上のため、内閣官房、重要インフラ所管省庁、重要インフラ各分野の事業者等が情報共有・対処を行う「分野横断的演習」が毎年実施されている。令和元年度は、東京2020大会を見据え、東京2020大会期間中のシナリオに基づき、通常とは違う連絡体制及び連絡頻度におけるNISCを始めとした政府内連携の確認や試行中であった「情報共有の手引書」による情報提供の手順や情報連絡様式の周知徹底、迅速かつ的確な情報伝達

---

(25)　Capability for Engineering of Protection, Technical Operation, Analysis and Responseの略（CEPTOR）。重要インフラ事業者等の情報共有・分析機能及び当該機能を担う組織。平成17年以降順次構築が進められ、令和2年3月末現在、14分野で19セプターが活動している。

の確認が行われた。

エ　リスクマネジメント及び対処態勢の整備

東京2020 大会の関連事業者等が継続的に実施しているリスクアセスメントの取組に利活用されるべく提供された「機能保証のためのリスクアセスメント・ガイドライン」を Web サイトに掲載したり、説明会で配布したりすることで浸透を図るとともに、「重要インフラにおける機能保証の考え方に基づくリスクアセスメント手引書」の改定が行われた。さらに、東京2020 大会のサイバーセキュリティに係る脅威・インシデント情報の共有等を担う中核的組織としてのサイバーセキュリティ対処調整センターが設置され、東京2020 大会に向け、G20、ラグビーワールドカップ2019 での運用が実施されたほか、サイバーセキュリティ対処調整センターの情報共有システムを使用した情報共有及びインシデント発生時の対処に係る訓練・演習が実施された。

オ　防護基盤の強化

防護範囲の見直し、広報広聴活動、国際連携、人材育成等の推進等、第4次行動計画の全体を支える共通基盤の強化を推進している。

6　サプライチェーン・リスク対策

複雑化・巧妙化しているサイバー攻撃に対して、政府機関等におけるサイバーセキュリティ対策を一層向上させるためには、従来行われている取組に加え、より一層サプライチェーン・リスクに対応するなど、政府の重要業務に係る情報システム・機器・役務等の調達におけるサイバーセキュリティ上の深刻な影響を軽減するための新たな取組が必要であるとして、平成30年12月、「IT 調達に係る国の物品等又は役務の調達方針及び調達手続に関する申合せ」が決定された。この申合せに基づき、国家安全保障及び治安関係の業務を行うシステム等、より一層サプライチェーン・リスクに対応することが必要であると判断されるものを調達する際には、総合評価落札方式等、価格面のみならず、総合的な評価を行う契約方式を採用し、原則として、NISC 等の助言を得ることとなった。

5 おわりに

　日本を含め世界における平成12年以降のサイバー攻撃を振り返ると、中央省庁等ホームページの連続改ざん事案、米韓への大規模サイバー攻撃、イラン核施設へのサイバー攻撃、標的型攻撃、身代金要求型攻撃等、枚挙にいとまがない。

　政府においては、サイバー空間の脅威に対処するため、これまで対策の基準の作成、監査、重要インフラ防護、サプライチェーン・リスク対策等の様々な取組を推進してきた。平成26年には、サイバーセキュリティに関する施策の基本となるサイバーセキュリティ基本法が成立した。このサイバーセキュリティ基本法と平成12年に成立したIT基本法は車の両輪であり、ようやくITとサイバーセキュリティの均衡が保たれることとなった。また、IT総合戦略本部の下に置かれていた情報セキュリティ政策会議もサイバーセキュリティ基本法によりサイバーセキュリティ戦略本部として法定化され、サイバーセキュリティ政策の司令塔としての機能が強化された。これらは、サイバーセキュリティの重要性が高まっていることの証左であると言える。

　米国においては、平成23年、国防総省が初めてのサイバー戦略をまとめ、その中でサイバー空間を陸・海・空・宇宙空間に次ぐ第5の新たな戦場と位置付けた。米国では、この時から既にサイバーセキュリティは国家安全保障・危機管理の観点からも不可欠な要素と認識されていたのである。

　サイバー空間での社会経済活動は今後も更に活発になると考えられるが、それは裏を返せば、サイバー空間の脅威も更に高まるということである。

　サイバーセキュリティの確保のためには、日々進化し続ける攻撃手法に有効な対策を常に打ち出していくことが不可欠である。日本が攻撃者にとって狙いやすい国と認識されることのないよう、新たな脅威に対処するため、法整備も含め、今後も的確な取組が求められるのである。

〈参考文献〉
・奥隆行「我が国における情報セキュリティ対策と警察の取組みについて」警察政策第8巻（2006年）286～304頁
・国家公安委員会・警察庁『令和2年版警察白書』（2020年、日経印刷株式会社）104、115頁
・武智洋＝満永拓邦＝国分裕＝大河内智秀監修『サイバー攻撃からビジネスを守る』（2013年、NTT出版）32～33頁
・内閣・情報セキュリティ対策推進会議の設置について（2020年11月3日、https://www.kantei.go.jp/jp/it/security/suisinkaigi/0229suisinkaigi.html）
・内閣・情報セキュリティ対策推進室の設置に関する規則（2020年11月3日、https://www.kantei.go.jp/jp/it/security/suisinsitu/0229kisoku.html）
・内閣・情報セキュリティ問題に取り組む政府の役割・機能の見直しに向けて（2020年11月3日、https://www.kantei.go.jp/jp/singi/it2/kettei/041207minaosi.pdf）
・内閣・2020年及びその後を見据えたサイバーセキュリティの在り方について——サイバーセキュリティ戦略中間レビュー——（2020年10月11日、https://www.kantei.go.jp/jp/singi/it2/cio/dai72/siryou1.pdf）
・内閣・「日本再興戦略」改訂2015（2020年10月11日、https://www.kantei.go.jp/jp/singi/keizaisaisei/pdf/dai1jp.pdf）
・内閣官房・サイバーセキュリティ基本法及び情報処理の促進に関する法律の一部を改正する法律案の概要（2020年10月11日、https://www.cas.go.jp/jp/houan/160202/siryou1.pdf）
・内閣官房情報セキュリティセンター・国民を守る情報セキュリティ戦略（2020年11月3日、https://www.nisc.go.jp/active/kihon/pdf/senryaku.pdf）
・内閣官房情報セキュリティセンター、サイバーセキュリティ戦略（平成25年6月10日情報セキュリティ政策会議決定）（2020年11月3日、https://www.nisc.go.jp/active/kihon/pdf/cyber-security-senryaku-set.pdf）
・内閣官房情報セキュリティセンター・情報セキュリティ関係省庁局長等会議の設置について（2020年11月3日、https://www.nisc.go.jp/active/sisaku/0917kyokutyou.html）
・内閣官房情報セキュリティセンター・情報セキュリティ政策会議の設置について（2020年10月11日、https://www.nisc.go.jp/conference/seisaku/pdf/kitei.pdf）
・内閣官房情報セキュリティセンター・情報セキュリティ基本問題委員会について（2020年11月3日、https://www.nisc.go.jp/conference/kihon/dai1/1siryou1.html）
・内閣官房情報セキュリティセンター・第1次情報セキュリティ基本計画（2020年11月3日、https://www.nisc.go.jp/active/kihon/ts/bpc01_c.html）
・内閣官房情報セキュリティセンター・第2次情報セキュリティ基本計画の概要について（2020年11月3日、https://www.nisc.go.jp/conference/seisaku/dai20/pdf/20siryou0201.pdf）
・内閣官房情報セキュリティセンター・第1次提言の概要（2020年11月3日、https://www.nisc.go.jp/conference/kihon/teigen/pdf/1teigen_gaiyou.pdf）
・内閣官房情報セキュリティセンター・内閣官房情報セキュリティセンター（NISC）の

設置について（2020年11月3日、https://www.nisc.go.jp/itso/nisc_press.pdf）
- 内閣官房情報セキュリティセンター・我が国のサイバーセキュリティ推進体制の機能強化に関する取組方針（2020年11月3日、https://www.nisc.go.jp/conference/seisaku/dai41/pdf/houshin20141125.pdf）
- 内閣官房内閣サイバーセキュリティセンター・IT調達に係る国の物品等又は役務の調達方針及び調達手続に関する申合せ（2020年11月4日、https://www.nisc.go.jp/active/general/pdf/chotatsu_moshiawase.pdf）
- 内閣官房内閣サイバーセキュリティセンター・サイバーセキュリティ基本法第27条第3項に基づく勧告について（2020年11月4日、https://www.nisc.go.jp/press/pdf/kankoku20150911_press.pdf）
- 内閣官房内閣サイバーセキュリティセンター・サイバーセキュリティ協議会について（簡略版）（2020年10月11日、https://www.nisc.go.jp/conference/cs/kyogikai/pdf/kyogikai_gaiyou_kanryaku.pdf）
- 内閣官房内閣サイバーセキュリティセンター・サイバーセキュリティ協議会について（詳細版）（2020年10月11日、https://www.nisc.go.jp/conference/cs/kyogikai/pdf/kyogikai_gaiyou.pdf）
- 内閣官房内閣サイバーセキュリティセンター・サイバーセキュリティ戦略（平成30年7月27日閣議決定）（2020年11月3日、https://www.nisc.go.jp/active/kihon/pdf/cs-senryaku2018.pdf）
- 内閣官房内閣サイバーセキュリティセンター・サイバーセキュリティ戦略（平成27年9月4日閣議決定）（2020年10月11日、https://www.nisc.go.jp/active/kihon/pdf/cs-senryaku.pdf）
- 内閣官房内閣サイバーセキュリティセンター・サイバーセキュリティ2020（2020年11月3日、https://www.nisc.go.jp/active/kihon/pdf/cs2020.pdf）
- 内閣官房内閣サイバーセキュリティセンター・政府機関等の情報セキュリティ対策の運用等に関する指針（2020年11月3日、https://www.nisc.go.jp/active/general/pdf/shishin30.pdf）
- 内閣官房内閣サイバーセキュリティセンター・政府機関等の情報セキュリティ対策のための統一基準（平成30年度版）（2020年11月3日、https://www.nisc.go.jp/active/general/pdf/kijyun30.pdf）
- 内閣官房内閣サイバーセキュリティセンター「政府機関等の情報セキュリティ対策のための統一基準群（平成30年度版）」について（2020年11月3日、https://www.nisc.go.jp/active/general/kijun30.html）
- 内閣官房内閣サイバーセキュリティセンター・政府機関等の情報セキュリティ対策のための統一規範（2020年11月3日、https://www.nisc.go.jp/active/general/pdf/kihan30.pdf）
- 内閣官房内閣サイバーセキュリティセンター・政府機関等の対策基準策定のためのガイドライン（平成30年度版）（2020年11月3日、https://www.nisc.go.jp/active/general/pdf/guide30.pdf）
- 内閣官房内閣サイバーセキュリティセンター・日本年金機構における個人情報流出事案

に関する原因究明調査結果（2020年10月11日、https://www.nisc.go.jp/active/kihon/pdf/incident_report.pdf）
・人見友章「警察行政と科学技術政策のかかわりについて」警察学論集第61巻第10号（2008年）154～155頁
・平井卓也、わが国のサイバーセキュリティ体制の強化に向けての提言（2020年10月11日、https://www.hirataku.com/wp-content/themes/hirataku/pdf/6b98e5eeff44c9f7df98a4a7fd85f70e.pdf）
・星周一郎『サイバーセキュリティ基本法の制定とサイバーセキュリティへの刑事法的対応』（2016年、公益財団法人公共政策調査会）7～17頁
・三角育生「サイバーセキュリティ基本法制定・改正の経緯」日本セキュリティ・マネジメント学会誌34巻1号（2020年）28～32頁
・National Institute of Standards and Technology, Department of Defense Strategy for Operating in Cyberspace（2020年11月12日、https://csrc.nist.gov/CSRC/media/Projects/ISPAB/documents/DOD-Strategy-for-Operating-in-Cyberspace.pdf）

（ひとみ・ともあき）

第12章
サイバー犯罪の越境捜査とその課題[1]

中央大学法学部教授　　四　方　　光

1　問題の所在
2　越境リモートアクセス
3　ISPを通じた海外からのデータ取得

1 問題の所在

1　はじめに

犯罪者はスマートフォンやパソコンを用いてインターネット空間上で自由に国境を越えることができるのに対し、各国の捜査機関の活動領域は基本的に当該国の領域内に限定され、原則として数か月もの時間を要することが多い国際捜査共助の手続によらなければ他国において捜査を及ぼすことはできない。これが、インターネット上の越境捜査の困難性である。この問題は、今日我が国における犯罪対策上最大の課題の一つであるといって過言ではない。このことは、クラウド・コンピューティングの普及によってますます深刻さの度合いを増している。インターネット上の越境捜査の困難性を解消する国際法、国内法上の立法措置をとることが、我が国においても国際社会においても喫緊の課題となっている。

2　クラウド・コンピューティングの影響

クラウド・コンピューティングとは、データやソフトウェアをユーザーの端末で保管せず、インターネット・サービス・プロバイダ（ISP）のデータサーバで保管して、ユーザーが利用するたびごとにインターネットを通じて

（1）　本章の記述は、四方光「国境を越えるインターネット上の捜査に係る憲法問題」小山剛他編『日常のなか〈自由と安全〉』（2020年、弘文堂）250～270頁に加筆・修正をしたものである。

これらを呼び出すことを可能にする通信サービスである。人々が日常使用する電子メールや SNS も、逐一ユーザーのコンピュータに蔵置せず、ISP のデータサーバに記録しておき、ユーザーはこれにアクセスしてメールの内容を閲覧したり、作成したりするようになっている。すなわち、ユーザーの手許にあるコンピュータは、データの閲覧や作成のための「窓」に過ぎず、データの保管場所ではなくなっているのである。

このようなサービスを提供する ISP は、大量のデータを保管・運用しなければならないので、最近では効率的な保管・運用のために、世界中に数多くのデータサーバを設置し、データの保管場所を機械的自動的に世界中に分散しているとのことである。そのため、個々のデータがどこに保管されているかは、ISP 自身も分からないという。

3 クラウド・コンピューティングがもたらす捜査上の課題

クラウド・コンピューティングは、多くの人々に大いなる便宜をもたらすが、捜査機関にとっては大いなる不都合を生じさせることとなる。すなわち、被疑者が作成又は取得したメール等の電子データを把握したい捜査当局としては、被疑者のコンピュータ自体を対象とした捜索差押えないし検証を行っても、目的とする電子データを取得することができないのである。

そこで、平成23年の刑事訴訟法改正によって、被疑者のパソコンに対する捜索差押時に、これと接続された他人の記録媒体のうち被疑者に管理権ある領域に接続し、その領域内のデータを複製して差し押さえることが認められることとなった（99条2項、218条2項）。これがリモートアクセスと呼ばれる捜査手法である。被疑事実と関連性のある被疑者のパソコンそのものとは異なる他人のデータサーバ内のデータを取得できる根拠が問題となるが、改正法案起草者によれば、被疑者に接続権限が設定されている ISP のデータサーバの領域は、被疑者のコンピュータと一体的に利用されているので、被疑者のコンピュータと同一視できることを根拠としている[2]。

しかし、このリモートアクセスにも問題がある。

第一に、リモートアクセスによって取得しようとするデータの蔵置先が海外にある、あるいは海外にある可能性がある場合、リモートアクセスを実施

することは当該データの蔵置先の国の主権を侵害することとなるので、そのようなリモートアクセスは認められないのではないかという問題が生ずる。

　つぎに、被疑者のパソコンの捜索・差押え時にはクラウド・コンピューティングにアクセスするための被疑者のID・パスワードが判明していない場合が少なくないので、捜査機関はやむなく被疑者のパソコンを一旦押収して、当該パソコンの解析や他の証拠からID・パスワードを解明することとなる。ところが、リモートアクセスが許容される根拠が、上記のとおり被疑者のパソコンと一体的に利用されて同一視できることに求められているため、一旦押収した後は、リモートアクセス令状によっても検証許可状によってもすることができない、というのが現時点での裁判例である（後述の東京高判平成28・12・7）。

　そうすると、捜査機関としては、被疑者が利用するクラウド・コンピューティングを提供するISPに対して、被疑者利用に係るデータの提供を求めることになる。この場合、刑事共助条約（Mutual Legal Assistance Treaty: MLAT）等に基づく国際捜査共助によって当該外国の捜査機関の協力を得て、当該外国の裁判所の審査を経るなどしてデータを入手することが原則となる。しかし、世界のISPの多くが集中する米国に対しては、世界中の捜査機関から多数の共助要請が殺到するため、共助担当部署の受理容量を超えることが常態化しており、実質的に機能しておらず現実的な解決策とならない。

　そこで第二に、より簡便な方法として、日本の裁判所の令状で、米国等海外に本社があるISPに対して、米国等の日本国外のサーバに蔵置されたデータの提出を求めることができるか、ということが問題となる。

（２）　杉山徳明＝吉田雅之「『情報処理の高度化等に対処するための刑法等の一部を改正する法律』について（上）、（下）」法曹時報64巻４号１〜102頁、同５号55〜175頁。

2 越境リモートアクセス

1　越境リモートアクセスに関する裁判例

　越境リモートアクセスについては、高裁レベルの裁判例の判断が分かれていたところ、近時最高裁の決定がなされた。これらの裁判例では、外国の主権侵害に当たるか、当たるとしてそれが刑訴法上の違法に当たるか、証拠排除すべき違法かが問題となった。本稿では、主として外国の主権侵害に当たるか否かの判断について紹介する。

⑴　東京高判平成28年12月7日高刑集69巻2号5頁、判時2367号107頁（平成28年（う）727号）⑶

　本件は、被告人が米国に本社を有する ISP の提供するメールサービスを用いて会社社屋への放火や運転免許証の偽造等を共謀し、実行に至ったという重大な事件である。メールの内容を取得するまでの経過において、警察官は、まず被告人方の捜索時にリモートアクセス令状を得て被告人のパソコンからメールサーバにアクセスしようとしたが、その時点ではパスワードが未解明であったため、一旦当該パソコンを押収し、後日検証許可状を得て、警察署にある当該パソコンからリモートアクセスを行ったというものである。

　本判決は、検証許可状では行うことができない強制処分を行った重大な違法があることを主な理由として、上記リモートアクセスにより得られた検証調書・捜査報告書の証拠能力を否定した横浜地裁の原判決の判断を支持したが、その際、本件検証の違法性の理由として「サーバが外国にある可能性があったのであるから，捜査機関としては，国際捜査共助等の捜査方法を取るべきであったともいえる」とも述べており、アクセス先のサーバが海外に存在する可能性がある場合におけるリモートアクセスは違法である旨判断したものとみられている。

　この点については、後述する立法担当者の見解に沿ったもののようにも見えるが、捜査実務に対する影響は大きく、本判決以降リモートアクセスが行

（3）　評釈として、笹倉宏紀・ジュリ臨増1518号182頁（平29重判解）、山内由光・研修832号13頁、四方光・刑事法ジャーナル58号143頁、宇藤崇・法教445号152頁がある。

われなくなった時期があるという。

(2)　大阪高判平成30年9月11日裁判所ウェブサイト（平成29年（う）635号）[4]

　本件は、被告人らが米国に設置したサーバ内にわいせつ画像のデータを蔵置し、わいせつ電磁的記録記録媒体陳列罪等の罪に問われた事件である。本件では、警察官が国内に所在する被告人らのパソコンから当該サーバにアクセスした際に被告人らから同意を得たといえるかが争点となったが、大阪高裁は同意の存在を否定しつつも、令状主義を没却させるような違法はないとして上記アクセスにより得られた証拠の証拠能力を肯定した。

　同高裁は、越境アクセスの違法性については、「相手国の同意ないし承諾を得ることなく、海外リモートアクセス等の処分を行った場合には、強制捜査であれ、任意捜査であれ、その対象となった記録媒体が所在する相手国の主権を侵害するという国際法上の違法を発生させると解する余地がある」としつつも、「相手国が捜査機関の行為を認識した上、国際法上違法であるとの評価を示していればともかく、そうではない場合に、そもそも相手国の主権侵害があったといえるのか疑問がある。その点は措いて、外国の主権に対する侵害があったとしても、実質的に我が国の刑訴法に準拠した捜査が行われている限り、関係者の権利、利益が侵害されることは考えられないのであり、本件においては、後に詳論するとおり、リモートアクセス等は、実質的に司法審査を経た本件捜索差押許可状に基づいて行われていると評価することができるのであるから、被告人らに、このような違法性を主張し得る当事者適格があるかどうかも疑問である。」とした。相手国からの主権侵害の主張がない限り主権侵害の違法があるとはいえないとする趣旨と考えられ、後述する山内説や笹倉説に近い立場をとったものとみられる。

　本判決以後、捜査実務において上記(1)の東京高判以後利用されなくなっていたリモートアクセスが、再び利用され始めるようになったという。

（4）　評釈として、吉田利広・研修853号25頁、栗田理史・研修849号25頁、伊藤嘉亮・法時91巻5号150頁、指宿信・法セ増（新判例解説Watch）24号187頁、豊田兼彦・法セ増（新判例解説Watch）24号177頁、宇藤崇・法教462号157頁、中島宏・法セ768号130頁、深野友裕・警察学論集72巻4号151頁がある。

⑶　**東京高判平成31年1月15日高刑速（令和元年）95頁（平成30年（う）1375号）**(5)

　本件は、被告人が元交際相手の被害者に対して、強姦の目的は遂げず傷害を負わせ、現金を強奪したことにより、強姦致傷、強盗等の罪に問われた事件である。被害者が被告人から使用の許諾を得たタブレットを所持していたことから、警察官は、被害者から当該タブレットの提供を受け、米国に本社を置く検索サイトの検索履歴を閲覧し、写真撮影報告書等を作成した。そこで、当該検索履歴の閲覧が越境リモートアクセスに当たり違法かどうかが争われた。本件により、日本人が日常的に用いているタブレットやスマートフォンであっても、捜査機関が閲覧する場合には越境リモートアクセスに当たることとなることが明らかになった。家庭裁判所調査官や保護司、公立学校の教師が、非行少年の指導等の過程で対象少年の所持するスマートフォンを閲覧するためには、国際共助の枠組みを利用しなければならないことになりかねないということである。行政庁が取締法規に基づいて事業者に対する立入調査を行い、クラウド上に蔵置されたデータを当該事業者のパソコンを通じて閲覧しようとする場合も同様である。

　東京高裁は、「一般に、サーバーが外国にある可能性がある場合のリモートアクセスの可否については、サイバー犯罪条約上規定がなく、国際的合意が得られていないと解される。上記の場合にリモートアクセスを行うためには、国際捜査共助を要請するのが望ましいとしても、これを行わずにリモートアクセスを行ったことにより、外交上の問題を生じ得ることはともかく、我が国の刑訴法の解釈上、捜査の違法性の判断に直ちに影響を及ぼすものではないというべきである。したがって、本件閲覧捜査が国際捜査共助の要請なく行われたことは、その証拠能力を判断するに当たって考慮すべき事項とはいえない」として、外国の主権侵害は刑訴法上の違法に当たらないとする解釈を示したものと考えられる。

⑷　**最決令和3年2月1日裁判所ウェブサイト（平成30年（あ）1381号）**(6)

　本件は、上記⑵の上告審である。弁護側は、日本国外に所在するサーバへ

（5）　評釈として、片野真紀・研修850号77頁がある。

のリモートアクセスによる電磁的記録の取得行為は、現行刑訴法によっては行うことができず、あくまで国際捜査共助によるべきであり、それによらず国外にあるサーバにアクセスを行ったことはサーバ存置国の主権を侵害するものであり、重大な違法があるから、各手続によって収集された証拠は違法収集証拠として排除すべきでものであると主張した模様である。

　これに対し、最高裁は、「刑訴法99条2項、218条2項の文言や、これらの規定がサイバー犯罪に関する条約（平成24年条約第7号）を締結するための手続法の整備の一環として制定されたことなどの立法の経緯、同条約32条の規定内容等に照らすと、刑訴法が、上記各規定に基づく日本国内にある記録媒体を対象とするリモートアクセス等のみを想定しているとは解されず、電磁的記録を保管した記録媒体が同条約の締約国に所在し、同記録を開示する正当な権限を有する者の合法的かつ任意の同意がある場合に、国際捜査共助によることなく同記録媒体へのリモートアクセス及び同記録の複写を行うことは許されると解すべきである」とし、警察官が、国際捜査共助によらずに関係者の任意の承諾を得てリモートアクセス等を行うという方針を採ったこと自体が不相当であるということはできないことなどを理由に、重大な違法には当たらないとして上記証拠の証拠能力を認めた。

　この点につき、三浦守裁判官は、補足意見として、「リモートアクセスの対象である記録媒体は、日本国外にあるか、その蓋然性が否定できないものであって、同条約の締約国に所在するか否かが明らかではないが、このような場合、その手続により収集した証拠の証拠能力については、上記の説示をも踏まえ、権限を有する者の任意の承諾の有無、その他当該手続に関して認められる諸般の事情を考慮して、これを判断すべきものと解される」と述べている。

　本件判示の構造は複雑であるが、国内捜査の観点ではリモートアクセス令状を得ての越境リモートアクセスを適法とし、国際捜査の観点ではサイバー犯罪条約32条を根拠に、同条約の締約国にデータが蔵置されている場合で

（6）　評釈として、前田雅英・WLJ判例コラム227号（文献番号2021WLJCC006）、星周一郎（共著『刑事訴訟法判例ノート　第3版』弘文堂、近刊予定）がある。

あって、アクセス権限のある者の任意の同意があれば当該データ蔵置国の主権を侵害することにはならず適法であることを示したものと考えられる。

　もっとも、本件は、データが日本国内にあるのか、サイバー犯罪条約締約国内にあるのか、それ以外の国にあるのか、いずれか分からない事例であって、最高裁は、このような場合にも、リモートアクセスは刑訴法上違法ではないと判断しているのか、あるいは、サイバー犯罪条約の非締約国の主権を侵害する蓋然性があり違法性を帯びる可能性はあるものの証拠排除しなければならないほど重大な違法性はないと判断しているのに過ぎないのかは、判然としない。最高裁の立場としては、国際社会において議論が継続中の問題について議論を先取りすることを避けつつ、リモートアクセス令状利用再開の根拠となった大阪高裁の判断を是認することによって、捜査実務における混乱を回避したものと評価することができる。今後個別の事件においてどのような判断がなされるか、なお注目する必要がある。

　他国の主権を尊重しなければならない行政権に属する捜査実務の対応としては、リモートアクセス令状を取得しつつ、なお他国の主権侵害による違法をなるべく避けるため、アクセス権限のある者の同意を取得する取扱いが続くこととなるのであろうか。強制捜査でありながら結局相手方の同意を要するのであれば、相手方の同意が得られない場合には強制捜査をすることができないこととなり、捜査実務への影響はなお大きい。その意味では、この問題を根本的に解決する国際的枠組みの早急な創設とそれに合わせた国内法の整備が待たれるところである。

2　米国のリモートアクセス

　米国の刑事訴訟規則（連邦最高裁規則）は、蔵置場所が技術的に隠されている場合のリモートアクセスを明文で認めている（Federal Rules of Criminal Procedure（b）(6)）。しかし、蔵置場所が明確に海外にあることが判明している場合はリモートアクセスをすることができないとするのが、政府の立場のようである[7]。

3　サイバー犯罪条約第2議定書起草過程における越境リモートアクセスの取扱い

越境リモートアクセス（transborder access）は、多くの国において現に実施されていることを前提に、これを改善する目的で、サイバー犯罪条約第2議定書の起草交渉においても課題となっている。サイバー犯罪条約委員会のクラウド証拠グループ（Cloud Evidence Group）が2016年9月に策定した勧告では、次のような事項が定められているが[8]、同意に至るか否かは定かではない[9]。

・適法に取得された秘密事項（credentials: ID・パスワード等）を用いた同意なき越境アクセス（ただし、事前又は事後における相手国への通知を要する。また、ハッキングによる取得は除外される。）

・捜査機関の善意（good faith）、緊急の場合等における同意なき越境アクセス（緊急の場合として、急迫の危険、身体への侵害、被疑者の逃亡、証拠隠滅が例示されている。捜査機関の善意の場合として、データが海外にあることを知らなかった場合、データの所在場所が分からない場合が挙げられている。）

・属地主義の原則に代えて処分権や所有権・管理権をアクセスの法的正当性の根拠とすべきこと。

4　越境捜査一般に関する学説

国際法上の越境捜査の可否については、限定説と外国主権制限説の対立がある。

限定説に立つ古谷修一は、「国家の強制的な法執行措置、すなわち捜査、

（7）　Congressional Research Service, *Digital Searches and Seizures: Overview of Proposed Amendments to Rule 441 of the Rules of Criminal Procedure*, September 8, 2016（最終閲覧2021. 3. 10）

（8）　Criminal justice access to electronic evidence in the cloud: Recommendations for consideration by the T-CY（https://rm. coe. int/CoERMPublicCommonSearchServices/DisplayDCTMContent?documentId=09000016806a495e（最終閲覧2019. 12. 29））

（9）　2020年11月10日にサイバー犯罪条約委員会が公表した第2議定書草案には、越境リモートアクセスに相当する条項は入っていないようである。https://rm. coe. int/provisional-text-of-provisions-2nd-protocol/1680a0522c（最終閲覧2020. 12. 15）

押収、逮捕、裁判といった具体的行為については厳格な属地的制限が課されており、こうした措置を他国領域内で行うことは、当該国の明確な同意がない限り許されない」とする[10]。ラストロボフ事件（東京地判昭和36年5月13日下刑集3巻5＝6号469頁）は、限定説の立場に立つとされる[11]。

これに対し、外国主権制限説に立つ杉山治樹は、「基本的には、刑訴法の適用範囲は抽象的には全世界に及んでいるが、国は確立された国際法規を誠実に順守する義務がある（憲法98条2項）ので、刑訴法に基づく具体的な権限行使については国際法上の制約を受けることとなると考えるべきであろう。」「ここでいう国際法上の制約とは、条約によって定められることもあるものの、その基本的な部分は国際慣習によって定まっている」とする[12]。

同様に山内由光は「抽象的には刑訴法は全世界に及んでいると理解すべきであり、外国の領域内においては外国の主権からその適用が制限されているにすぎないと考える」としている[13]。

ロッキード事件（東京地決昭和53年12月20日判時912号24頁）は、同説に立つものとみられている[14]。

5　越境リモートアクセスに関する学説

(1)　立法担当者

立法担当者は、「一般には電磁的記録を複写すべき記録媒体が他国の領域内にあることが判明した場合において、同条約［筆者注：サイバー犯罪条約］第32条によりアクセス等をすることが許されている場合に該当しないときは、当該他国の主権との関係で問題を生じる可能性もあることから、この処分を行うことは差し控え、当該他国の同意を取り付けるか、捜査共助を要請

することが望ましいのではないかと考えられる。」と述べ[15]、越境リモートアクセスに否定的な立場をとったように見えるが、越境リモートアクセスを行うことができる場合があることを否定していないようにもみえる。

(2)　消　極　説

池田公博は、「記録媒体が日本国外に所在する場合には、技術的には処分は実施しうるが、他国の主権の及ぶ場所に所在する記録媒体に日本国の捜査権限を行使することになることから、処分の実施に当たり国際捜査共助の枠組みによる必要があ」ると述べる[16]。

指宿信は、「外国の領土に立ち入って執行管轄権を行使できるのは、相手国との間で司法共助・捜査共助に関する特別の条約を結んでいる場合か、あるいは、相手国の明示もしくは目次の同意がある場合に限られる。」「クラウド法や欧州新指令では、プロバイダ協力方式が採用されたため、わが国でも今後は海外からのデータ提出要請に応じる処分の創設や、欧米諸国との二国間協定の締結などが課題となってくるはずである。越境的なデータ取得に向けた法執行のあり方について国際動向を見据えた対応が求められよう。」と述べ、サイバー空間に係る越境捜査はリモートアクセスによらずISPに対する捜査によって行うべき旨主張する[17]。

(3)　積　極　説

山内由光は、上記外国主権制限説の立場から「その国の主権が侵害されたのかを判断できるのはその当該国のみであり、我が国の裁判所が認定できるものではないはずである。むしろ、相手国の主権の侵害が相手国によって認識され、国際法的にそれが問題とされ、違法と評価されない限り、国際法上は、相手国が主権の侵害を受けなかったと解するべきである」とした上で、さらに侵害の内容についても検討し、「重要なのは国を含む利害関係者の利益侵害の有無となるが、当該国の捜査当局が法令に従い、アカウント保持者

(15)　杉山＝吉田・前掲注(2)（下）101頁。
(16)　池田公博「電磁的記録を含む証拠の収集・保全に向けた手続きの整備」ジュリスト1431号78頁。
(17)　指宿信「越境するデータ、越境する捜索——域外データ取得をめぐる執行方式に関する欧米の立法動向」Law and Technology82号45頁。

（データの支配者）のアクセス権限を適式に取得して行う越境アクセスは、プロバイダに特段の作為を求めるものではないし、アカウント保持者であれば問題なくアクセスが認められる範囲のデータを入手するにすぎず、アカウント保持者の利益は令状取得の際に考慮されていることを考えると、物理的にデータが蔵置されている国をはじめとした第三国の利益を実質的に損なうこととなるとは考えにくい。」として、外国の主権侵害自体を否定する[18]。

　笹倉宏紀は、[外国主権制限説を前提にして]「我が国当局によるリモートアクセスがサーバー所在国の主権侵害を伴うかは、当該所在国の考え方次第である。したがって、主権侵害の有無は相手国が特定されて初めて判明するのであり、単に本邦外（のどこか）にサーバーが所在する疑いがあるというだけでは、捜査の適法性の推定は覆らない」として、相手国が特定されない限り主権侵害の問題は生じないとする[19]。

　星周一郎は、「人に関しては、国境をまたぐ場合には、当然、パスポート・ビザという国家主権による出入国管理がなされる。（中略）有体物が国境をまたぐ場合についても、制度上、税関による通関手続という形での国家主権によるコントロールがされている。（中略）ところが、ネット空間・サイバー空間に関して言えば、日本国内にある端末から国境を境にした国家主権による管理を受けることなく、ユーザーは、インターネット上の様々なサービスを自由に利用することができる。」「A国のある人がパソコンやスマホを使っていて、日本国内にあるメールサーバを日常的に使っているという場合に、A国の捜査機関がA国にある電子計算機を差し押さえて、例えばYahoo!の日本のサーバにアクセスした場合に、それが日本の主権を侵害していると我々は感じるのだろうか。」と述べ、国によって管理されていないインターネット空間上のデータ移動は主権侵害を構成しない旨主張する[20]。

---

(18)　山内由光「検証許可状に基づき押収済みのパソコンから海外メールサーバに接続した捜査に重大な違法があるとして証拠が排除された事例」研修832号13頁。
　　また、中野目善則も山内と同様の立場をとる（同「サイバー犯罪の捜査と捜査権の及ぶ範囲——プライヴァシーの理解のあり方、規定の解釈のあり方、他国へのアクセスの及ぶ範囲等の観点からの検討——」警察政策22巻130頁。
(19)　笹倉宏紀「クラウド捜査」芝原邦爾他編著『経済刑法——実務と理論——』（2017年、商事法務）570頁。

　川出敏裕は、「データがどこに蔵置されているか（中略）が判明しない場合もある。そうした場合にまで、捜査機関に対し右のような手続［筆者注：相手国に対する国際捜査共助の要請］をとることを要求するのは、不可能なことを強いるものであって妥当ではない。それゆえ、そのような場合には、データが外国にあるサーバに蔵置されている可能性があるとしても、捜査機関には、同意を求めたり、捜査共助を要請したりする義務はなく、直ちにリモートアクセスを行うことが認められるべきであろう。」と述べており[21]、上記米国刑事訴訟規則と同様の立場のようにみえる。

3 ISPを通じた海外からのデータ取得

　近時国際社会においてさかんに論じられているのが、海外にデータが蔵置されている場合においても、自国内において ISP に対し令状を執行し、国際企業たる ISP 内部において越境データ移転を行い、捜査機関が自国内においてデータを取得するという方法の是非である。これを許容する動きが米国及び欧州においてみられるので、これらの動きを紹介する。

1　米国クラウド法

(1)　法制定の契機： *United States v. Microsoft Corp.*[22]

　本件は、FBI が「保管通信法」（Stored Communications Act）に基づく裁判所の開示命令によってメールに係るデータの提出をマイクロソフト社に求めたところ、当該データはアイルランドに所在するデータセンターのデータサーバに蔵置されているので、米国の開示命令の効力がアイルランドに及ばないとして提出を拒否した事案である。

　連邦控訴裁判所は、保管通信法上の開示命令がアイルランドには及ばない

---

(20)　星周一郎「サイバー犯罪捜査と『国境』」令和元年11月22日 社会安全フォーラム「サイバー犯罪捜査における国際連携について」講演（警察学論集73巻4号56〜57頁）。

(21)　川出敏裕「コンピュータ・ネットワークと越境捜査」酒巻匡他編著『井上正仁先生古希祝賀論文集』（2019年、有斐閣）429頁。

(22)　No. 17-2, 548 U. S. _, 2018 WL 1800369, slip op. at 2（U. S. Apr. 17, 2018）

と判断した。ただしその理由は、米国の開示命令は決して他国に及ばないというものではなく、同法2703条の開示命令は、他国の主権をも侵害する外交上の懸念を議会が審議した上で法律が行政府に外国への捜索の権限を明示的に与えた命令ではないので、当該命令の効力は外国に及ばないとするものであった。

そこで、米国政府は、本件上告中にクラウド法を制定し、改正保管通信法による令状を取り直したため、争いが消滅したとして訴訟は終結した。また、クラウド法は、インターネット空間上の捜査に関し、米国に国際捜査共助を求めても返答が遅いことに従前から不満を抱いていた諸外国の要望に応えるため、諸外国に対して国際捜査共助によらないで米国に拠点を置くISPからデータ取得を許容する条項を置いており、国際捜査協力の新たな枠組みとして期待されている[23]。

(2)　米国国内法としてのクラウド法

クラウド法によって改正された保管通信法2713条は、米国の裁判所の開示命令によって、ISPから米国外に蔵置されているデータを取得することが可能であることを明記している。クラウド法の条文からは一見明らかではないが、同法の解説書は、従来から米国で営業する企業に対して有していた米国の司法管轄権を拡大するものではないことを明言していることから[24]、米国の開示命令によって、米国内で営業するISPをして米国外に蔵置しているデータを米国内に移させて、米国内で米国捜査機関に提出させるものと考えられる（少なくとも、米国の捜査機関の職員が米外国に出張して令状を執行しデータを受け取ることを想定したものとは考えにくい。）。

---

(23)　米国クラウド法（CLOUD Act）の概略を紹介した邦語文献としては、川出・前掲注(21)、原田久義「【アメリカ】海外のデータの合法的使用を明確化する法律──クラウド法──」外国の立法No.278-1（2019年）4〜5頁、鈴木一義「サイバー犯罪に対する捜査──越境アクセスを中心に（二・完）」法学新報126巻3・4号（2019年）1〜24頁がある。海外文献は多数あるが、米国議会調査部のレポートとしてCongressional Research Service, *Cross-Border Data Sharing Under the CLOUD Act, updated April 23, 2018*, 米国司法省の解説書として　U. S. Department of Justice, *Promoting Public Safety, Privacy, and the Rule of Law Around the World: The Purpose and Impact of the CLOUD Act*（White Paper, April 2019）がある。

(24)　前掲注(23)U. S. Department of Justice, p8, p17参照。

　国際間のデータ移転がISPの責任で行われるので、手間のかかる国際捜査共助の手続を省くことができる反面、データ蔵置国の法律が国外へのデータ持ち出しを禁じている場合、ISPが当該外国から責任追及をされる可能性がある。そこでクラウド法では、そのような場合にはISPは米国の裁判所に異議を唱えることができる旨定めている。

　この点について、既に欧州議会は、クラウド法は欧州一般データ保護規則（General Data Protection Regulation: GDPR）48条のデータの越境移転規制に抵触するとの見解を表明しているが[25]、他方後述するように、欧州委員会は、捜査機関による海外データへのアクセスについてクラウド法と同様の枠組みを提案しており、今後EUがクラウド法に対してどのように対応するかが注目される。

(3)　国際捜査協力の新方式としてのクラウド法

　クラウド法は、米国に本拠があるプロバイダが、プライバシーの保護が十分であるなどの一定の要件を満たし行政協定を締結した外国の政府機関からの要請に応じてメールに係る情報（米国民・米国居住者の情報を除く。）を開示することを許容する規定を置いた。米国政府は、クラウド法は、「自国の領域内でサービスを提供するサービスプロバイダに対し、当該サービスプロバイダが保有し又は管理している当該サービスに関連する加入者情報を提出するよう命令すること」に締約国に義務付けるサイバー犯罪条約18条1項bの趣旨に適合するものと主張している[26]。もっとも、サイバー犯罪条約の同

---

(25)　https://www.europarl.europa.eu/doceo/document/TA-8-2018-0315_EN.pdf（最終閲覧2019.12.29）参照。

(26)　サイバー犯罪条約注釈書29頁は、同号の「保有し又は管理している」の意味について、「①その者が、命令を発した締約国の領土内において関連データを物理的に保有していること、及び②提出されるべきデータを物理的に保有していないものの、命令を発した締約国の領土内から、自由に当該データの提出を管理できる状況にあることを指す」としている（Explanatory Report to the Convention on Cybercrime（http://rm.coe.int/CoERMPublic Common Search Service/Display DCTM Content？document ld=09000016800 cce5b〔最終閲覧2021.3.10〕）同注釈書の上記該当部分の訳は、西村高等法務研究所CLOUD Act（クラウド法）研究会報告書「企業が保有するデータと捜査を巡る法的課題の検討と提言」（2019年、https://www.jurists.co.jp/ja/news/13700.html（最終閲覧2019.12.29））31頁の訳によった。

条項が許容しているのは「加入者情報」に関しての提出命令に限られており、クラウド法が射程としているメールの内容は含まれていない。米国内では、米国の裁判所の審査を経ずに外国の裁判所の令状をもった外国の捜査機関の要請に応じて米国内蔵置のデータを提供することが、米国憲法に反しないかが問題とされた。

　米国は、2019年10月、最初の締約国として英国との間でクラウド法に基づく行政協定を締結している[27]。

(4)　行政協定締結の要件

　クラウド法による改正法119章2523条の定める行政協定締結において相手国に求める要件のうち、プライバシー保護関係部分を定めた同条（b）(1)（B）には、次のような規定がある。

　　(ⅲ)　次に掲げるような国際的に認められている人権を保障する義務を保持ないし確約し（commitment）又は尊重していること。

　　（Ⅰ）　プライバシーに対する専断や不法侵害からの保護

　　（中略）

　　(ⅳ)　データを収集、保管、利用及び共有する権限を与える手続やこれらの活動の監視など、本行政協定に基づいてデータを請求する権限を有することとなる外国政府機関を監督する法的権限と手続が明定されていること。

　　(ⅴ)　当該外国政府による電子データの収集と利用に関して、説明責任と適切な透明性を提供する十分な仕組を有していること。

2　「欧州提出命令」構想

　2018年4月、欧州委員会は、EU域内において営業を行うISPに域内代理人を指定させ、これに対して令状を執行し、国際企業たるISPにデータをEU領域内に越境移転させて、EU域内でデータの引渡しを受けるという、米国クラウド法と類似の方法を採用した「欧州提出命令」の創設を内容とする規則案を公表した[28]。データの取得方法は米国クラウド法とほぼ同じであ

---

(27)　https://www.justice.gov/opa/pr/us-and-uk-sign-landmark-cross-border-data-access-agreement-combat-criminals-and-terrorists（最終閲覧2019. 12. 29）参照。

るから、残る問題となるのは、プライバシー保護の観点から ISP が負うデータの域外移転規制の基準の擦り合わせということになるであろう。米国とEU との間のこの問題の擦り合わせが決着すれば、それが越境データ移転の国際標準となる可能性が高いと考えるべきであろう。

3　サイバー犯罪条約第2議定書起草過程における提出命令の取扱い

サイバー犯罪条約第2議定書の起草交渉において、サイバー犯罪条約委員会のクラウド証拠グループ（Cloud Evidence Group）が2016年9月に策定した勧告では、ISP からの契約者情報の提供については既に同条約18条が規定していることを前提として、第2議定書では①海外の ISP との直接の協力のための手続及び条件、並びに刑事手続におけるデータ受領の許諾可能性、②海外の ISP に対する直接の保全要請の法的基礎、③特定の緊急事態における海外の ISP との直接の協力を許諾するための緊急手続を規定する可能性について定めている[29]。

4　我が国の記録命令付差押令状の効力

実は、我が国の刑事訴訟法にも、米国クラウド法や欧州規則案における提出命令に類似する制度がある。それが刑事訴訟法218条1項が定める記録命令付差押令状である。国内において国内の海外 ISP に執行して、ISP がデータを越境移転して記録したものを差し押さえることができるというのが政府見解であるが[30]、米国クラウド法のように、ISP が海外からのデータ移転を拒んだり、相手国の法制との板挟みになることに配慮した規定は存在しない。

---

(28)　https://ec.europa.eu/info/policies/justice-and-fundamental-rights/criminal-justice/e-evidence-cross-border-access-electronic-evidence_en（最終閲覧2019.7.15）参照。

(29)　前掲注(23) Cybercrime Convention Committee（T-CY），4.5.2参照。
　2020年11月10日にサイバー犯罪条約委員会が公表した第2議定書草案（前掲注(9)）では、契約者情報と通信記録（traffic data）のみについては、相手国所在のプロバイダに対して提出を求める令状を、当該相手国に対して提示する手続が規定されている（同草案第5章）。

(30)　杉山＝吉田・前掲注(2)（下）74頁、177回国会衆議院法務委員会議事録15号（2011年）13頁・参議院法務委員会議事録15号（2011年）10頁江田五月法務大臣答弁。

5　クラウド法に基づく行政協定締結に当たって検討すべき課題

(1)　我が国に蔵置されたプライバシーに係るデータを米国に越境移転させることの可否

　クラウド法に基づく越境データ移転により入手できるのは、双方の国にとっての自国民又は自国居住の外国人であり、相手国の国民・居住外国人は除かれる。したがって、クラウド法に基づく行政協定を締結する際に我が国の憲法上問題となるプライバシーは、ISP が我が国に設置したサーバに蔵置した非居住外国人に係るプライバシーということになる。したがって、ここで保護すべき外国人の権利は、国内居住外国人の権利より一層保護すべき程度が低いものと評価してよく、政策上・外交上の考慮に任せてよいものと考えてよいのではないか。要請国が我が国のプライバシー保護法制と同レベル又はそれ以上のものである限り、要請国における適正な手続による判断がなされるのであれば、非居住外国人のデータの越境を認めることは許与されると考えてもよいのではなかろうか。

(2)　我が国蔵置のデータの越境移転に当たって我が国の裁判所の審査を経ないことの可否

　クラウド法の方式では、データの越境移転の主体は ISP であり、要請国の令状の我が国における効果は副次的なものであるから、外国裁判所の令状によって外国捜査機関が自らデータサーバ設置国内のデータサーバに対して行うリモートアクセスの場合と異なり、憲法35条が直接に問題となるものではないと考えられる。

　仮に憲法35条の問題があるとしても、上記(1)と同様の理由から外国人の人権保障の制約として許容される余地があるのではなかろうか。

(3)　データの越境移転に当たって国際捜査共助の手続をとらないことの可否

　クラウド法の方式では、捜査機関は国内で発付された令状を国内で執行する国内捜査を行うのであるから、上記(1) ISP による越境データ移転の問題が生じるのみで、捜査権が外国に及ぶわけではないから、国際捜査共助は問題とならない。

⑷　クラウド法に基づく協力関係を行政協定によって締結することの可否

我が国の主権や国民の権利利益に実質的な影響を与えないのであるから、条約の締結を要しないと考えられる。

6　クラウド法の行政協定締結を担保する国内法

⑴　日本国内にデータサーバを設置する通信事業者に対し、米国・諸外国の捜査機関の求めに応じてデータを開示することを許容する担保法の整備

米国の保管通信法に相当する我が国の法令がプロバイダ責任制限法であると考えると、同法の改正により、日本国内にデータサーバを設置する通信事業者が、米国又は米国と行政協定を締結した諸外国の捜査機関がクラウド法に基づいてデータの移転を提供を求められた場合に、開示を許容する規定の整備をする必要があるようにも思われる。プロバイダ責任制限法ではなく、電位通信事業法に直接規定することも考えられる[31]。

もっとも上述のとおり、米国クラウド法は米国の令状を海外で執行するものではなく、米国国内で ISP に執行するものであるから、日本国内で米国の令状が執行されるわけではない。そのように考えると、我が国内で問題となるのは、電気通信事業者の通信の秘密の保持ではなく、国際企業たる ISP 内における我が国から海外への個人情報の移転であるから、個人情報保護法においてクラウド法に規定する場合に ISP 内での越境移転を認める必要がある。

なお、上記のとおり、クラウド法の枠組みは国際企業たる ISP における越境データ移転なので、国際捜査共助法の問題ではないと考えられる。

⑵　捜査機関が保有する個人情報に対する独立監督機関による監督

上記2⑷のとおり、クラウド法は行政協定締結の相手国に対して、捜査機関が保有する個人情報の取扱いに対して、捜査機関から独立した監督機関が監督する制度を求めている[32]。そのため、行政協定を締結するためには、行政機関個人情報保護法を改正して、個人情報保護委員会など捜査機関から独

---

(31)　西村高等法務研究所・前掲注⑳35頁参照。

立した監督機関に、捜査機関が保有する個人情報に対する監督権限を与える
必要が生じる可能性があるのか、公安委員会による監督で足りるのかが問題
となろう。

---

(32)　EUでGDPRと同時に制定されたいわゆる犯罪予防・犯罪捜査個人データ保護規則
（DIRECTIVE（EU）2016/680 OF THE EUROPIAN PARLAMENT AND OF THE
COUNCIL of April 2016 on the protection of natural persons with regard to the
processing of personal data by competent authorities for the purposes of the
prevention, investigation, detection or prosecution of criminal offences or the
execution of criminal penalties, and on the free movement of such data, and
repealing Council Framework Decision 2008/977/JHA）第6章（41～51条）は、捜査
機関の扱う個人情報に対する「独立監督機関」（Independent supervisory authority）
の設置を加盟国に義務付けるとともに、36条2項（b）は、EU加盟国から第三国へのデー
タ移転の満たすべき要件の一つとして、当該第三国において独立監督機関が存在し有効
に機能していることを掲げている（ただし、必須の要件とはなっていないようである。
同37条、38条参照）。

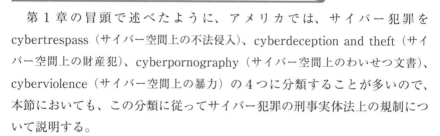

第13章
諸外国のサイバー犯罪対策

中央大学法学部教授　　四　方　　　　光

中央大学法学部教授　　中野目　善　則

中央大学大学院法務研究科教授　　滝　沢　　　誠

Ⅰ　アメリカのサイバー犯罪対策

1 サイバー犯罪の刑事的規制（刑事実体法）

　第1章の冒頭で述べたように、アメリカでは、サイバー犯罪を cybertrespass（サイバー空間上の不法侵入）、cyberdeception and theft（サイバー空間上の財産犯）、cyberpornography（サイバー空間上のわいせつ文書）、cyberviolence（サイバー空間上の暴力）の4つに分類することが多いので、本節においても、この分類に従ってサイバー犯罪の刑事実体法上の規制について説明する。

　各論に入る前に、アメリカの刑事実体法の一般的な仕組について説明する。

　アメリカは連邦制をとっているので、刑事実体法の基本的な法源は州法である。連邦刑法に当たる U.S.Code Title18 Part1 に規定される犯罪は、FBI 等の連邦法執行機関が捜査し連邦裁判所によって裁かれる価値のある州の利益を超えた法益を有する犯罪が規定されていることに留意する必要がある。

　また、日本の刑罰規定は法定刑を幅広く規定して、犯情により裁判官が適

切な量刑を下すことができるようになっているのに対し、アメリカの刑罰規定は、犯情の相違がより詳細に法定刑に反映されている。

アメリカはインターネットの自由を重視する国ではあるが、一般的にサイバー犯罪の処罰に関しては、日本の刑罰規定より処罰範囲が広く法定刑も厳格であるといえる。

1　サイバー空間上の不法侵入

日本法にいう不正アクセス罪に当たるが、構成要件は若干異なる。

例えば、ニューヨーク州法では、不正アクセスは許可のないアクセスとされ、規定上はアクセス先のコンピュータがアクセス制御されていることは要件となっていない。単純な不正アクセスは A 級軽罪（class A misdemeanor）として1年未満の拘禁刑又は罰金に処せられ（NY PEN 156.05）、重罪を犯す目的の場合、又はそれにより権限を有する者しか利用できないデータやプログラム等のコンピュータ資料に故意にアクセスした場合は、E 級重罪（class E felony）として4年以下の拘禁刑又は罰金に処される（NY PEN 156.10）。

連邦刑法において不正アクセス罪を規定しているのは、1986年に制定された Computer Fraud and Abuse Act（CFAA）、18U.S.C.§1030である。同法に定める法定刑は犯情により幅広く規定されており、国家安全保障に係る不正アクセスは最高20年以下の拘禁刑に処せられる。連邦政府又は金融機関以外の利用に供されているコンピュータ（一般の私有のコンピュータ）に対する連邦法上の不正アクセスが成立するためには、当該コンピュータが州際又は国際的な商業や通信に用いられているものであり、かつ、当該不正アクセスによって犯人が情報を取得し、あるいは金銭的価値を得る必要がある。もっとも、この場合における「情報を得る」とは、単に情報を見たり、アクセス先から何らかの返信を受けただけで成立するものと解されているので[1]、情報を見得る状態とすることを意味する単純な不正アクセスと大きな相違はない。単に情報を得ただけの場合の法定刑は1年以下の拘禁刑若しくは罰金又

（1）　Senate Report No. 104-357, at 4（1996）; United States v. Lori Drew, 259 F. R. D. 449
　　（C. D. Cal. 2009）

はその併科であるが、利益目的の場合、他の犯罪を犯すために行われた場合、5,000ドルを超える価値の情報を得た場合は 5 年以下の拘禁刑若しくは罰金又はその併科となる。

2　サイバー空間上の財産犯

コンピュータやインターネットは、アメリカにおいても詐欺等の財産犯のための有効な手段である。例えばニューヨーク州法では、通常の第1級詐欺は、E 級重罪として4年以下の拘禁刑又は罰金に処される（NY PEN 190.65）。

ここではサイバー犯罪に特有の罪種を紹介する。

（1）　コンピュータを用いた財産犯

連邦刑法18U.S.C.§1030は、財産犯の手段として不正アクセスを行い、年間5,000ドルを超える価値を得た者を 5 年以下の拘禁刑若しくは罰金又はその併科に処している。

ニューヨーク州法では、権限がないのにデータやプログラムを複写して、2,500ドルを超える金銭的価値を得、又は他の重罪を行おうとし、若しくは行った者は、E 級重罪として 4 年以下の拘禁刑又は罰金に処される（NY PEN 156.30）。日本では、不正競争防止法上の営業秘密のような特別に管理された情報でなければ刑法的保護を受けないが、ニューヨーク州では刑法的保護を受ける情報の範囲が広いといえる。

（2）　コンピュータの損壊等

アメリカでは、日本のウイルス罪のようにプログラムの作成や提供そのものが構成要件となる罪は一般的ではないようであるが、他人のデータやコンピュータに変更を加え、あるいは損壊した場合に処罰される。

ニューヨーク州法では、コンピュータの無断使用が A 級軽罪として 1 年未満の拘禁刑又は罰金に処せられる（NY PEN 156.05）。コンピュータの無断使用や不正アクセスによって他人のデータやプログラムを変更または損壊した者は、最高で15年以下の拘禁刑又は罰金に処せられる（NY PEN 156.27）。

連邦刑法18U.S.C.§1030は、プログラム等を送付して許可なく故意に州際又は国際的な商業や通信に用いられているコンピュータに損害を生じさせた場合には、 5 年以下の拘禁刑若しくは罰金又はその併科としている。ここに

「損害」とは、当該コンピュータのデータやプログラムの完全性又は可用性に障害を生じさせることと定義されているから、いわゆる実害がなくても他人がコンピュータに許可なく指示を与えただけでもここにいう損害を生じさせたこととなる。

(3) アクセス手段に関する犯罪

ID・パスワード等のアクセス手段の偽造や不正入手等が犯罪化されている。

ニューヨーク州法では、不正に電気通信サービスを受ける目的で許可なくアクセス手段を用いた者は、最高で4年以下の拘禁刑又は罰金に処される（NY PEN 190.76）。他人になりすまして利益を得、又は他の犯罪を犯し、若しくは犯そうとした者も、最高で7年以下の拘禁刑又は罰金に処せられる（NY PEN 190.80）。他の犯罪を犯すことを目的として他人のID情報を所持する者も同様である（NY PEN 190.83）。

連邦刑法18U.S.C.§1028は、他人のID等の個人識別手段を、違法行為をする目的で、権限なく送付、所持、利用した者を、最高で15年以下の拘禁刑若しくは罰金又はその併科に処している。また、同§1029は、詐欺の目的での偽のアクセス手段の作成、使用、送付、無許可のアクセス手段の取引等を行った者を、10年以下の拘禁刑若しくは罰金又はその併科に処している。

(4) 迷惑メール

連邦議会は、迷惑メール対策としてControlling the Assault of Non-Solicited Pornography and Marketing Act of 2003（CAN-SPAM Act of 2003）を制定し、行政的な対策を定めるとともに、刑罰規定として18U.S.C.§1037を定め、偽のヘッダーを付したメールや登録名義を偽ったメールを送信した者に対して5年以下の拘禁刑若しくは罰金又はその併科に処している。

3　サイバー空間上のわいせつ行為

(1) わいせつ文書頒布等

連邦刑法18U.S.C.§1465は、州際又は国際的な頒布等の目的で、わいせつ物等を製造、移送などした者を、5年以下の拘禁刑若しくは罰金又はその併科に処している。

　わいせつ（obscene）の意義については、連邦刑法には定義規定はないが、連邦最高裁はわいせつの判断基準として「同時代の当該コミュニティにおける基準（contemporary community standards）」を維持している[2]。連邦制をとっているアメリでは州毎の価値判断を尊重する伝統があり、わいせつ性の判断にも週毎の判断を尊重しているのである。ところが、州際の存在しないサイバー空間では、この基準を適用すると実質上最も制限の厳しい州の基準によって連邦刑法の適用がなされることになるという批判がある。

　ニューヨーク州刑法は、上記判例を踏襲したわいせつの定義規定を置き、

(a)　平均的な人が、同時代の当該コミュニティにおける基準に照らし、全体として、主たる表現が好色的な利益のためにあり、

(b)　性交、犯罪的な性的行為、獣姦、自慰、サディズム、マゾヒズム、排泄、性器のみだらな開示を、明確に不快な（patently offensive）態様で、現実に又は擬態により、描写し又は記述し、

(c)　全体として、真面目な文学的、芸術的、政治的又は科学的価値に欠ける

ものをいうとしている（NY PEN 235.00）。

　同州刑法は、わいせつ物の製造頒布や所持を、A級軽罪として１年未満の拘禁刑又は罰金に処し（NY PEN235.05）、転売目的での製造頒布や所持をD級重罪として７年以下の拘禁刑又は罰金に処している（NY PEN 235.07）。

　未成年者に対するわいせつ物の提供は、その健全育成に支障を与えるので、アメリカにおいても厳しい制限がなされている。

　連邦刑法18U.S.C.§1470は、16歳未満の児童に対して、州際又は国際的な手段を用いてわいせつ物を移譲した者を10年以下の拘禁刑若しくは罰金又はその併科に処している。

　さらに連邦議会は、通信品位法（Communications Decency Act of 1996（CDA））を制定し、18歳未満の児童に対し、わいせつなだけでなく下品な（indecent）州際又は国際通信を行う者を２年以下の拘禁刑若しくは罰金又はその併科に処することとした（当時の47 U.S.C.§223）が、最高裁判所により

（２）　Marvin Miller v. California（413 U. S. 15（1973））

連邦憲法修正1条に反し違憲であると判断されたため[3]、当該違憲部分は2003年に修正された。現行の47 U.S.C. §223は、受領者が18歳未満の児童であることを知りながら、州際又は国際通信において、電気通信機器を利用して、わいせつ物又は児童ポルノを製造、頒布した者を2年以下の拘禁刑若しくは罰金又はその併科に処している。

ニューヨーク州刑法は、現実又は擬態の裸体、性的行為、サドマゾ行為であって児童に有害な画像等を記述又は描写する通信であることを知りながら、17歳未満の児童との通信を行うため、コンピュータ通信システムを利用した者をD級重罪として7年以下の拘禁刑又は罰金に処している（NY PEN 235.22）。

なお、東京都青少年の健全な育成に関する条例25条は、18条1項の規定による警告に反して青少年に指定図書を販売した者を30万円以下の罰金に処することとしており、アメリカにおける有害図書の青少年への販売規制は日本より著しく厳格であるといえる。

(2)　児童の性的搾取

ニューヨーク州刑法は、16歳未満の児童の性的行為（の画像）を所持、管理又は閲覧した者は、E級重罪として4年以下の拘禁刑又は罰金に処している（NY PEN 263.11、263.16）。17歳未満の児童の性的行為（の画像）の製造、販売等をした者は、D級重罪として7年以下の拘禁刑又は罰金に処している（NY PEN 263.15）。

連邦刑法18U.S.C. §2252は、州際又は国際的な取引において、18歳未満の児童のあからさまな性的行為の画像等の送付、販売等をした者を、5年以上20年以下の拘禁刑又は罰金に処している。犯情によっては、10年以上20年以下の拘禁刑に処される場合もある。

日本の児童ポルノ提供罪・製造罪は3年以下の懲役又は300万円以下の罰金であり、アメリカの児童ポルノ規制は日本より著しく厳格であるといえる。

連邦議会は、児童ポルノ対策を強化するため、Protect Act of 2003を制定

（3）　Reno v. American Civil Liberties Union 117S. Ct. 2329（1997）

したが、同法の規定のうち2点が話題となっている。1つには、同法により新設された児童ポルノの売買を求める宣伝行為（いわゆる pandering）の規制18U.S.C.§2252A（a）（3）（B）が連邦憲法修正1条に反するかが争われ、連邦最高裁は、違法取引の勧誘はカテゴリカルに修正1条の保護の対象外となるとして、同条の規定を合憲とした[4]。2つには、Protect Act of 2003により児童ポルノの定義に加えられた「コンピュータで作成された画像」が、連修正1条の保護の対象外である児童ポルノに当たるかが問題となる。これと類似する既存の定義である「特定可能な児童があからさまな性的行為を行っているように見えるよう作成され、改修され、又は修正された画像」が修正1条が保護の対象外とする児童ポルノに当たるのかも議論されている。

　児童の性的搾取に関しては、インターネット上の児童に対する性的行為の勧誘や児童買春の勧誘も問題となっている。日本では、明確な売春の誘引と出会い系サイトでの児童に対する勧誘行為のみが規制の対象となっているが、アメリカでは場所を限定せず、法定刑も著しく厳格である。

　ニューヨーク州刑法は、児童に対して性交等を勧誘するなどの行為をした者を、D級重罪として7年以下の拘禁刑又は罰金に処している（NY PEN 235.22）。連邦刑法18U.S.C.§2422は、州際又は国際的な手段を用いて、18歳未満の児童に対し、売春又は何人かの犯罪に当たる性的行為を勧誘した者は、10年以下の拘禁刑若しくは罰金又はその併科に処す旨規定している。

　インターネット上の児童買春対策を強化するため、連邦議会は、2018年にAllow States and Victims to Fight Online Sex Trafficking Act of 2017（もととなった2つの法案にちなみ通称 FOSTA-SESTA package）を成立させた。同法は、ユーザーがサイト上で行った違法行為に対する通信プロバイダの免責条項（47 U.S.C.§230）の適用範囲を限定すべく、①強要等の手段が売買春（commercial sex act）を生じさせていたこと、又は18歳未満の者の買売春を生じさせていたことを知りながら、人に勧誘等を行った者、又は当該勧誘等を支援すること（participation in a venture）により利益を得た者（通信プロバイダも含まれ得る。）は、勧誘等を受けた者が14歳未満の場合は15年以上若

---

(4)　United States v. Michael Williams 553 U.S. 285（2008）

しくは終身の拘禁刑又は罰金を科し、18歳未満の場合は10年以下の拘禁刑若しくは罰金又はその併科に処することとした（18U.S.C.§1591）。また、②州際又は国際的な取引において、売春を促進するなどの目的で、双方向コンピュータ・サービスを所有、管理又は運営する者は、10年以下の拘禁刑若しくは罰金又はその併科に処せられ、それに加えて、その促進した売春が5件以上であるか、又は不注意により認識なく①の罪に寄与する行為を行った者は、25年以下の拘禁刑若しくは罰金又はその併科に処することとしている（18U.S.C.§2421A（a）（b））。③さらに同法は、②の罪を犯した者の民事責任の追及も認めている（18U.S.C.§2421A（c）（d））。

4　サイバー空間上の暴力

サイバー空間上の暴力としてアメリカで最も問題となっているのはインターネット上のいじめ cyberbullying であるが、刑罰法規が適用されるのは、それがストーキング、ハラスメント、脅迫等に当たる場合である。

ストーキングの概念はアメリカにおいても古いものではなく、独自の構成要件により犯罪化されたのは1990年代からである。ニューヨーク州刑法は、単純なインターネット上のストーキングにより精神上又は感情上の健康に実害（material harm to the mental or emotional health）を生じさせた者を、B級軽罪として3か月以下の拘禁刑又は罰金に処せられ、犯情により最高7年以下の拘禁刑又は罰金に処せられる（NY PEN 120.45-120.60）。連邦刑法18U.S.C.§2261A は、双方向コンピュータ・サービス、電気通信サービス、電気通信システムその他州際若しくは国際的取引の手段を用いて、生命若しくは身体の重大な傷害への客観的な恐怖（reasonable fear）を与え、又は重大な感情的苦痛（substantial emotional distress）を生じさせるなどした者は、5年以下の拘禁刑若しくは罰金又はその併科に処す旨規定している。

職場におけるもの以外のハラスメントについて、ニューヨーク州刑法は、正当な目的がないのに他人に不安を感じさせたり（alarm）、重大な迷惑をかけた者は、違法行為（violation）として15日以下の拘禁刑又は罰金に処せられるほか、ストーキングに近いいくつかの行為類型がハラスメントとして処罰される（NY PEN240.26、240.25）。人種、国籍、性別、宗教、障害等に関す

る偏見に基づき、侮辱の象徴となるものを他人の所有物上に表示するなどした者は、Ｅ級重罪として４年以下の拘禁刑又は罰金に処している（NY PEN 240.31）。

　インターネット上の脅迫については、ニューヨーク州刑法は、身体や財産に危害を加える旨の脅迫は、重大なハラスメントとして位置付け、それらの行為をした者は、Ａ級軽罪として１年以下の拘禁刑又は罰金に処せられる（NY PEN 240.30）。連邦刑法18U.S.C.§875は、州際又は国際的取引において、誘拐し若しくは身体を傷付ける旨の通信を送信した者は、５年以下の拘禁刑若しくは罰金又はその併科に、財産、評判を傷付ける旨の通信を送信した者は２年以下の拘禁刑若しくは罰金又はその併科に処す旨規定している。

　名誉棄損は、アメリカでは民事上の不法行為となっても、刑罰の対象となることは一般的ではないが、いくつかの州法は名誉棄損を犯罪化している。ニューハンプシャー州刑法は、事実でないことを知りながら、対象となった人物が公衆から憎まれ、侮辱され又は軽蔑されるような情報を他者に送付した者は、Ｂ級軽罪として罰金又は一定の社会内監視を受ける旨規定している（NH Rev Stat §644:11）。

2 サイバー犯罪の刑事的規制（刑事手続法）

1　合衆国憲法第四修正

　米国法における対処については、州法の他に、合衆国憲法第四修正をはじめ、連邦法による規律がある。サイバー犯罪は多州にまたがる場合が多いので、連邦の管轄となる場合も多いが、被害地も管轄権を有するので、管轄は競合する。データの取得には、ISP等のプロヴァイダにより保管されている情報の取得（間接取得）と、捜査機関による令状、裁判所命令、又は文書提出命令等による直接取得の場合があり、間接取得の場合、直接取得のいずれの場合も、アメリカ合衆国憲法第四修正の捜索・押収に当たる場合とそれ以外の場合がある。

　米国法においては、デジタル情報も合衆国憲法第四修正[5]の捜索・押収の条項による規律を受け、捜索・押収に当たるか否かについては、「プライ

ヴァシーの合理的期待」の有無により判断されてきている[6]。他から干渉を受けることはないとの「プライヴァシーの合理的期待」が成立する場合の捜査機関による干渉は、捜索・押収に当たることになる。連邦の捜索・押収について定めた規定は「連邦刑事訴訟規則41条」[7]であり、ここでの捜索・押収は憲法上の捜索・押収と同じ意味を持つ。我が国のように有体物に限定する概念ではない。

　両方の当事者が通信傍受の対象となっていることを知らずに電話をする場合に捜査機関が犯罪の容疑で通信を傍受する場合は、プライヴァシーの合理的期待に干渉する場合として、捜索・押収に当たることになる。プライヴァシーの期待が保護されるべきであると当事者が期待し、その期待が社会も合

（5）　4th Amendment to the United States Constitution

（6）　Katz v. United States, 389 U.S. 347（1967）（通信傍受の事例。両方の当事者の同意のない電話による通信の傍受について、それまで先例で求められてきた「物理的侵入」（physical trespass）を伴わない、有体物ではないない（intangible）会話について、その取得は第四修正の捜索・押収に当たり、捜索・押収の実体要件のみならず、令状要件の充足が必要であると判示した。Katz 以降、この「プライヴァシーの合理的期待」の有無が捜索・押収の有無を判断する基準として一貫して用いられてきている。捜索・押収に関する「物理的侵入」の要件と「有体物性」の要件は、電子工学の発達により、第四修正が保護しようとしてきたプライヴァシーの保護の狙いを果たせなくなり、この二つの要件を不要とし、プライヴァシーそれ自体に焦点を当てた保護の必要があるとの観点に立った。ちなみに、ここでいうプライヴァシーは、「一人で放っておいてもらう権利（the right to be let alone）」という不法行為法によって保護を受けるプライヴァシーとは異なる。

（7）　連邦刑事訴訟規則（Federal Rules of Criminal Procedure）は、連邦議会の承認が必要である。また、愛国者法などによる改正は同規則に組み込まれてきている。
　　現行連邦刑事訴訟規則41条は次のような内容となっている（関連部分のみ）
・41(b)(3) マジストレイト裁判官（令状発付官）は、国内テロリズム又は国際テロリズムの捜査に関して、そのテロリズム活動が行われたと思料されるディストリクトにおいて権限を有するマジストレイト裁判官（令状発付官）は、そのディストリクト内又はそのディストリクト外に所在する、テロリズムを行った者又はテロリズムに関する財産に関して、令状を発付する権限を有する。
・41(b)(4) 担当ディストリクトでの令状発付権限を有するマジストレイト裁判官は、そのディストリクト内で、トラッキング・デバイスをインストールする令状を発付することができる。この令状により、そのディストリクト内、そのディストリクト外又はその双方に存在する人若しくは財産の動きをトラックする（追跡する）デバイスの使用を認めることができる。
・41(b)(6). 犯罪に関係する活動がなされたディストリクトにおいて令状発付権限を

有する裁判官は、以下の（A）及び（B）の場合に、そのディストリクト内又はそのディストリクト外の電子的装置メディアにリモート・アクセスして、電子的蔵置メディアを捜索し、そのディストリクト内又はそのディストリクト外の電子的に蔵置された情報を押収し又は複写する令状を発付する権限を有する。

　（A）そのメディア又は情報の在処が電子的方法により隠匿されているとき、又は

　（B）18 U.S.C.§1030（a）（5）違反の捜査で、そのメディアが、保護されたコンピュータであり、権限なく損傷を受け、そのコンピュータが5つ以上のディストリクトに存在するとき（『保護されたコンピュータ』とは、金融関係のコンピュータ、選挙関係のコンピュータ及び州際通商に使われているコンピュータの場合を指す-訳者註）

・41（e）（2）（A）人又は財産の捜索及び押収令状

　トラッキング・デバイスの使用を認める令状の場合を除き、この令状においては、捜索対象となる人又は物を特定しなければならず、（identify）、押収すべき人又は物を特定し、令状を返還すべきマジストレイト裁判官を指名しなければならない。この令状は、官権に、次のことを命じなければならない。

　（ⅰ）その令状を明示された時間内に執行しなければならず、未執行が14日を超えてはならない。

　（ⅱ）日中にその令状を執行すること。但し、その裁判官が十分な理由があると認めて別の時間に令状を執行することを明示的に認めた場合にはこの限りではない。及び

　（ⅲ）そのマジストレイト裁判官への令状の返還はその令状に指名された裁判官にしなければならない。

・41（e）（2）（B）蔵置された電子的情報入手令状

　連邦刑事訴訟規則41（e）（2）（A）の令状において、電子的に蔵置されたメディアの押収又は電子的に蔵置された情報の押収若しくは複写を認めることができる。この令状は、異なる記載が明示的になされた場合を別として、この令状と一貫性があれば、そのメディア又は情報をその後に検査（review）する権限も付与するものである。

・41（2）（e）（C）．トラッキング・デバイス令状。

　トラッキング・デバイスの使用を認める令状は、追跡対象となる者又は財産を特定・識別し、その令状を返還するマジストレイト裁判官を指定し、そのデバイスが使用される合理的時間の長さを明示しなければならない。この期間は令状発付後45日を超えてはならない。裁判所は、十分な理由があれば、45日を超えない合理的期間で、再度（一度又はそれ以上）の延長を認めることができる。この令状は、この令状を執行する官権に次のことを命じなければならない。

　（ⅰ）この令状により許可されたデバイスのインストレーションを10日以内に完了すること

　（ⅱ）この令状により許可されたインストレーションを日中に行うこと。但し、裁判官が、十分な理由があるとして、それとは異なる時間のインストレーションを明示的に認めた場合にはこの限りではない。及び、

　（ⅲ）この令状を、その令状に指定された裁判官に返却すること。

・41 f（2）．トラッキング・デバイス令状（令状への執行日時の記載、令状の返還、告知等）

理的であるとみているといえる場合に、そのプライヴァシーの期待に干渉を加える捜査活動は、捜索・押収とされ、その場合には、捜索・押収に関して、相当理由、捜索対象の限定（particularity）等の実体要件の充足が必要であり、基本的に令状によることが求められ、令状入手の時間的余裕がない緊急性がある場合（in exigency）場合には無令状捜索・押収の例外がある。令状による捜索・押収は修正第4条の第二文で定められ、令状要件が適用されない場合、政府の干渉の度合いが限定されている場合、非典型的捜索・押収等が関係する等の場合には、第二文の捜索・押収の原理を基礎に、第四修正第一文の「合理的捜索・押収」に当たるか否かが論じられる。捜索・押収であると位置付けられれば実体要件の充足を求められ、それよりも限定された干渉の場合には要件はより軽度のものとなる。第四修正は一般探索的捜索・押収（漁り目的での捜索・押収）を禁止する[8]。

　プライヴァシーの保護を当事者は期待しているが、その期待が社会からすると合理的とは言えず、「主観的期待」にとどまる場合には、憲法上の捜索・押収には当たらず、第四修正上、捜索・押収令状は不要となる[9]。

　プライヴァシーの合理的期待も主観的期待もあると認められない場合がある[10]。

　IPアドレスなどの取得についても、このような区別を基礎に論じられてきている[11]。

（8）　渥美東洋編『米国刑事裁判例の動向IV』（2012年、中央大学出版部）の諸判例を参照。
（9）　後述する、捜査目的での、架電元、架電先の電話番号の取得等がその例である。
（10）　例えば、open field 等の場合には、プライヴァシーの期待が全くない場合である。渥美編・前掲注(8)；Oliver v. United Sates, Maine v. Thornton, 466 U. S. 170（1984）（同書435頁）；California v. Ciraolo, 476 U. S. 207（1986）（同書439頁）〔以上、安富潔担当〕；Dow Chemical Company v. United States, 476 U. S. 227（1986）（椎橋隆幸『米国刑事裁判例の研究VI』（2018年、中央大学出版部）157頁）〔成田秀樹担当〕；Florida v. Riley, 488 U. S. 455（1989）（同書165頁）〔成田秀樹担当〕等を参照。
　プライヴァシーの合理的期待の基準は「不明確」だと論じられることがあるが、裁判所により結論が異なる場合があるにせよ、個別具体的事例での十分な分析と根拠が示され、周到な検討が示されれば妥当な結論を得ることに通ずる分析概念である。結論的にプライヴァシーの合理的期待の有無が示されるのではなく、個別具体的事例での分析に基づく。その点で、「社会通念上」と結論的に表示されることが多い我が国の判例でしばしば用いられる表現とは異なっている。

　プライヴァシーの干渉の程度が限定的であり、干渉を受けないとのプライヴァシーの期待が低いとみられる領域では、政府機関による干渉の根拠・必要性、干渉の程度、恣意的判断の排除等を考慮に入れて、その政府の活動が第四修正の合理性の要件を充足するかが判断されることになる。

（11）　Carpenters v. United States, 585 U. S - （2018）以前の判例だが、第三者法理に依拠してIPアドレスにプライヴァシーの合理的期待がないとする判例に、例えば、United States v. Farrell, 2016 WL 705197, at 1 （W. D. Wash. Feb. 23, 2016）；United States v. Christie, 624 F. 3d 588, 574 （3d Cir. 2010）；United States v. Lough, 211 F. Supp. 3d 770 （2016）；United States v. Werdene, 188 F. Supp. 3d 431 （2016）等がある。United States v. Farrell, supra は、コカイン、ヘロイン、覚醒剤等の頒布・販売の共謀で起訴された被告人が運営・管理する、オンラインの薬物の頒布・販売サイトである「シルクロード2.0」というウェッブサイトのIPアドレスが、国防省からの資金提供を受けて行われたカーネギー・メロン大学の研究機関によるTorネットワークの調査により発見され、法執行機関はこの研究機関への提出命令（subpoena）によりこのIPアドレスを取得した。このIPアドレスは、被告人がこのTorを使用したときに発見されたものであり、被告人のコンピュータにアクセスして入手されたものではなかった。裁判所は、第三者法理を採用したUnited States v. Forrester, 52 F. 2d 500 （9 Cir. 2007）に依拠して、IPアドレスにはプライヴァシーの期待はなく、同研究組織によるIPアドレスの取得は第四修正の捜索には当たらないと判示した。そして、Torには脆弱性があり匿名性を保持できない場合があることをTorプロジェクトにより知らされていたにも拘らず、被告人にはTorにIPアドレス情報を明かしてTorを利用して見知らぬ者に連絡を取っていたことも、IPアドレスにプライヴァシーの合理的期待がない事情として指摘した。この事件は、被告人のパソコンへのアクセスがあった事案ではなく、国家から資金を得て研究活動を行う大学の研究機関が、Torの調査からIPアドレスを知り、それを法執行機関が提出命令（subpoena）により取得した場合であり、裁判所は、第三者法理を適用して、このIPアドレス取得活動は捜索ではなく、第四修正違反はないと判示し、Torの調査は令状を要する捜索には当たらないとの立場によっている。United States v. Christie, supra は、詐欺事件を目こぼしする代わりに捜査機関が自己の運営する児童ポルノサイトにアクセスすることを認め、そのウェッブサイトでそこにアクセスした者のIPアドレスが得られ、そのIPアドレスについてプライヴァシーの合理的期待がないとされた事例である。United States v. Matish, 193 F. Supp. 3d 585 （2016）、United States v. Werdene, supra、United States v. Michaud, 2016 WL 337263, at 7 は、後述の児童ポルノ事件で、そのTorサーバー（PlayPen）でアクセスした者へのNITソフトウェアの自動ダウンロード（インストール）後の、再ログオンによる児童ポルノデータへのアクセス後の、IPアドレス等の取得を自動的に行う、NITの使用を認める令状による捜査で取得されたIPアドレスにプライヴァシーの合理的期待がない旨判示した。Michaud supra は、IPアドレスはパブリックな情報であることを理由にプライヴァシーの合理的期待はないと判示する。IPアドレスにプライヴァシーの合理的期待がないと判示するこれらのPlayPenの判例は、会員制の児童ポルノTorサーバーへのNITソフトのインストールは、令状により行われている。

2　リアル・タイムでの情報の取得

リアル・タイムでの情報の取得に関しては、Wiretapping Act が、保存された情報の取得に関しては、18 U.S.C. §3123. Electronic Communicatins Privacy Act of 1980, 18 U.S.C. §3121-3127[12]が用される。

Wiretapping Act の他、electronic communication の傍受の場合にもこの法律が関係する。電話や electronic communication の「内容」に関わる情報の取得に関係する場合であり、基本的に Katz 判決の内容を取り入れたものとなっており、令状によって取得することが原則とされている[13]。

3　NIT（network information technology）の利用（ハッキング）

IP アドレス他の利用者情報の取得するために NIT（ネットワーク・インフォメーション・テクノロジー）が捜査機関により使われてきている[14]。

児童ポルノのウェブサイト PlayPen は、Tor[15]のネットワークによって隠匿されたウェブサイトであり、ここにアクセスするには特別なソフトをダウンロードしてアクセスする必要があり、PlayPen には ID とパスワードを用いてログインし、そのサイトから児童ポルノを閲覧しダウンロードする形態となっており、PlayPen に至るまでに、複数の Tor ノードを経由するが、

---

(12)　18 U.S.C. 2510-2523, Electronic Communications Privacy Act of 1986（ECPA）. Code CHAPTER 119—WIRE AND ELECTRONIC COMMUNICATIONS INTERCEPTION AND INTERCEPTION OF ORAL COMMUNICATIONS.

(13)　前掲注[12]参照。緊急性がある場合の例外はある。§2518(7)(a)

(14)　この例として、United States v. Duncan, 2016 WL 7131475（2016）；United States v. Dzwonczyk, 2016 WL 7428390（2016）；United States v. Owens, 2016 WL 7053195（2016）；United States v. Adams, 2016 WL 42122079（2016）；United States v. Scarbrough, 2016 WL 8677187（2016）；United States v. Tylor, 2017 WL 1437511（2017）；United Sates v. Tones, 2016 WL 4821223（2016）；United States v. Vortman 2016 WL 7324987（2016）；United States v. Arterbury, 2016 U.S. Dist. LEXIS 67091（2016）；United States v. Hachey, 2017 U.S. Dist. LEXIS 34192（2017）；United States v. Allen, 213 Fed, Supplement, 3d 246（2016）等。

(15)　IP アドレスの経路情報がそぎ落とされ、直前のノードしかアクセス目的のサーバーには伝達されないため、誰がアクセスしているのかが、サーバーの情報だけでは判らない。複数の Tor ノードを経由すると、元のアクセス者の情報は隠匿されることになる。また、ネット上で配布されている特別のソフトを使わなければ、また、それに接続されている児童ポルノサイトにもアクセスすることができない。

PlayPen にアクセスした場合には、直前の Tor ノードのみが表示され、PlayPen にアクセスした利用者の IP アドレスは判明しない仕組みとなっていた。そこで、FBI は、児童ポルノの利用者の、IP アドレス他の利用者情報を把握するために[16]、NIT 令状を得て、NIT ソフトウェアをこの PlayPen のウェブサイトに設置し、利用者が PlayPen にアクセスした際に、同時に、気づかれることなく、この NIT ソフトウェアがダウンロードされるようにした。この NIT ソフトウェアは、その後に、この児童ポルトサイトに、その利用者が登録アカウントのユーザー名とパスワードでログインし、児童ポルノを含むポストにアクセスすると、ここで初めて自動的にアクティヴェートするように設定されていた。この NIT 令状を利用して、FBI は PlayPen の利用者の IP アドレス他の利用者情報を取得し、それを元に、さらに捜索令状によって、その者のコンピュータや家屋を捜索する活動が行われた。かかる NIT を利用する捜査方法に関しては、捜索令状（NIT 令状）が違法か否かについての判断が下級審により示されてきている[17]。この令状によりなされた NIT の利用を違法だと判断した当時の多くの下級審判例がある[18]が、それは、改正前の連邦刑事訴訟規則41条の規定では、令状発付官がその令状

---

(16)　取得される情報は、⑴そのコンピュータのIPアドレス、⑵他のコンピュータからそのコンピュータのデータを区別するユニークな識別情報（identifier）、⑶そのコンピュータのOS、⑷そのコンピュータのホスト名、⑹そのコンピュータを実際に作動させているユーザー名、⑺そのコンピュータの「メディア・アクセス・コントロール」情報（MACアドレス情報）等であり、この NIT 情報は、利用者が、政府がコントロールする website にログオンする都度、送信され政府により取得される。

(17)　利用された NIT 令状を違法と判断した注⑭の裁判例は、改正前の連邦刑事訴訟規則41条では、令状発付官の管轄区以外で、発付された令状が効力を有しないことを理由としているが、IPアドレスそれ自体にはプライヴァシーの合理的期待はないとした裁判例を引きつつ、このことを前提としても人のコンピュータに侵入して情報を取得する点でそれは捜索であり、NIT 令状が要ると判断している。IPアドレスそれ自体にはプライヴァシーの合理的期待はないとした United States v. Werdene, 188 F. Supp. 3d 431, 443-44（2016）や United States v. Acervedo Lemus, 2013 WL428436（2016）でも、PlayPen に接続された利用者のコンピュータから情報を得るために NIT ソフトウェアが令状により用いられていた場合である。違法サイトに接続する利用者情報を把握するために FBI がサーバーに NIT ソフトウェアをインストールする場合に、NIT 令状を用いる実務は定着しているようである。

(18)　前掲注⑭の裁判例を参照。

発付官の「管轄区域内で」令状を発付することができるにとどまり、管轄区域外に有効な令状を発付することができないとされていたためであり、有効な令状であると信じて捜査した結果得られた証拠は、違法収集証拠に関する「善意の例外」に当たり、排除されないと判示されてきている。現行刑事訴訟規則41条では、一定の場合に、管轄区域外にも、令状の効力が及ぶように改正された[19]ので、令状による捜索は違法ではないと判断されることになろう。

　現・連邦刑事訴訟規則41条は令状発付官の発付した令状の効力が管轄区域外にも及ぶことを定めるが、外国にもこの効力が及ぶのか否かについては、テロ関連の場合を別として、コメンテイターにより異なる見解が示されており[20]、合衆国最高裁判所の判断はまだない。だが、国境管理の国の権限を強調し、国境での荷物検査にはプライヴァシーの期待がないと判断する合衆国最高裁判所の判例[21]があり、アメリカ合衆国外にいる外国人に第四修正の保護が及ぶとは判断されてきてはいない[22]。

4　ISP サーバー、データセンター等に保存、蔵置されたデータの取得

　ISP 等のサーバー等に保存、蔵置されたメール情報の取得に関係するのは、Stored Communicatoins Act[23]である。

　捜索令状によるべき場合、裁判所命令によるべき場合、文書提出命令（subpoena）による場合、ISP 等による任意開示の場合などについて定める。

（19）　前掲注(7)参照。

（20）　FBI の歴史の中で域外の法執行の権限の範囲をもっとも広く拡張したものだと評価するのは Ahmed Ahmed Ghappour, Searching Places Unknown: Law enforcement Jurisdiction on the Dark Web, 69 Stan. L. Rev. 1075, 1081（2017）。これに対し、Jonathan Mayer, Government Hacking, 127 Yale L. J. 570（2017）は、連邦刑事訴訟規則41条による「マジストレイト裁判官の」権限の限界を理由にマジストレイトが外国を対象とする令状の発付はできないとする。

（21）　渥美編・前掲注(8)480頁（United States v. Ramsey, 431 U. S. 606（1977）〔中野目善則担当〕（税関での金製品が入っていると疑われる郵便物の開封は相当理由に基づくことを要せず、令状によることを要しないとされた事例）

（22）　United States v. Virdugo-Urquidez, 494 U. S. 259（1990）（椎橋編・前掲注(10)37事件（379頁））〔中野目善則担当〕。

ここでは、上記の３つの場合について触れる。

同法は、①「内容」に関わる場合、②内容に関係しない記録及びその他の加入者又は顧客に関する情報、及び③18 U.S.C.§2703（c）（2）に具体的に列挙された基本的加入者情報及びセッション情報、の３つのカテゴリーを区別する。

まず、18U.S.C.§2703（c）（2）から説明する。

基本的な加入者情報、セッション情報、及び料金の請求にかかる情報については、捜索令状、裁判所命令、文書提出命令のいずれも利用可能である。

（1）　18 U.S.C.§2703（c）（2）

この18 U.S.C.§2703（c）（2）の定める基本的加入者情報とセッション情報には、次のものがある。

　　（a）氏名、（b）住所、（c）ローカル電話又は長距離電話の接続記録、セッション時間記録及び通話時間記録、（d）サービス提供期間（開始日含む）及び用いられているサービスのタイプ、（e）電話若しくは装置の番号、その他の加入者番号又は一時的に割り振られたネットワーク・ア

（23）　以下、SCAという。Electronic Communications Privacy Act of 1986は、Title Ⅰで改正Wiretap Act を、Title Ⅱで SCA を、Title Ⅲ で、Pen Register 及び trap and trace device について定めた。

　現在、データに関して、2018年３月にクラウド法（The Clarifying Overseas Use of Data Act）が制定され、アメリカ合衆国の法執行機関による、国内に拠点を置くサービスプロヴァイダが国外に保管するデータの取得に関する定めとともに、合衆国に拠点を置くグローバルなプロヴァイダの保持する電子的情報に関して、外国捜査機関が取得をする場合について、詳細な規程が置かれた。クラウド法に関して、本書第12章の他、四方光「米国クラウド法の意義と我が国の課題」警察学論集73巻１号（2020年）62頁を参照。

　ここでの説明は現在のものである。今後、法改正により、法状況に変化があるかもしれないことをお断りしておく。

　また、SCA は、「電子的コミュニケーション・サービス」と「リモート・ネットワーク・サービス」を利用する利用者及び顧客が関係する場合を扱う。前者は、電子的コミュニケーション・サービスのプロヴァイダが典型例であるが、航空会社が旅行予約システムを旅行予約会社に提供している場合なども含む。後者は、「一般公衆に」、電子的コミュニケーション・システムを利用して「コンピュータ・ストレージ・サービス又は処理サービス」を提供する場合をいい、顧客のためにデータを蔵置し又は処理する、外部のコンピュータ・サービスを顧客に提供する場合である。タイムシェアリング・サービスなどもこれに含まれる。

ドレスを含む識別情報（identity）、並びに（f）サービスの対価の支払い手段及び源泉（これにはクレジットカード・ナンバー又は銀行口座番号が含まれる）。

この情報は、捜索令状によっても、2703（d）の裁判所命令によっても、文書提出命令によっても取得が可能である。

このリストに掲げられた情報は、加入者の身元に関する情報、加入者とサービス・プロヴァイダの関係に関する情報及びこの加入者の、セッション接続に関する基本的情報に関係する。一時的に割り振られてネットワーク・アドレスには、顧客が特定のセッションのために利用したIPアドレス（例えば、webメールを利用した場合に割り振られたIPアドレス）が含まれるが、より広範なトランズアクションに関する記録、例えば、顧客が送信したemailの宛先を示すログ情報はこれには含まれない。

(2)　§2703（c）（1）

§2703（c）（1）は、§2703（c）（2）以外の、第二のタイプの情報について定める。

加入者又は顧客に関係する記録またはその他の情報について定める。これは（1）の基本的加入者情報及びセッション情報を含む、すべての記録を含み、漏れがないようにするものであり、通信の「内容」は含まれない。ここでいう情報は、データと同義である。アカウント・ログ、携帯電話の基地局データ、アカウントの所有者が送受信した送受信先のemailアドレス、ユーザーがアクセスしたサイトのインターネット・アドレス、アクセスの日時、架電先の通話者の氏名、住所、及び電話番号、加入者の身元識別情報などである。加入者の基本情報及びセッション情報と、それ以外の、内容に関わらない記録を分けるのは、後者の、加入者のより詳細な全プロフィルを示すことになりうるトランズアクション情報を、前者から区別するためである。

一般公衆にサービスを提供するプロヴァイダの場合、§2703（d）の裁判所命令によるか捜索令状により取得することができる。

(3)　SCAの定める「内容」と「電子的蔵置」

SCAの定める、「内容」に関わる場合とは、加入者又は顧客のカウントに蔵置された実際のファイルであり（18 U.S.C.§2510（8）)、有線、口頭、又は

電子的コミュニケーションに関してなされた通信であり、内容に当たる、email、ボイス・メールや被用者のネットワーク・アカウントに蔵置されたワープロ・ファイルがこの例である。

　SCA の定める「電子的蔵置」は、単に電子的手段での情報の蔵置を意味するものではなく、電子的送受信に付随して、有線又は電子的コミュニケーションが、「一時的、中間的に」蔵置される場合と、その「バックアップ」の場合を指し、通信の際に、ISP に一時的に保存されたものとそのバックアップが含まれる。この定義は、181日未満の内容を含む蔵置された、送信されたが加入者・顧客が未読ファイルの取得には捜索令状が必要である点でも重要である[24]。加入者の ISP には email が届いたが、未開封の email は、「電子的蔵置」に当たる。利用者がそのコミュニケーションを取り出す前の一時的、中間的が「電子的蔵置」に当たるが、加入者・顧客による email を取り出した後のコミュニケーションの蔵置は「電子的蔵置」に当たらない。利用者がそのメールを取得して、そのコピーを ISP のサーバーに残した場合は「一時的、中間的蔵置」には当たらないので、SCA の「電子的蔵置」には当たらない。また、「バックアップ」は ISP がシステムの完全性を維持する目的で保存する場合を指し、email 等の取得が利用者により ISP からなされた後の利用者による、サーバーへのメールの蔵置は、SCA のいう「バックアップ」には当たらない。

　プロヴァイダ等からローカルコンピュータ（デスクトップ）にダウンロードされ蔵置されたコミュニケーションの取得には、SCA の適用はなく、この場合には第四修正が適用される。

　SCA では、180日以下か否かでの区切りを設けるとともに、利用者が既に「蔵置された情報」を閲覧・聴取したか否かにより区別を設けている。

　既に閲覧・聴取されたコミュニケーションの及びその他の蔵置されたデータの内容については令状の他、顧客・加入者への告知を伴う裁判所命令、又は顧客・加入者への告知を伴う文書提出命令のいずれも利用可能である[25]。

　内容がまだ閲覧されていない180日以下の、プロヴァイダのサーバーに保

───────────────

(24)　§2703（a）

存されたメール、ボイス・メール等の取得は、内容に関わる蔵置された情報の取得の場合であり、捜索令状による取得ができ、§2703（d）の裁判所命令、文書提出命令では取得できない。蔵置期間が180日以下の未読のメール、ボイス・メールについて、捜索令状によることが義務付けられているのは、プライヴァシーの合理的期待があるからだと解される。

180日を越えて経過した email, voice mail、は閲覧・聴取されていない場合でも、捜索令状、§2703（d）の加入者・顧客への告知を伴う裁判所命令又は加入者・顧客への告知を伴う文書提出命令により取得できる[26]。

捜索令状（warrant）によるべき場合には、相当理由の要件、限定性の要件などを充足しなければならないので、要件が一番厳しく、裁判所命令により得ることができるものをすべて得ることができる。180日以下の未読のメール等に関しては、捜索令状によらなければならない。

裁判所命令（court order）による場合は、捜査中の事件に関連性（重要性）がある（relevant）ことを要件とする。この場合、プライヴァシーの合理的期待があり捜索令状によるべき場合よりも、プライヴァシーの期待の程度が劣るとする判断が背景にあると考えられる。他方、裁判所が関与せず。政府の側だけの判断で文書提出命令を発することができる場合よりも、より慎重に、裁判所が関与する手続による情報の取得が考慮されている。

裁判所の命令の場合には裁判所が関与する点で文書提出命令よりも要件が厳しいが、捜索令状よりは要件は緩やかであり、文書提出命令で提出を義務付けることができる場合には裁判所命令ですべて義務付けることができ、基本的により要件の厳しい手続を用いればそれよりも要件が緩やかな手続きで取得することができる情報を、より要件の厳しい手続で得ることができる。

ただし、§2703（d）の裁判所命令には、加入者・顧客への告知をも伴う場合と伴わない場合とがあり、コミュニケイションの内容に関わる場合には、加入者・顧客への告知を要する。

加入者・顧客への告知のない裁判所命令では提出を義務付けることができ

---

(25)　§2703（b）。公的プロヴァイダではない場合、文書提出命令が利用可能だが、SCA
　　は適用されない。18U. S. C.§2711（2）が適用される。
(26)　§2703（a）（b）

ない情報でも、テレマーケッティングによる詐欺の場合は、捜査機関が、加入者・顧客への告知を伴う文書提出命令により提出を義務付けることができる。この場合には、書面で、プロヴァイダに、テレマーケッティングによる詐欺を用いた詐欺を行っている加入者・顧客の氏名、住所、営業所場所を示すよう求めることができる[27]。また、政府が加入者・顧客の同意を得ている場合には、加入者・顧客の、内容には関わらない情報の開示をプロヴァイダに求めることができる[28]。

　文書提出命令は裁判所の関与がなく、行政機関、捜査機関が文書提出命令を発することができ、裁判所命令よりも要件は緩やかである。加入者・顧客への告知を伴わなければならない場合と、伴わない文書提出命令の場合とがある。

　Email の送信先情報や、プロヴァイダ等への蔵置が「180日以下の」「未読の」メール等を除き（この場合には捜索令状によらなければならない）、蔵置されたコミュニケイションの内容に関わる情報を、政府（捜査機関）は、告知を伴う文書提出命令で取得することができる。

5　Pen Register Act[29]による電話番号の取得

　また、電話番号（架電元、架電先、通話時間）に関するログの取得には、Pen Register and Trap and Trace Device Act[30]が適用される。これは Electronic Communication Privacy Act に含まれる。

　電話番号等の、通信内容に関わらない情報の取得は SCA の §2703（d）による裁判所命令（court order）が使われる[31]。

　取得対象となる情報は、優先又は電子的コミュニケーションの処理及び伝送で使われる、ダイヤル情報（元・先）、ルーティング情報、アドレス情報、

---

(27)　18 U. S. C. §2703（c）（1）（D）

(28)　18 U. S. C. §2703（c）（1）（C）

(29)　現在は、18U. S. C. §2703（c）（2）

(30)　18 U. S. C. §3123. Electronic Communicatins Privacy Act of 1980, 18 U. S. C. §3121-3127

(31)　18 U. S. C. §3123（a）

並びにシグナル情報であり、内容に関わらない情報である。

　この場合、現在行われている捜査に「関連性（重要性）がある（relevant）」であることが要件とされる。捜索・押収の場合の要件である相当理由よりは低い要件で裁判所命令が発せられる。

　この背景となっているのは、Smith v. Maryland[32]である。Smith は、FBIが文書提出命令（subpoena）により電話会社から架電記録を取得した事例であり、プライヴァシーの客観的期待はないので、令状によることは不要であると判断した。利用者は、自己のプライヴァシーの保護を期待して主観的期待を有するとしても、電話利用者は、電話を利用するには、架電下、架電先、通話時間は電話会社に引き渡さなければならない情報であり、第三者に譲り渡した情報には、他に知られることはないというプライヴァシーの合理的期待はなく、憲法上の捜索には当たらないので、令状は不要であると判断した。このようにプライヴァシーの期待は低いことを踏まえて、捜索令状ではなく、現在では法律上、裁判所命令（court order）が使われ、裁判所命令の要件は、捜索令状の相当理由よりは程度の低い根拠である、行われている捜査に「関連性（重要性）がある（relevant）」ことである。

　犯罪に関する情報を集める段階であり、この段階で相当理由を求めると、相当理由に至る犯罪情報を集めている段階であるので、相当理由まで求めることには無理な場合があり、第三者に譲り渡した情報であるので、プライヴァシーの期待が低い。だが、契約違反や不法行為を理由とする損害賠償請求を受けないように ISP 等をかかる訴訟などから免責するために、裁判所命令が使われており、かかる命令で、プライヴァシーの主観的期待の保護は足りるとする判断が関係する。

　この電話番号の取得に関する第三者法理が、携帯電話会社や ISP 等の保持する IP アドレスや GPS 情報の取得に関係する。ISP 等の保管する IP アドレスの取得は、捜索令状によらなければならないのか、裁判所命令によればよいのかが問われる。

---

(32)　Smith v. Maryland, 442 U. S. 735（1979）。電話番号について、いわゆる第三者法理を判示した判例。ペンレジスターを利用した架電情報（送信元、送信先、通話時間等）の取得（通話の内容は取得しない）は第四修正上の捜索には当たらないと判示した。

　近時の基地局からの GPS 情報の取得に関して、GPS 情報に個人のプライヴァシーが蓄積されていることを理由に、第三者法理は妥当せず、捜索令状が必要であるとの判断が Carpenter[33]で示されている。

　Carpenter は、携帯電話基地局からの GPS 情報の取得に関係する判断であり、第三者法理をすべての場合について否定したものではない。GPS を携帯電話会社から取得する場合に裁判命令（court order）ではなく、携帯電話会社からの基地局の GPS 情報の取得はプライヴァシーの合理的期待がある場合の干渉に関係するので、捜索令状が必要であると判断した。

　この判断以前の下級審の判例は IP アドレスそれ自体については、第三者法理によってプライヴァシーの合理的期待がないと判断してきているものもあるものの[34]、IP アドレスが、Carpenter との関係で、今後、どのように判断されるのかは明らかではないが、Carpenter はサイバー空間の安全性との関係で判断した判例では全くない。私企業による IP アドレスの取得はビジネスの関係で広範に行われており、IP アドレス自体は保存されており、それを取得するのに、裁判所命令によるべきか、捜索令状によるべきなのかについて判断した判例であり、IP アドレスのトラッキングがおよそ不可能になる判断を示したものではない。

6　文書提出命令による取得

　SCA は、裁判所を介さない、政府による文書提出命令による IP アドレス他の情報の取得について定めており[35]、この方法によるデジタルデータの入手が可能である。

　SCA は、リモート・コンピューティング・サービスを提供するか、電子

---

(33)　Carpenter v. United States, 585 U. S.（2018）

(34)　前掲注⑾参照。NIT との関連で捜索令状を要すると判断した裁判例（注14参照）は、IP アドレス自体にプライヴァシーの合理的期待がないとしても、利用者のコンピュータに NIT ソフトウェアを送り込むこと自体が捜索であると判断している。

(35)　取得可能な情報には、加入者氏名、住所、電話を含む接続記録及びセッション時間及び継続時間、サービスの期間及びサービスのタイプ、一時的に割り振られたネットワーク・アドレスを含む電話、機器若しくは加入者の番号または身元、支払いの手段及び支払いの源泉等がある。

的コミュニケーションサービスを提供する場合でなければ、適用されないので、政府は、上記のいずれも該当せず、SCA が適用されない場合に、対象者の情報やそのもののコミュニケーションに関する情報を得るために文書提出命令を使うことができる。

　この文書提出命令は、加入者へ・顧客の告知を伴う場合と伴わない場合とがある。

　この文書提出命令（Subpoena Duces Tacum）は、大陪審などの捜査機関や行政機関が ISP などに対して発するものであり、発付の要件は低い[36]。

　文書提出命令による場合、加入者への告知または事後の告知を伴う場合がある。告知を伴う場合の方が手続がより慎重でありる。

　告知を伴う文書提出命令では、a）事前の告知のない、文書提出命令で取得することができるすべての情報、b）180日を超えて電子的コミュニケーション・システムに電子的に蔵置された有線によるコミュニケーション又は電子的コミュニケーションの内容、及び c）リモート・コンピューティング・サービスのプロヴァイダより加入者・顧客のために保持された電子的コミュニケーションの内容について、取得することができ、コミュニケーションの内容に関わる場合でも、告知を伴う文書提出命令により取得することができる場合があり、上記の**4**(1)で述べた、加入者・顧客の情報よりも、内容に関わる情報の取得を認める点で、情報取得の範囲が広い。

　事後の告知の場合、文書提出命令の告知が不利益な結果をもたらすと信ずる理由がある場合には、監督者のこの点についての書面による証明書に基づき、90日間、告知を延期することができる。90日は、告知すると捜査等に不利益が生ずるとの証明書に基づき、さらに90日延期することができる。この遅延期間経過後は、加入者・顧客に遅延理由を説明した文書とともに、プロ

---

(36)　Office of Legal Education Executive Office for United States Attorneys, Searching and Seizing Computers and Obtaining Electronic Evidence in Criminal Investigation, at 128は、subpoena 発付の要件は低い、と指摘する。See United States v. Morton Salt Co., 338 U. S. 632, 642-43（1950）を引く。ここでは、行政機関は、法違反があるとの疑いだけで調査をすることができ、又は法違反がないことを確実にしたいという理由でも調査を行うことができる、と指摘する。

ヴァイダ等に請求をしたこと又は開示の手続を取ったことことを示すコピーを送付しなければならない。

　この文書提出命令により開封された email 又は送信 email の取得の場合があるが、プロヴァイダは、180日以下の email の取得には、令状がなければこれに応じない場合がある。

　文書提出命令は SCA の適用外の情報を得るためにも利用することができる場合がある。既に閲覧されたメールのサーバーを保持する会社が「リモート・コンピューティング・サービス」も「電子的コミュニケーション・サービス」も提供していない場合に、SCA 外の文書提出命令を政府は利用できる。

7　任意の開示の場合

この他、任意の開示の場合がある。

「一般公衆に」利用できないサービスのプロヴァイダは、蔵置されたコミュニケーションの内容とその他の記録を自由に開示することができる。

　一般公衆にサービスを提供するプロヴァイダの場合には制約があるが、例外がある。

　1）コミュニケーションの受け手（受取手）に開示する場合

　2）加入者の同意を得て開示する場合

　3）サービスの提供に付随して又はそのサービスの提供者の権利若しくは
　　　財産の保護のために必要な場合[37]

　4）行方不明になり搾取されている児童のための全国センターに開示する
　　　場合

　5）コンテンツが意図せずして入手されたものであり、犯罪の遂行に関係
　　　することが明らかである場合の法執行機関への開示の場合、又は

　6）開示を求めている者の死亡の危険または重大な身体傷害の危険があ

---

(37) 我が国でも、この規定は、ISP 事業者等がメタ・データを保存・活用する根拠となり得るものであろう。なお、林紘一郎、田川義博「サイバーセキュリティと通信の秘密に関する提言：自立システム管理責任の明確化と対象を特定した通信ログの活用を」情報セキュリティ総合科学 vol. 12 2020年11月 1 日号を参照。

り、緊急性があり、遅滞のなく政府機関に開示することが必要である
と、善意で判断した場合

には顧客の内容に関わらない記録を任意に政府機関に開示することができる
ことを定める[38]。

8　外国人の場合

　国外にいる外国人の場合には、第四修正の保護は及ばないとされる[39]ので、
外国から米国に不法な目的でネットを通じてアクセスする者がいる場合に
は、この者の通信は監視を受けることになるであろう。

　インテリジェンス目的で外国人・合衆国人を監視下において長期間にわ
たってその動向、通信などを監視下に置くことがあり、この際の要件は犯罪
捜査の要件よりも低い。だが、インテリジェンスで入手した証拠が犯罪捜査
目的のために使われることになると、犯罪目的のために設けられている要件
の意味が失われたり薄められるとの懸念が残るが、現実には、この二つは競
合相互補完的関係にある場合があり、その場合にはインテリジェンスで集め
たデータが、犯罪捜査目的のために使われる場合が生ずるであろう[40]。

9　米国による外国にある犯罪データの取得及び外国による米国に対する犯罪データの請求

　これについては米国ではクラウド法が関係する。第12章及び本章注[23]参照。

---

(38)　§2702 (b) (1)- (8)、§2702 (c) (1)- (5) は、2)、3)、4)、6) の場合の政府機
　　関への同様の開示について定める。
(39)　United States v. Virdugo-Urquidez, 494 U.S. 259 (1990) (椎橋編・前掲注[10]37事
　　件 (379頁))〔中野目善則担当〕。
(40)　川澄真樹「電子的監視を用いた対外諜報と犯罪捜査——FISA における「相当な理
　　由」要件及び「監視の目的」要件と合衆国憲法第4修正との関係を中心に——」比較法
　　雑誌52巻1号 (2018年) 109頁。

II　ドイツのサイバー犯罪対策

1 サイバー犯罪の刑事的規制（刑事実体法）

　ドイツにおいても、コンピュータ、インターネット、データネットワーク等の発達に伴って情報技術機器が次第に社会で利用されるようになってきたことに伴い、これらが政府機関や企業の業務、国民の日常生活に深く浸透し、社会のインフラとして機能するようになってきた。そして、これらに対する犯罪及びこれらを手段とした犯罪現象も同時に社会問題として認知されて、この新たな犯罪現象に後追いするかたちで、これに対処する諸規定が立法により刑法典に盛り込まれ、犯罪とされる行為が実体刑法上は明確となった。ところが、ドイツ連邦共和国の刑法典、刑訴法、警察法その他の法規には「サイバー犯罪」それ自体を定義した規定は存在しないが、公的なものとして、わが国の警察庁に相当する連邦刑事庁（Bundeskriminalamt）は、2012年、「サイバー犯罪は、インターネット、さらにデータネットワーク、情報技術システム、またはそれらの情報に対する犯罪行為を含む。サイバー犯罪は、また、この情報技術を手段として行われた犯罪行為をも含む。」とする定義を明らかにしている[41]。

　その一方で、捜査機関は、実体刑法上犯罪とされた行為に対する捜査において発展してきた情報科学技術の成果を活用することになるが、情報科学技術を活用した犯罪捜査は有効かつ効果的に客観証拠を保全することができるものの、その性質上、憲法上の通信の秘密、表現の自由、さらには一般的人格権等と緊張関係をもたらす。そこで、厳格な要件のもとそのような捜査手法を許容する規定が刑事訴訟法等の法律に盛り込まれ、サイバー犯罪に対する捜査・訴追が行われる[42]。さらに、ヨーロッパ連合(The European Union:EU)はサイバー犯罪対策を積極的に推進しており[43]、ドイツはEU法の理念を国

---

(41)　*BKA*, Cybercrime Bundeslagebild 2012, S. 3. 同状況に対する報告書は、以下のサイトで確認することができる。https://www.bka.de/SharedDocs/Downloads/DE/Publikationen/JahresberichteUndLagebilder/Cybercrime/cybercrimeBundeslagebild2012.pdf?__blob=publicationFile&v=4

内法化するための立法を頻繁に行うことで、サイバー犯罪対策を行ってきている[44]。そこで、以下では、広く電磁的記録、パソコン、インターネット、データネットワーク、情報技術システム等に対する犯罪行為及びそれらを手段そして行われるドイツの犯罪現象一般を概観しつつ、刑法典及び刑訴続法におけるサイバー犯罪対策を概観する。

1　犯罪現象とそれに対する立法措置

　ドイツにおいては、テレコミュニケーション、インターネット、データネットワーク、情報技術システムの発達に伴い、これらに対する犯罪及びこれらを手段とした犯罪現象も同時に社会問題として認知され、これらの犯罪現象を刑法上犯罪とする立法措置が講じられてきた。例えば、1980年以降には、コンピュータ及びテレコミュニケーションの発達により、コンピュータウイルス、ハッキングが、1990年以降は、インターネット上でのフィッシング詐欺やポルノ、さらには、個人情報を管理する法人に対する情報窃盗、マルウェアの送付やDDos攻撃、さらに、2000年以降には、インターネット及びソーシャルネットワークサービスが世界規模で普及したことに伴い、これらを利用したオンライン上の賭博、フィッシング詐欺、オンラインショップにおける利用者情報の窃取、薬物、武器といった法禁物の有償譲渡等の手段としてインターネットやソーシャルネットワークサービスが利用されるようになってきた。そして、その種の犯罪はドイツ国内においてのみではなく、

---

(42)　なお、連邦刑事庁が毎年公開している犯罪統計（Polizeiliche Kriminalistik）では、「Cybercrime（サイバー犯罪）」という語句は使用されておらず、「インターネットを実行行為の手段をした犯罪の基本チャート」（Grundtabelle für Straftaten mit Tatmittel „Internet“）という項目がある。

(43)　なお、EUとは異なる組織ではあるが、欧州評議会（Council of Europe）は、2001年、サイバー犯罪条約（Convention on Cybercrime）を締結し、わが国をはじめとした主要な非ヨーロッパ諸国も批准している。

(44)　EUの法執行機関である欧州委員会（European Commission）は、EUの共通する主要政策の1つにサイバー犯罪を挙げ、さらに、電子証拠による証拠保全・訴追、暗号化された情報に対する捜査支援、非金銭的支払いの詐欺の犯罪化及び児童に対する性的虐待の保護を具体化する施策の実現を目指している。https://ec.europa.eu/home-affairs/what-we-do/policies/cybercrime_en

それ以外の場所からも容易に実行されるようにもなってきた(45)。

　このような犯罪現象に対して、立法者は、それぞれの時代に出現した犯罪現象に着目した新たな構成要件を定める立法を行ってきた（以下の規定は、その後の法改正後の刑法典の現規定をいう。）。例えば、わが国の刑法典に定められている構成要件と比較して特徴的な犯罪としては、1986年には、商取引における詐欺の目的で国内または海外の支払いカード、小切手または約束手形の偽造、変造(46)、プログラムの不正作成、不実もしくは不完全なデータの使用、データの無権限使用またはその他データ処理過程への無権限な干渉によりデータ処理過程の結果に影響を与えるコンピュータ詐欺(47)、電子的、時期的またはその他直接には知覚できないかたちで保存され伝達されたデータに対する不正アクセス(48)、電子的、時期的またはその他直接には知覚できないかたちで保存され伝達されたデータの消去、制圧、利用不可能にさせるまたは変更するデータ変更(49)、コンピュータサボタージュ(50)が、2003年には、保証機能付きの支払いカード及び白地のユーロ小切手用紙の偽造(51)、放送またはメディアによるポルノ表現の頒布(52)、2004年には、録画による高度に私的な生活領域に対する侵害(53)等といった新たな構成要件を含む規定が刑法典に盛り込まれてきた。このように、わが国の刑法典と比較をすると、ドイツにおいては、構成要件を包括的に定めることをせずに、その当時の社会状況に応じて生じる犯罪現象に対処するために包括的に刑法典の規定を改める等して構成要件要素を個別に規定することで、罪刑法定主義の派生原則である明確性の原則を満たそうとしているところに特徴があるといえよう。

　なお、連邦刑事庁は、2020年9月、世界規模で蔓延した新型コロナウイル

---

(45)　*Kochheim*, Cybercrime und Strafrecht in der Intormations- und Kommunkationstechnik, 2. Aufl. 2018, S. 45 ff.
(46)　152条a。
(47)　263条a。
(48)　202条a。
(49)　303条a。
(50)　303条b。
(51)　152条b。
(52)　184条d。
(53)　201条a。

ス（COVID 19）との関係で、コロナ禍におけるサイバー犯罪に関する特別評価を公表し、その中で、従来までの形態のほかに、行為者はその社会状況に素早く対応し、日常生活がサイバー犯罪がより行われやすくなり、トリックボット（TrickBot）、仮想通貨による違法な取引、虚偽のオンラインショップやウェブによる詐欺等の犯罪が急増していること明らかにしている[54]。

2　いわゆるアウシュビッツの嘘

ドイツの刑事法の特徴の1つに、国家社会主義（ナチス）に対する一貫した厳しい姿勢がある。刑法典130条は、民衆の扇動を規定し、公の平和を乱しうるような態様で、国民の一部に対する憎悪を掻き立てもしくはこれに対する暴力的もしくは恣意的な措置を求めるといった行為を処罰の対象としている[55]。サイバー空間において同罪が実行された興味深い事例がある。この事例は、ホロコーストの存在を否定する団体の所長であるオーストラリアの国籍を有する行為者が、オーストラリアのインターネットサイト上に刑法典130条の対象となる国家社会主義の支配下で行われたホロコーストを否定する情報等を記憶、蔵置し、閲覧できる状態にしたところ、連邦通常裁判所（Bundesgerichtshof）は、2000年、当該インターネットのサイトにドイツ国内からアクセスできることをも理由として同罪の成立を認めたものである[56]。

この事例においては、インターネットサーバが設置されていない国では刑法上は処罰されない行為であっても、それがある国では処罰の対象となる場合に捜査・訴追が可能となることから、ある国の価値観が他国のそれと緊張関係を生じさせる側面もあることが明らかとなった。また、この判決は、刑法典の適用対象との関係では、ドイツ法の適用範囲の要件の1つである構成要件の結果発生地がドイツ刑法典の適用範囲内であればよく、犯罪の成否を

---

(54)　*BKA*, Sonderauswertung Cybercrime in Zeiten der Corona-Pandemie 2019. 同評価は、以下のサイトで確認することができる。https://www.bka.de/DE/Presse/Listenseite_Pressemitteilungen/2020/Presse2020/200930_pmBLBCybercrime.html

(55)　また、これとの関係で、ナチスによる殺人行為の時効が成立しないように求めるイスラエル等の外交圧力を受けた立法措置により、謀殺（Mord）については、公訴時効の適用がない（刑法典78条2項）。

(56)　BGHSt 46, 212.

決するにあたっては、ドイツ刑法典の定める構成要件的行為の実行地という概念が必ずしも必要不可欠な要素ではない、換言すれば、インターネットを用いた犯罪行為においては従来から国家の主権行使の限界を定める国境の概念は、少なくとも、現実の社会とは異なるインターネット空間では機能しないものといえる。そして、行為者がドイツ刑法典の適用範囲に立ち入らなくとも構成要件的行為を実行すれば犯罪が成立するから、もはや国境という概念が、犯罪成立を限界付ける機能を有しないことを示した一例ともいえよう。さらに、この判決の考えを推し進めると、手続法的には、その行為者に対する捜査・司法共助が可能となり、ドイツ連邦共和国がその行為者の身柄の引渡しを求めれば、被請求国は引渡しを拒絶できる要件がなければ、当該被疑者の身柄が引き渡されるということになろう。

2 サイバー犯罪の刑事的規制（刑事手続法）

1　「サイバー犯罪」の特徴と手続法

　次に、手続法との関係で、犯罪現象として現れたサイバー犯罪には、次のような特徴がある。すなわち、行為者は、インターネット、データネットワークといった電気通信ネットワークを用いて実行行為を行う際に、身分を偽る等して匿名化して利用することがある。また、犯人は、第三者の不知の間にその者が使用するコンピュータを乗っ取り、そのコンピュータ（ボットネットにより乗っ取ったコンピュータはゾンビと呼ばれる。）を足掛かりに実行行為を行うことが明らかとなってきた。さらに、通信の秘密やオンライン上での取引の安全を確保するために、テレコミュニケーションサービス（Skype、Twitter、WhatsApp）における通信が暗号化されたり、HTTPS（Hypertext Transfer Protocool Secure）でオンラインが提供されることになったことから、捜査機関は、犯人が行った通信の相手方、期間、その内容等を事後的に追跡することが困難となってきている。しかも、電磁的記録は、大量かつ瞬時にその情報を消去することができ、証拠隠滅が容易に行われる危険性が高く、さらに、現在では、クラウドコンピューティングの普及により、国外のサーバ上にあるクラウドコンピューティングにデータが記憶、蔵

置されることから、捜査機関は、電磁的記録の特徴をふまえて被疑者以外の者の情報を取得しないようにしたり、証拠が隠滅されないようにしたりして捜査を行う必要がある。そして、捜査機関は、国外のサーバに記憶、蔵置された情報を保全するには、原則として捜査・司法共助を依頼することになるものの、それには手続と時間がかかり、迅速な捜査・訴追が困難となるといった問題が生じている[57]。

　ドイツの刑訴法は、検察及び警察に一般的な捜査の権限を付与し[58]、個人の権利利益を制約する度合いの強い捜査手法を強制処分（Zwangsmaßnahme）とし、そのような捜査手法を用いる場合には、法律上の根拠規定のある場合に限り行うことができるとしている。そして、わが国の刑訴法及び犯罪捜査のための通信傍受に関する法律と比較すると、ドイツの刑訴法は、わが国では一般に任意捜査として認められている多くの捜査手法、例えば、情報検索（ラスター）捜査[59]、DNA といった分子の分析[60]、長期間の観察[61]等が強制処分とされており、また、通信傍受[62]、オンライン捜索[63]、室内会話の傍受[64]、住居外での写真撮影やその他の監視目的での GPS といった技術手段の利用[65]、IMSI キャッチャー[66]、秘密捜査官の投入[67]といった対象者の不知の間に行われる秘密捜査（verdeckte Ermittlungen）等が刑訴法に規定されており、一定の重大犯罪及び高い嫌疑の程度、他の捜査方法では捜査目的を達成することができないといった厳格な要件のもと、原則として裁判官の発付する令状に基づいて行うことで、捜査機関の濫用を防止しつつ事案の真相を解

---

(57)　この点については、川出敏裕「コンピュータ・ネットワークと越境捜査」酒巻匡ほか編『井上正仁先生古稀祝賀論文集』（2019年、有斐閣）421頁以下参照。

(58)　　検察に対しては161条 1 項、警察に対しては163条 1 項。

(59)　　98条 a。

(60)　　81条 e・81条 g・81条 h。

(61)　　163条 f。

(62)　100条 a。また、同条第 1 項 2 文・第 3 文においては、暗号化されたテレコミュニケーションに対する傍受を可能とするテレコミュニケーションの源泉監視（Quellen-Telekommunkationsüberwachung）も認められている。

(63)　　100条 b。

(64)　　100条 c。

(65)　　100条 h。

明するところに特徴がある(68)。

　また、ドイツでは、わが国と比較すると、国家機関が個人の基本権及びそこから派生した権利と緊張関係にある新たな科学技術の成果を捜査手法として活用するにあたっては、その都度、迅速に立法措置を講じる傾向にある。そして、個人の権利を侵害する抽象的危険性が高い内容を含む規定に対しては、──ドイツでは抽象的違憲審査権が認められていることもあり──憲法適合性が憲法訴訟において頻繁に行われ、連邦憲法裁判所（Bundesverfassungsgericht）は、──時には新しい基本権を示しつつ──新たな立法等に対する違憲判決を言い渡すことがあり、その結果、連邦議会は、連邦憲法裁判所が示した違憲判決中の合憲性の要件に関する要件を踏まえて再度の立法措置を講じることが少なくはない。さらに、この傾向は、ドイツがヨーロッパ連合の構成国の一員であることから、ドイツがEUの法政策を国内法化する立法措置を講じた後に、その立法の違憲性が問題となることもある。その意味で、刑訴法等に定められた捜査手法の合憲・適法性が、立法機関・行政機関・司法機関との間で緊張関係をもたらすことがある。

　警察及び検察は、事例の具体的事実関係に即して、刑訴法に定める要件に基づいて捜査を行うことになり、場合によっては、法定されている種々の強制処分の中から適切な捜査手法を活用して捜査を行うことになるが、犯罪現象として現れたサイバー犯罪に対する捜査であっても、同様である。

---

(66)　100条 i 。なお、捜査機関は、SMSを特定の人物の使用する携帯電話等に送信し、その人物の位置情報を特定しその移動状況をプロファイルすることがある。このSMSを受信した携帯電話等のディスプレイには受信したことが表示されず、受信時に音声も鳴らないことから、サイレントSMS（stille SMS）と呼ばれている。連邦通常裁判所は、2018年、捜査機関はサイレントSMSを同条に基づき送信することができるとしている。BGHSt 63, 82. なお、*Farthofer*, Der Einsatz neuer Ermittlungsmaßnahmen, ZIS 2020, 190, 190 f.

(67)　110条 a 。

(68)　なお、連邦及び州の警察法においては、犯罪予防を含めた広く警察活動を規律し、また、ドイツの民主主義、社会秩序を破壊する活動も含めた諜報活動が認められ、その手段として、刑訴法に定められている上記の捜査活動と同様の活動が、その活動の性質を踏まえて、規定されている。

2　情報自己決定権

　上記の法的根拠規定を有する捜査手法の多くは、サイバー犯罪に対する捜査手法としても有用なものであるが、他方で、捜査機関が被疑者の個人情報を取得し、それを利用するものであるから、一般的人格権（das allgemeine Persönlichkeitsrecht）を制約するものと理解されている。連邦憲法裁判所は、1983年、同年4月27日に実施が予定されていた国勢調査が、基本法2条第1項に定める人格の自由な発展の権利等を侵害するとして憲法異議が申し立てられた事例において、一般的人格権を明らかにしそれを制約することのできる要件を明らかにした。この判決は、個人の生活の実態をいつ、どこで公開するのかは、基本的にその個人自身が決定することができるとした上で、自らの個人情報の提供及び使用の方法は自らが決めることができるとする情報自己決定権（das Recht auf informationelle Selbstbestimmung）を認めた上で、情報自己決定権を侵害する捜査手法は、①情報自己決定権に優越する一般的な利益があることが示される必要があること、②これを制約するには基本法に適合する明確な内容が法律により定められている必要があること、③立法者は比例原則を順守すること、④立法者に人格権侵害のおそれに対処するために組織的及び手続的措置を講じることを求めている[69]。

　この判決は、国勢調査法の規定が基本法に適合しないものであることを明らかにしたが、この結論を導き出すにあたって示された一般的人格権及び情報自己決定権の在り方から導き出された個人情報の取得及び使用が許される要件は、現在では、個人情報の保護が強く求められる社会であることもあって、刑訴法、連邦及び州の警察法、その他の法規に基づいて個人情報を取得し、取得された個人情報の利用を規律するものと位置付けられており、将来的に個人情報の取得を目的とする処分に係る立法過程においては、同判決の示した個人情報の取得及び取得された個人情報の利用の在り方をクリアーすることで、合憲性が担保されることになる[70]。

---

(69)　BVerfGE 65, 1.

3　情報技術システムにおける不可侵性と機密性を保障する基本権（いわゆる IT 権）

　また、連邦憲法裁判所は、2006年、サイバー犯罪に関連する警察の犯罪予防活動及び犯罪捜査との関係で、情報技術システムにおける不可侵性と機密性を保障する基本権（いわゆる IT 権）（das Grundrecht auf Gewährleistung der Vertraulichkeit und Integrität informationstechnischer Systeme）を認めた。この事例は、当時のノルトライン・ヴェストファーレン州憲法擁護法５条２項第11号に規定されていた犯罪予防・諜報目的のオンライン捜索の規定が違憲であるとする憲法異議に基づき、同法の規定を違憲としたものである。オンライン捜索（Online-Durchsuchung）とは、国家機関が、対象者の知らない間に技術的手段を用いて、当事者の使用するパソコン、スマートフォン、タブレット、クラウドコンピューティングといった情報技術システムに侵入し、そこに蔵置されているデータを収集するものであり、オンライン捜索は対象者の知らない間に情報技術システムに侵入するためにマルウェアが用いられることもあり、否定的な意味合いを込めて、ギリシャ神話のトロイの木馬になぞられて、国家トロヤ（Staatstrojaner）、連邦トロヤ（Bundestrojaner）等と呼ばれることがある。連邦憲法裁判所は、この判決において、国家による情報技術システムへのアクセスから個人の私的領域を保護する権利を基本法１条項と関連する２条１項に基づき、情報技術システムにおける不可侵性と機密性を保障する基本権を認めたうえで、問題となったノルトライン・ヴェストファーレン州憲法擁護法５条２項第11号の規定は、明確性の原則を欠き、比例原則の観点から違憲であるとしたが、他方で、一定の要件を具備すれば、オンライン捜索それ自体が合憲となりうる旨の判示をしている[71]。

　この判決が承認した新たな基本権である情報技術システムにおける不可侵

---

(70)　池田公博「法的根拠を要する捜査手法」刑法雑誌55巻３号（2016年）22・23頁。なお、EU基本権憲章（Charter of Fundamental Rights of the European Union）８条第１項は、何人にも個人情報の保護を受ける権利を保障しつつも、同条第２項は、特定の目的のために、関係者の同意または法律によって定められたその他の正当な根拠に基づいて公正に処理されるのであれば、個人情報を利用することが認められている。

(71)　BVerfGE 120, 274.

性と機密性を保障する基本権は、情報技術システムが我々の日常生活にとって不可欠な存在であることから意義があるとの指摘もあるが、そもそも、この新たな権利によらずとも合憲性を判断することができたという指摘もあり、この権利の意味合いには憲法学においても争いがあるところではある。いずれにしても、連邦憲法裁判所は、国家機関が正当な目的があれば一定の要件のもとで情報技術システムに対する侵害を許容したことには、大きな意義があろう。従って、今後、新たな科学技術の成果を活用した情報技術システムにおける不可侵性と機密性を侵害する新たな捜査手法を法定するにあたっては、前記連邦憲法裁判所1983年判決の示した要件を充足する必要があると同時に、前記連邦憲法裁判所2008年判決の示した要件も充足する必要がある[72]。

4　捜査手法としてのオンライン捜査

　前記の連邦憲法裁判所においてオンライン捜索の合憲性が争われた当時は、刑訴法には、既に発生した犯罪の捜査手法としてのオンライン捜索を許容する規定はなかった。2017年には、刑訴法に100条bの規定が盛り込まれ、犯罪捜査としてのオンライン捜索に法的根拠規定が付与されることになった。これにより、捜査機関は、当事者の知らない間に、技術的手段を用いて、当事者の使用する情報技術システムに侵入し、秘密裏に犯罪に関連する情報を取得することができることになったが、そうであるがゆえに、他方で、前記の情報自己決定権や情報技術システムにおける不可侵性と機密性を保障する基本権が侵害される危険性が高いことは否定できない。従って、それが許容されるには、同条は、特定の事実から何者かが行為者または共犯者として同条第2項に言及されている特に重大な犯罪行為を行ったまたは未遂として処罰できる行為を行った嫌疑を根拠付ける場合、実行行為が個々の事

---

(72)　なお、この判決の後には、連邦刑事庁並びに犯罪警察に係る連邦及び州の合同活動に関する法律（Gesetz über das Bundeskriminalamt und die Zusammenarbeit des Bundes und der Länder in kriminalpolizeilichen Angelegenheiten vom 8. März 1951, BGBl. I S. 165）49条にオンライン捜索の規定が盛り込まれ、州警察法レベルにおいても、同様の内容の規定が盛り込まれている。

案において重大である場合、及び、事案の解明または被疑者の居所の解明がその他の方法では本質的に困難か成功する見込みがない場合に、同条２項に規定されている一定の重大な犯罪に限定して実施することを許容している。

　オンライン捜索は、対象者の知らない間に当事者の使用する情報技術システムに侵入し、一定の重大事件であれ、捜査機関がそれに関連する情報を取得することができるものであるから、情報技術システムに犯罪の情報が記憶、蔵置されていることが多いサイバー犯罪の特徴に対処できる有用な捜査手法と考えられている。特に、クラウドコンピューティングに対するオンライン捜索も理論的には許容されているから、国外にあるサーバ・クラウドコンピューティングに対するオンライン捜索も技術的には可能であろう。しかし、国外にある情報技術システムに対するオンライン捜査の実施は、同時に、外国の主権を侵害すうることになるから、ドイツでは、国外にあるサーバ・クラウドコンピューティングに対するオンライン捜索は一般には許容されておらず、それが EU 域内にあれば、捜査共助により対処することになるとされている。

　ちなみに、連邦司法局（Bundesamt für Justiz）の公表によれば、2021年２月19日現在、2019年度には、連邦レベルでは、オンライン捜索につき、22件の裁判官の命令があり、麻薬取締法違反、強盗、誘拐・人身売買等の人的自由に対する罪等に対する捜査での実施が目立ち、また、バイエルン州及びノルトライン・ヴェストファーレン州での実施件数が突出している[73]。

　なお、連邦情報局法（Gesetz über den Bundesnachrichtendienst）は、連邦政府の一機関である連邦情報局（Bundesnachrichtendienst）に、ドイツ連邦共和国にとって重要な外交・安全保障政策に関する外国の情報を収集・保存・評価する権限を付与しているが、連邦憲法裁判所は、2020年５月19日、戦争地域や独裁的支配国家の人権侵害を報告するジャーナリストの憲法異議に基づき、連邦情報局が連邦情報局法に基づき行った外国にいる外国人が行った通信に対する傍受による解明（Ausland-Ausland-Fernmeldeaufklärung）

---

(73)　https://www.bundesjustizamt.de/DE/Themen/Buergerdienste/Justizstatistik/
　　　Telekommunikation/Telekommunikationsueberwachung.html.

は、基本法の適用を受け、基本法10条１項に定める通信の秘密及び同法５条１項２文に定める報道の自由を侵害することを内容とする違憲判決を言い渡し、連邦議会に対して、2021年12月31日までに立法措置を講じることを求めている[74]。

　以上概観した通り、ドイツの刑法典、刑訴法、警察法その他の法規には、「サイバー犯罪」を定義した規定はないが、実際に生じる犯罪現象にできる限り迅速に対応できるようにするために、立法措置が迅速に講じられ、サイバー犯罪に対する捜査・訴追が行われている。ドイツ法は、日々進化する科学技術の成果を積極的に捜査手法に活用し、他方で、一般的人格権、情報自己決定権、情報技術システムにおける不可侵性と機密性を保障する基本権といった権利を制約する度合いの高い捜査手法を厳格な要件の下で多く定めていることは、サイバー犯罪をはじめとしたわが国の刑事法運用（立法も含む。）に参考となるところが大きいであろう。

〈参考文献〉
・アルントゥ・ジン（滝沢誠訳）「ダークネットにおける犯罪捜査」比較法雑誌53巻４号（2020年）69頁以下
・*Bell*, Strafverflogung und die Cloud 2019.
・*Brodowski*, Verdeckte technische Überwachungsmaßnahmen im Polizei- und Strafverfahrensrecht 2016.
・*Fischer*, Strafgesetzbuch, 66. Aufl. 2019.
・*Kochheim*, Cybercrime und Strafrecht in der Inormations- und Kommunkationstechnik, 2. Aufl. 2018.
・*Meyer-Goßner/Schmitt*, Strafprozessordnung, 63. Aufl. 2020.
・*Sieber*, Straftaten und Strafverfolgung im Internet, Gutachten C zum 69. Deutschen Juristentag, 2012
・*von zur Mühlen*, Zugriff auf eletronische Kommunikation 2019.

（しかた・こう／なかのめ・よしのり／たきざわ・まこと）

(74)　BVerfGE 154, 152.

第14章
日本のサイバー犯罪対策の今後の課題
——サイバー犯罪の現状から求められる対処の必要——

中央大学法学部教授　　**中野目　善則**

1　サイバー犯罪の現状
2　サイバー犯罪への対処——ログ情報
3　通信の「内容」の取得等に関係する規律

1 サイバー犯罪の現状

1　サイバー犯罪の現状

　社会が急速にデジタル化の方向を強めるにつれて、犯罪も、サイバー空間を利用した形式に大きく変化してきている。コンピュータが登場し、スタンドアローンのコンピュータへの不正なアクセスと情報の改ざん等が問題とされた状況から、今では、ネットワークで結ばれたコンピュータへの不正なアクセス、不正操作やフィッシング[1]等による ID とパスワードの等の情報の不正取得、その情報の不正な売買、不正に取得した情報を利用した銀行口座への不正アクセスと預金の引出・移転、さらに、コンピュータの不正暗号化と復号化の金銭の支払い要求[2]、近時の、不正に取得した情報の一部暴露をしつつ全部暴露されたくなければビットコインでの金銭の支払いをするように脅迫するサイバー犯罪等が大きな問題とされてきている。これらの犯罪は標的型メール等によるウィルスの拡散を通して他人のコンピュータの root 権限を取得し、ウィルスを通して形成されたボットネットを C&C（Command and Control）サーバーを介してコントロールするなどして行われてきている。

（1）　本者とそっくりの偽サイトに誘い、他人の銀行口座の ID とパスワードを不正に取得して、他人の銀行口座から不正に金銭を引き出す等の犯罪が行われてきている。
（2）　RansomeWare　他人のコンピュータに不正に侵入しその情報を暗号化して復号を求めるならばビットコインで金を支払うように求めるというタイプの身代金型のサイバー犯罪である。

また、ネットワークを利用したシステム自体をダウンさせてしまう、DDoS
攻撃（Distributed Denial of Service Attack）も懸念されてきているところで
あり、国によっては実害を被ったところもある。国防すらもこのDDoS攻
撃により防衛システムが無力化される事態が懸念されてきているところであ
る。

　サイバー空間は、銀行決済を含めた経済活動の利便性や行政活動の利便性
を向上させ、遠隔地者間の共同作業を可能にし、情報の同時配信・共有を可
能にするなど、社会生活上の利便性を向上させてきているが、他面で、サイ
バー犯罪よる攻撃を受けやすくまた実際に受けてきているという脆弱性があ
る。この脆弱性の技術面での克服と法制面での克服が課題となる。本稿では
後者の法制面について考察する。

2　サイバー犯罪の特徴

　サイバー犯罪が跋扈する状態をもたらしている大きな要因は、サイバー犯
罪に関係する「匿名性」である。サイバー犯罪を行うためのボットネットや
C&Cサーバーを利用するなどして指令を発している犯罪者に辿り着くには、
何段階も奥からコマンドを発して他のコンピュータを不正に利用して犯罪
行っている犯罪者に辿り着かなければならない。ウィルスを利用するなどし
て乗っ取ったコンピュータを介して（踏み台にして）犯行者がターゲットに
アクセスするため、実際の犯行者が分かりにくい。そして犯罪者がTorか
らなるダークネット[3]を利用してかかる犯罪を行う場合があり、その場合に

（3）　この点についてアルントゥ・ジン「ダークネットについて」警察学論集73巻1号（2020
　　年）17頁。サイバー空間においては、匿名性を強化するTorの問題がある。この玉葱ルー
　　ター（The Onion Router = Tor）は、そのルーターに到着するまでの履歴情報をすべ
　　てそぎ落とし、そのTorのノード情報しか着信先には見えないので、追跡を著しく困難
　　にする。このようなTorを使った匿名性の確保が爆破予告等の事件で我が国でも使われ
　　た。また、プロキシも同じようにアクセスした者の情報が示されないので、犯罪インフ
　　ラを提供することになる一つの手段である。このようなTorを利用できないようにする
　　ために、Torからの、また、Torへの情報の接続を提供しないといったプロヴァイダに
　　よる対処方法もあるが、VPN等を通して海外のサーバーに接続されると、Torが利用
　　されて、犯罪者の身元が秘匿されることになり、このような状況に対処することが必要
　　とされる。

は、発信元の捜査は一層困難になる。

　そして、金銭の要求は匿名性の高いビットコインで要求してきている[4]。

　また、犯罪自体が、「国外」から行われる場合が少なくない。サイバー空間は従来の地理的な境界によって隔てられてはおらず、サイバー空間という仮想空間を利用して、犯罪が、他国から匿名性を最大限に活用して行われる。この状況に有効に対処しなくてはならない。

　サイバー空間を利用した犯罪者は国境に縛られていないが、他方で、主権国家は、従来の領土を中心とする国境の概念を基本とする捜査権の及ぶ範囲に関する概念に縛られ、域外の捜査権限に関して各国間に差はあるが、国境を越える犯罪への有効な対処に困難を伴うという問題がある[5]。

　近時のサイバー犯罪は、組織犯罪としての特徴を備えているといえる。実際に指令を発する中心的役割を果たす犯罪者集団が組織化されているのみならず、他者のコンピュータを乗っ取るためのウィルスを開発して販売する者等、多くの犯罪者間の協同により行われる。また、ビットコインでの支払い要求に象徴されるように、経済的利益の取得を目的として行われる特徴を持っており、複数人の協同によって繰り返し行われ、日常生活の安全とインフラ、国家の安全を破壊する危険が大きい「組織犯罪」としての特徴を備えているといってよい。サイバー犯罪は、個々のならず者が散発的に行う犯罪や愉快犯的な犯罪[6]ではなく、近時のサイバー犯罪は、多数の被害者に被害を広範に瞬時に生ぜしめ、特定の企業・組織等を対象にして暗号化による身

（4）　我が国においてはビットコインの取扱い業者は登録制とされているのであるが、本人確認の手続を要しないビットコインも海外には多くあり、ビットコインの匿名性の克服が課題である。組織犯罪やテロ資金等との関係で、本人確認、記録保存、疑わしい取引の届け出等を求めて来たFATFを中心とする従来の対処は、ビットコインの匿名性によってその実効性を失いかねない状況にあり、この点を克服する国際協力を実現しなければならない。この点で、我が国の対処は先進的であり、他国においても同様の対処が望まれる。

（5）　この点で、自国の領土外であっても自国に「重要（大）な影響」（substantial impact）をもたらす犯罪行為について、海外での共謀の失敗犯（thwarted offense）の場合でも、自国のjurisdictionの範囲（自国の主権を及ぼすことができる範囲）にあるとするlong armといわれる考え方を採る米国は例外的である。手続面については、第13章を参照。

代金要求や暴露の脅迫を行って金銭の支払いをビットコインで要求するな
ど、経済的利益獲得を目的とする犯罪としての特徴を持ち、犯行者が判りに
くい点で、その脅威は増す。インフラや国防を麻痺させる DDoS 攻撃も大
きな脅威である。

　かかる、人々の日常生活における安心感・安全を大きく損ない、正常な経
済活動を妨げ、さらには人々の利益の集積としての国家活動に重大な障害を
生ぜしめる組織犯罪活動に有効に対処するためには、匿名性への対処と、国
境を越える犯罪への有効な対処ができる枠組み、法制度、法運用が必要とさ
れる。

2 サイバー犯罪への対処——ログ情報

1　ログ情報の取得の重要性

　このように犯罪行為者が誰であるのかを解明し、その者への有効な捜査活
動を行い、証拠を収集し、訴追し、処罰し、犯罪によって得た利益を剥奪す
ることに向けた捜査・訴追・裁判・処罰が必要とされるが、それには多くの
乗り越えなければならない課題がある。

　まず、犯罪者を把握するためのシステムを用意する必要があることであ
る。このためにはメタデータである IP アドレスを含むログの取得が極めて
重要であり、追跡可能性[7]の確保が重要である[8]。

　現行刑訴法は、ログの保存について、捜査機関が ISP 等[9]にログの保存を

（6）　爆破予告等を他人のパソコンを遠隔操作した片山被告の犯罪は個人が Tor を利用し
　　て行った犯罪であった。また、イカ・タコ・ウィルス事件（東京地判平成23・7・20判
　　タ1393号366頁。器物損壊罪が成立）は愉快犯的な犯罪であるといえるであろう。
（7）　平成23年度総合セキュリティ対策会議、平成23年度サイバーセキュリティ対策会議
　　報告書　「サイバー犯罪の捜査における事後追的可能性の確保に向けた対策について」。
（8）　IP アドレスは Whois を利用すれば IP アドレスの所有機関・者が判明する。プロキ
　　シが使われていたり、VPN が使われていたり、上級ネットワークを使って下段からの
　　アクセスが行われていたり、乗っ取られたアドレスが使われていたりする場合に、実際
　　の犯罪者が誰なのかが容易には判明しない場合はあり得るが、まずは、犯行者のものと
　　考えられる IP アドレスから辿って大元を突き止めることができる体制を用意すること
　　が重要であり、IP アドレスは重要な役割を果たす。

「求めることができる」と定める（刑訴法197条３項）。捜査機関からの要請を受けてISP等が協力する場合も多いとは思われるが、協力するか否かはISP等の判断による。

　国内外からのアクセスに関する記録がISP等に残されていれば、事後追的可能性は一定程度確保されることになる[10]。

　GAFAM（Google, Amazon, Facebook, Apple, Microsoft）等に代表されるように、ISP等は膨大なログ情報を保存してそれをビジネスに活用しており、個人のプライヴァシーはサイバー空間を利用している限りにおいては、自己のアクセスについてほぼすべてが把握されている。履歴削除のオプションが用意されている場合もあるが、犯罪を解明する関係では、どこかにログの情報が残されていることが重要である。

　かかる現状において、ログの保存の義務を課し、サイバー空間における犯罪捜査に協力すべきであるとの考え方に改められてもよい時期にきているのではないか[11]。サイバー空間を利用することによって経済的利益は得るが、サイバー空間を悪用する者の摘発・発見には協力をすべき義務は負わず、被害が起きても捜査には協力せず、サイバー空間を安全な空間とすることに協力しない、という一方的な立場で業務を行うことは、社会の安全や利益に対

（９）　インターネット・サービス・プロバイダーを以下、「ISP」という。インターネットに関与する機関はISPのみならず、携帯電話会社や格安SIMを提供する機関である場合もある。クラウド・サービスを提供する機関もある。これらを含めて、以下、「IPS等」という。

（10）　ターゲットとなる企業などに侵入を企てた後に、侵入した痕跡を消去する措置が講じられる場合もあるが、不審な挙動をチェックしてログを保存するシステムを各組織体が用意するとともに、経由地でのログの保存が重要であろう。経由するすべての地点でのログを消去することはそう容易ではないと思われ、ISP等でのバルクの一定期間のログの保存は重要性がある。

（11）　以前は、ログ保存のための機器の価格が高額であったことがログの保存義務に反対する要因であったと解されるが、機器の低価格化に加え、今では、ログはISPをはじめとする企業の財産であり、ISPは積極的にログを保存してビジネスに活用している。
　　どの程度の期間ログを保存すべきかについては、料金の請求に関係するビジネスの観点だけでなく、サイバー犯罪を摘発・発見することにも資する期間も考慮に入れるべきであろう。３ヶ月から６ヶ月、さらにはそれよりも長い期間保存するISP等様々であるが、犯罪への対処を、協同して行う視点が重要である。

する配慮を欠いており[12]、あまりにバランスを失しているのではないか。ま
た、現状では、捜査機関等と協力して犯罪の発見と犯罪の抑制に協力してサ
イバー空間の安全性を高める方が、企業の利益にもなるという動向も見られ
るところである[13]。

　刑訴法も自己の刑事責任を問われる立場にはない一般の証人の場合には証
言をする義務を負うと定めているところにも示されるように（刑訴法148条、
149条[14]）、一般市民は、一般市民を守るために行われている正義を実現する
ための捜査・訴追・裁判等の活動に協力すべき義務を負う[15]。また、犯罪捜
査に協力できる体制を整えることは、企業等が被害に遭う事態が生ずれば犯
行者を特定することに繋がる重要なデータであり、ISP 等を利用する顧客に
安心感を与えることになり、ISP 等への信頼感も向上するであろう。犯罪が
行われたときに備えてログ情報を保存して対処できる体制を整えてサイバー
空間の安全性を高めることが重要である。

　サイバー空間の安全性の確保は、国家が対処すればそれで足りるものでは
なく、サイバー空間の重要な担い手である ISP 等を含む、官民の協同によっ
てこそ効果的に実現することができるものであり、犯罪者の解明は、企業を
はじめとする民間の利益にも通ずる。

　海外からの通信のログに関しては、大部分は、海底ケーブルを経由して送
られてきており、それには私企業が関係する場合も多いが、国境を越えて
入ってくる通信のログには、国家による国境管理権も関係する。この点で、
第一次的なバルク情報の保存を義務づけて、犯罪が発生した場合に迅速に対

---

(12)　近時は企業統治の領域でも、CSR（Corporate Social Responsibility）や SDGs
　　（Sustainable Development Goals）等が強調されてきており、サイバーの領域において
　　も、社会の安心・安全・持続可能性に配慮した企業活動が求められよう。
(13)　民間協力シンポジウム「サイバー犯罪対策における企業の役割」（警察政策学会＋
　　日本比較法研究所サイバーセキュリティ研究部会の共同開催）掲載箇所は警察政策学会
　　の web に掲載されているのでそれを参照されたい。
(14)　刑訴法148条は、他の共犯者または共同被告人にのみ関係する事項については証言
　　を拒むことができないことを明示し、149条は、守秘義務を負う関係にある者について
　　は供述義務を免除するするが、他の場合には、証言をする義務を負うことを前提とする。
(15)　近時の、自己負罪拒否特権を消滅させて、証言義務を課して証言を義務づける刑事
　　免責に関する法の発展（刑訴法157条の2及び157条の3）も注目に値する。

処できる体制を構築する必要も高い。

　次の段階として、実際にその保存されたログを取得する際には、犯罪捜査上の必要性があれば足りるであろう[16]。

2　ログの性質

　IPアドレス等のログ[17]は、通信の「内容」とは異なるメタデータである。サイバー空間、インターネットを利用するためには、通常、ISP等を利用する。その場合には、自己のアドレス情報と接続相手先のアドレス情報をISP等に引き渡さなければならず、接続情報の伝達なくしては、インターネットは使えない。これのIPアドレスを含むメタ情報は、ISP等に譲り渡さざるを得ない情報であり、接続元、接続先、経由ノードIPアドレスや電話番号[18]の情報等がこれに含まれる。

　GPS情報に関しては、窃盗のために利用されている車両である疑いのある複数台の車両にGPSを取り付けてその行動軌跡を約6ヶ月にわたり取得した事案で、個人の私的情報がかなりの程度把握されることなどを理由に、検証令状によるべきとし、検証令状を発付する裁判官の判断が区々に分かれるのを防止するためには、「立法」によることが必要だとの判断が我が国の最高裁判所により示されている[19]。

　米国においては、車両へのGPSの「取付け」が捜索に当たるとする判断

---

(16)　ISP等との関係では、令状等による方がスムーズな取得ができよう。

(17)　発信者IPアドレス（一時的に割り振られたIPアドレスを含む）、相手先IPアドレス、別の接続先ノードからの接続である場合のそのノードのIPアドレス、経由ノードのIPアドレス、セッションID、セッション時間、記録された特定のアクセスID等。刑訴法197条3項は、「電気通信を行うための設備を他人の通信の用に供する事業を営む者又は自己の業務のために不特定若しくは多数の者の通信を媒介することのできる電気通信を行うための設備を設置している者に対し、その業務上記録している電気通信の送信元、送信先、通信日時その他の通信履歴の電磁的記録のうち必要なものを特定し、三十日を超えない期間を定めて、これを消去しないよう、書面で求めることができる。」と定める。こうしたログ情報を手がかりに、ユーザーを特定した捜査がさらに行われることになる。

(18)　Google、Yahoo等の利用に電話番号が紐づけられており、ISPは電話番号、GPS情報などを把握してサービスの提供が行われているのが一般的である。

(19)　最大判平成29年3月15日刑集71巻3号13頁。

がジョーンズ[20]で示され、また、携帯電話の基地局情報として蓄積された、特定の者に関する GPS 情報を、犯罪捜査で利用するためには「捜索令状」によるべしとの判断がアメリカ合衆国最高裁判所によりカーペンターで示され[21]、電話番号のペンレジスターによる取得の無令状での取得に関して、他人に譲り渡した情報には、プライヴァシーの合理的期待はなく、憲法上、捜索令状は不要であるとしたスミス[22]の、いわゆる「第三者法理」とは異なる立場を取ったが、どの範囲でカーペンターの判断が及ぶのかは定かではない。

　ログはサイバー空間の安全性を確保する上で極めて重要な情報である。ログなくしては犯罪を解明することができない。サイバー犯罪を行う犯罪者は自己の正体を隠すために、ウィルスを用いて形成したボットネットを利用して乗っ取った他人のコンピュータを介して犯罪を行い、また Tor（玉葱ルーター）[23]を利用するなど、匿名性の高い方法を利用する。プロキシを利用する場合も実際の利用者が表には出ない。サイバー空間を利用した犯罪に対処するには、誰が犯罪を行ってるのかを解明できなくなる事態を避け、アクセス状況を把握できるようにしておくことが犯罪の予防、解明、処罰の上で、重要である。

　自己が訪問した先を知られることなく通信を行いたいとのプライヴァシーが重要だとする観点から、ログも含めてすべて把握されない権利があると主張しても、少なくとも ISP 等との関係では今では無力化しており、GAFAM をはじめ、ISP 等は膨大な個人情報をビジネス目的で把握している。サイバー空間の安全性の確保が ISP 等にも重要であることに鑑みれば、犯罪捜査との関係で、ISP 等はログ保存に協力すべき義務を負うというべきであろう。

　犯罪との関係で、犯罪や犯罪事実を明らかにするためにログ情報の取得が

---

(20)　United States v. Jones, 565 U. S. 400 (2012).

(21)　Carpenter v. United States, 585 U. S. – (2018).

(22)　Smith v. Maryland, 442 U. S. 735 (1979).

(23)　Tor ノードの IP アドレスのみが伝達され、その Tor に至るまでの経歴・経由情報がすべてそぎ落とされてしまうのが、Tor である。この Tor を利用したダークネットが犯罪の温床となっている。我が国では現在 Tor への接続を提供する ISP 等はないが、VPS 接続などを利用した場合には残る可能性はあろう。

必要な場合に、捜査機関による ISP 等からのログの取得が行われる。この捜査活動は、我が国で刑訴法218条1項の記録命令付差押令状により行われており、米国においては、電話番号の内容には関係しない通信記録（架電元、相手先、通話時間等のログ）の取得には、現在は法律により、裁判所の命令（order）が必要であるとされている[24]。もっとも、米国の場合の電話番号の取得のための裁判所による命令は、憲法上の捜索としての令状が必要であるとする意味とは異なり、ISP 等が契約者から契約違反や不法行為で訴えられるおそれから免責を受けるために利用される意味が大きい。

　ネットにアクセスするためには通常 ISP 等を介して行うのであり、不正な目的でのアクセスを含めその履歴は残るシステムであることは、利用者は受け入れなければならないであろう。一切知られない権利があるとし、犯罪者に関する情報を全く把握できないことになれば、犯罪者に最大限の匿名性を提供することになり、犯罪者から攻撃を受けても、正義を実現するための捜査・訴追をなし得ず、被害者、被害企業、皆の利益の集積である国家等が犯罪の被害に遭い、社会が如何に大きなダメージを受けても、犯罪を解明する手がかりは全く得られず、さらに、繰り返し被害を受ける事態を阻止できないことになり、サイバー空間は、犯罪者に匿名性を最大限に利用する機会を提供し、サイバー空間の安全性は失われ、危険度が極めて高くなる。かかる事態を避けるには、アクセスの履歴は残るという状況が確保されてしかるべきであり、その情報を捜査上活用する場合には、令状等によって取得するという方法が考慮されることになろう[25]。一般の利用者にとって、サイバー空間を安全に利用することができる利益の方が遙かに大きいと思われる。一定期間、IP アドレスを含むメタ情報のログを保存する義務が課され、保存されてはいても、大部分の情報通信が ISP 等を通して行われており、ログの保存義務があるからといって、そのために国家がある個人のアクセスした履歴情報を常時すべて把握することにはならない。ログの保存を求めること

---

(24)　the Electronic Communications Privacy Act of 1984 18 U. S. C § 3123（裁判所の命令 order）. 行われている捜査に「重要性（関連性）がある（relevant）」であることを裁判所命令発付の要件とする。詳細は、13章4—6を参照。文書提出命令による場合もある。

ができるとする現行法制で、ログの保存を求めるのは、犯罪に関係する疑い
があるからである。保存義務が課されれば、その保存された情報を刑訴法
218条1項の記録命令付差押令状により取得することができる[26]。

3　GPS情報

　犯罪に関する痕跡を取得することは極めて重要であるが、GPSを含めた
情報の取得がどの限度で許されるのか、という問いがある。携帯電話やコン
ピュータで多くの人が連絡を取り、様々なサイトにアクセスする。多くのア
クセスは、正常なビジネス上のトランズアクションであったり、連絡であっ
たりするが、この「藁の山」の中には犯罪者の痕跡が残されている場合があ
り[27]、サイバー空間を無秩序な空間としないためには、犯罪の痕跡が把握さ
れ、犯罪を行えば、その犯罪が解明され処罰される、という正義を実現する

---

(25)　履歴情報は、そのプライヴァシーの程度は通信内容と同じではない。通話の内容や
　通信の内容と比較すれば、そのプライヴァシーはあるとしても、会話やメールの内容の
　場合よりもプライヴァシーの期待の程度は低いというべきであろう。集積すれば個人の
　プライヴァシーの期待への干渉は高く、捜索・押収令状を要するという程度に至るとの
　議論は、ログ保存の次の段階である。
　　カーペンター（Carpenter　v. United States, 585 U. S. –（2018））では、犯罪者の位
　置情報を割り出すための基地局情報であるGPS情報の利用は捜索令状によるべしとす
　る判断が示されたが、ログの保存それ自体について判断したものではなく、令状による
　ことを求める法律が制定されなければGPS情報が取得できないとする判断を示したも
　のではない。サイバー空間の安全性それ自体を失わせてしまうことになる判断をカーペ
　ンターが示したものとは解されない。カーペンター自体も、カーペンター以外の他の場
　合について判断したではないことを指摘している。
　　ウィルスとしての特徴を備えた、ネット上を流れるパケットなどの場合には、保護さ
　れる利益を欠き、一般の保護に値する通信とは異なる。内容がかかる一定の有害パケッ
　トであることが判明したり推測されるパタンに該当するものは、いわば、現行犯に相当
　する場合か不審事由のある場合であり、通常の場合とは異なり、対処の緊急性もある。
(26)　ボットネットに指令を発している大元を突き止めるために「シンクホール」を利用
　した捜査の有用性が指摘されてきている。検証令状によるこの種の捜査ができるように
　すべきだとするのは、星周一郎「ボットネットのテイクダウンの法的許容性——米国の
　議論を中心に——」警察学論集71巻2号（2018年）122頁。
　　ウィルスへの感染の有無を調べるためのスキャンなどが考えられるところであるが、
　ウィルスは、通常の意思伝達とは異なり、有害な結果をもたらすことに特化した特徴を
　持つ。通信内容を一般的に探ろうとするものではなく、有害情報に特化したスキャンで
　あることが担保されれば、保護に値する情報への干渉は排除される。

ことができる空間であることが確保されなくてはならない[28]。

　今までの GPS に関する合衆国最高裁判所の判断では、犯罪捜査のために車両に GPS を装着した行為が財産権に対する侵害を伴うので、捜索に当たるとする判断[29]や、私的プロヴァイダの保存する携帯電話基地局の位置情報を、捜査機関が犯罪を行ったと疑う個人に関して取得する場合には、蓄積された個人の情報が多く取得され、プライヴァシーの合理的期待が害されるので捜索令状が必要だとされる判断[30]が示されているが、GPS 情報の保存それ自体について判断した事例ではない。

　GPS 装置を取り付ける等のトラッキング・デバイスの取付については、現在では、連邦刑事訴訟規則41条に規程がおかれている（13章Ⅰ2注(7)参照）。

　我が国の GPS に関する最高裁判所判断[31]は、GPS の取付には検証では捉えきれない面があり、令状による場合、裁判官による判断が区々になることを避けるべく、立法によるべしとする判断を示しているが、この判断は、すべての場合に GPS 情報の取得それ自体が許されないとする判断ではなく、車両に GPS を装着して GPS 情報を取得する捜査活動に関する判断を示したのにとどまり[32]、サイバー空間での痕跡の把握の重要性や、サイバー空間でのバルクでのメタ・データ情報の保存を論じたものではない。

---

(27)　ウルリッヒ・ズィーバー／田口守一＝松田正照訳「安全法の新構造——グローバル化した危険社会における犯罪の抑制——」刑事法ジャーナル60号（2019年）104、124頁。

(28)　サイバーセキュリティ対策会議、平成23年度サイバーセキュリティ対策会議報告書「サイバー犯罪の捜査における事後追跡的可能性の確保に向けた対策について」

(29)　United States v. Jones, 565 U. S. 400 (2012)

(30)　Carpenter v. United States, 585 U. S. – (2018)

(31)　前掲注(19)最大判平成29・3・15。

(32)　もっとも、公道上を走行する車両のプライヴァシーがどの程度まで保護されるべきかという問いは残る。特に車両は、一般の人々に有害なものとならないようにするために、Ｎシステムをはじめ多くのところで情報を把握されることとなっているのであり、それとの関連でも公道上を走行する車両のプライヴァシーを如何に解すべきかという問いが残る。

　　GPS 装置などのトラッキング・デバイスの取付については、現在では連邦刑事訴訟規則41条に定めがある。13章Ⅰ2注(7)参照。

4　プライヴァシー論との関係

　ログの保存の義務を一般的に否定したり、ログの取得は令状によるべしと
する議論の論拠にはプライヴァシー論が関係する。

　プライヴァシーは、いかなるアクセスも否定することができる内容のもの
ではない。「一人で放っておいてもらう権利（right to be let alone）」として
プライヴァシーが捉えられることがあるが、これは、社会から逼塞して他人
に取り上げられたり注視・注目されたりすることを避ける利益に関係する。
だが、捜査上は、これとは異なるプライヴァシーが関係する。多くの人が協
同・協力・連帯して社会を形成している中では、他者の安全、社会の安全に
当然のことながら配慮しなければならない。捜査は皆の共同・共通の利益・
権利を確保するための公共性によって支えられた活動であり、他者に影響を
及ぼす私人の活動では、その者のプライヴァシーと社会の安全・安心という
両方の要素が関係する。この点で、個人の意思を中心にそれを尊重すること
に中心をおく不法行為上のプライヴァシーとは内容が異なっている。

　私人の利益が集積したものが国家であると捉える場合においても、日本国
憲法においては、国家は、国家からの干渉を受けないと期待することが正当
な私人の領域に自由に干渉を加えることができるとする立場が採られてはお
らず、国家が私人の領域に干渉を加えるには、その正当根拠が要り、干渉の
程度もその正当根拠との関係で必要最小限度のものにとどまり、一般探索的
捜索・押収は許されず、捜索・押収の範囲は干渉の正当理由との関係で限定
されるとの考え方が憲法35条において採られている。憲法35条の定める捜
索・押収は、他から干渉を受けることがないと一般に期待されている領域へ
の政府による干渉が行われる典型例は、両方の当事者が聞かれるとは考えて
いない場合の通信傍受の場合である。他から干渉を受けないと当の個人が考
えていても、一般的には、そこで問題となる活動において、情報を把握され
ないと期待することが合理的でないような場合には、その活動は憲法上の捜
索・押収には当たらないことになり、令状は憲法上要求されないことにな
る[33]。

　IPアドレス等の接続情報はISP等に伝えられなければならない情報であ
り、このログは、誰にも把握されないという期待はないというべきである[34]。

サイバー空間は、完全匿名の仮想空間ではなく、公道と同様に、誰がいつどこにアクセスしているのかは、システムによって把握される仮想空間として位置づけられるべきであり、記録が残り、リアルタイムでのメタ情報も閲覧可能な状態にあるが、国家が特定の個人に関してその情報を利用する場合には、人々の行動を常時監視する監視国家にならないように配慮すべき義務を負い、特定の個人との関係では、令状等によって取得することを求めるという保護が働く空間として位置づけられるべきではなかろうか[35]。保存されたログの捜査機関による具体的個人に関係する取得においては、令状による取得が関係することになる。この場合でも、憲法上の要求なのか、法律上の要求にとどまるものであるのかは議論があるところであり、通常の捜索・押収よりは程度の低い証拠でも検証令状やその他の令状、裁判所命令等の根拠とすることができることになろう[36]。

　ログの保存は、ログをすべて国家が把握して人の私生活に干渉を加えることを予定したものではなく、犯罪が起こったときに対処することができるようにするためのものである。

　プライヴァシーを論ずるに当たっては、プライヴァシーにはグラデーショ

---

(33)　例えば、Nシステムをあげることができる。他者からの観察が可能である公道上を走行する、一定の地点を通過する自動車のナンバーを自動的に撮影するこのシステムは、撮影されることが嫌だと思っている個人がいるとしても撮影される。自動車はナンバープレートをつけることを義務づけられ、自動車運転免許がなければ運転できず、走行中も法令の遵守を義務づけられる。公道を走行する自動車のプライヴァシーは、歩行者よりも多くの制約が加わっている。自動車の運行の安全と自動車が犯罪に利用され現代社会の安全と安定を破壊する道具となってしまわないように、Nシステムは合理性がある。ここでは、自動車運転者には、ナンバープレートを撮影されない、憲法35条によって保護された、プライヴァシーの期待はなく、令状は不要である。

(34)　ISP等により取得される大量情報の利用の仕方に関する規制はこれとは別の問題である。ログの取得がビジネス目的で行われているにせよ、その取得はISP等の私的機関が中心である。

(35)　この場合、緊急性の例外や国境管理の例外は考慮されるべきであろう。

(36)　覚醒剤の売買に関する事案の摘発のため、最初は、聞き込み捜査などから特定の電話が覚醒剤の売買に使われているとの内定情報を得て、その電話に関する発信元、通話先、通話時間等のログ情報の取得が行われる。この場合には、根拠自体も、通話の内容を聞く段階よりは証拠の量は少ないし、また、干渉の程度も、通信内容を聞く場合よりも低い。検証令状には、複数の段階がある。

ンがあり、そのどこに位置地するのかを考えなければならず、サイバー空間を、無秩序な仮想空間とし、犯罪者が跋扈することを許すセイフ・ヘブンとしない考え方が重要であろう。

5　通信の秘密との関係

我が国は日本国憲法において、21条2項で「通信の秘密」はこれを保障すると定める。この文言との関係で、ログは「通信の秘密」に当たり、絶対的に保障されなければならないということになるのだろうか。

憲法の文言は、単なる文字解釈ではなく、憲法が制定された趣旨を踏まえた意味解釈である。憲法21条1項の、法律の留保のない表現の自由の保障は、国家が表現活動に干渉し、自由な意見の表明を許さず、政権や統治の批判を許さないという、自由のない社会から決別する立場を表明したものである。国政に関する自由闊達な議論を封圧したところでは、民主主義的政権運営は期待できず、破局に向かって暴走する状況を止めることができない事態すら生ずる。我が国は苦い経験から戦後に意見表明の自由を基本とする立場を選択した。21条2項の、通信の秘密の保障は、かかる表現の自由の保障の目的とプライヴァシー合理的期待の保障に関係する。国家が通信内容を監視してコントロールすることになれば、ジョージ・オーウェルが「1984年」で描いたような監視国家の状態が生ずる。日本国憲法はこのような状態を許してはない。基本的には、国家が私人の領域に干渉する場合には、その正当根拠が要り、その干渉の程度も正当根拠との関係で必要最小限度のものにとどまるという考え方を基本としており、国家がすべてをコントロールする体制ではない体制を選択している。コミュニケーションの内容を国家が意のままに把握してコントロールを加え、統治体制の批判をいち早く封圧するために、通信の秘密を侵害したり、否定したりすれば、それはまさに憲法上の「通信の秘密」の侵害となる。

だが、通信ではあっても、通信傍受を認める最高裁判所判例[37]や犯罪捜査のための通信の傍受に関する法律に示されるように、犯罪に関する相当理由があり、相当理由との関係で通信傍受対象が限定され、令状による通信傍受

---

(37)　最（三小）決平成11年12月16日刑集53巻9号1327頁。

許可があり、他の方法では効果がないとの補充性の要件等の諸要件が充足されれば、通信の傍受は行えるのであり、電話のログの検証令状による取得もなされてきているところである。信書の場合にも捜索・押収令状により取得、閲覧がされる場合があるので、通信の秘密は絶対的なものではない。

　サイバー空間でのログは既に ISP 等により大量に保存されている状態にあるが、国家による、そのログ情報の令状による取得の場合には、一般探索的な取得を禁ずる法の要求を充たしたものであれば、憲法上の通信の秘密を不当に侵害するものではない。

　接続に必要な IP アドレスを含む情報は、自己がサイバー空間を利用しようとすれば、ISP 等に引き渡さなければならない情報であり、クラウドに保存した内容に関わる自己のデータとは性質が異なる。IP アドレスはそれがなければ通信自体が成り立たないものである。憲法21条の「通信の秘密」は、元々、国家との関係でプライヴァシーの期待を保障しようとした規程であると解されるが、私企業にそのまま適用されるものではない。私企業は、ビジネス目的でログを保存するが、通信というインフラが犯罪インフラとして使われないようにするという公共の利益にも同時に配慮しなければならない。また、具体的に疑わしい通信であると疑われるか又はそのような徴表のある通信のログのプライヴァシーの期待は相当程度低いか無いとみるべきであろう。ISP 等がログを保存する義務を負わないすると、ログの保存がなされていない場合には、犯罪を捜査するハードルは著しく高くなり、サイバー空間は実害やそのおそれが著しく高い空間となる。サイバー空間での匿名性を異常ともいえるほどに高めてしまうと、サイバー空間は非常に有害な仮想空間となる。犯罪インフラとならないようにするという公共の必要が強く妥当するのが仮想空間であるサイバー空間である。犯罪の捜査には私企業の協力が必須である。憲法21条の「通信の秘密」に関係するプライヴァシーは、利用者が秘密として扱って欲しいという希望を重視してその通りに扱わなければならないという、利用者の「意思の自由」又は「自由な意思」を重視する概念ではなく、公共の利益も考慮に入れたプライヴァシーの期待を基礎とする概念であると解されるべきあり、そこでは、利用者のプライヴァシーの期待の程度が問われ、犯罪のために利用されることがないようにするという

公共の必要・利益を重視したログの保存が重視されなければならないであろう。また、具体的に犯罪の疑いがあるときのパケットの追跡は、「通信の秘密」の保障に反し、禁止される、ということには「ならない」と解される。ISP 等も、「通信の秘密」の憲法上の意味と前提とされるプライヴァシーの期待の意味を踏まえた対応が必要とされる。

　アクセス元とアクセス先が追跡される可能性は確保しておかなければならず、このために、ログ情報をプールすることを義務づけるなど、全体として追跡可能性を確保することは通信の秘密の侵害には当たらず、また、有害情報であることがはっきりしている通信については、通信の秘密として保護される利益を欠いているというべきである。ウイルスのような有害情報であることが判明している通信についてまで、「通信の秘密」として、発信元を突き止めることさえ、「通信の秘密」のために、できない、というのは、憲法上の「通信の秘密」の条項の誤解によるのではなかろうか。脅迫電話などが、プライヴァシーの合理的期待は全くなく、通信として保護されるに値しないことを想起すべきである。「通信の秘密」を絶対視し、犯罪からの脅威に対抗する手立てを自ら失うのは、あまりにもバランスを失している。

3　通信の「内容」の取得等に関係する規律

1　捜索・押収の概念

　デジタル・コミュニケーションの内容についての把握が必要とされる場合が次の段階である。この点に関して、捜索・押収後の、押収したコンピュータやデジタル情報の解析により、被疑者の使用するメールアドレス、ID、パスワード等が判明したときに、捜査機関が、検証令状を得て、その ID とパスワードを利用して ISP 等から直接メールデータを取得することができるのかどうかが論じれられてきている[38]。

　憲法上の捜索・押収の概念を基礎とすれば、相当理由があり、相当理由と

---

(38)　横浜地判平成28年 3 月17日判時2367号115頁、東京高判平成28年12月 7 日高刑集69巻 2 号 5 頁、判時2367号107頁等。

の関係での捜索・押収の限定の要件も充足し、令状要件も充足している場合には、一般探索的捜索・押収ではないことが明らかであるが、刑訴法上の捜索・押収、検証との関係で、上記のようなダイレクト・アクセスによる捜索・押収、検証ができるのかが問題とされてきている。

　憲法上の捜索・押収の概念は、会話やサイバー空間でのコミュニケーションの内容についてもプライヴァシーの（合理的）期待を侵害する場合には、捜索・押収としてその規律を及ぼし得る概念だが[39]、我が国の「刑訴法の捜索・押収」は、有体物に中心をおいた法制となっており、デジタル情報の取得に焦点を当てたものとなっていない。

　遠隔地のサーバーに置かれた情報の取得については、捜索・押収時に、押収すべき端末からそのサーバーにおかれた情報をダウンロードしてその押収端末に移してそれを押収する旨の規定があり、プロバイダからの情報の取得は、そのプロバイダから有体物に情報を記録させてその有体物を差し押さえるという記録命令付き差押えにより取得するという構成となっている（刑訴法218条1項）[40]。その点で、明文規定は、デジタル情報の取得それ自体に焦点を当てた規定であるというよりも、デジタル情報を移転させた有体物を捜索・押収令状、記録命令付差押えにより取得する規定ぶりとなっている。

　刑訴法上、「無体物の」捜索・押収に関しては「検証」の規定（刑訴法218条1項）が活用されてきている。「憲法上」は、捜索・押収は有体物には限定されず、無体物も、プライヴァシーの（合理的）期待に干渉する捜査活動であれば捜索・押収の一環として捉えられることになる[41]。この意味で、憲法上の捜索・押収と、会話等の有体物ではない場合について、検証の場合として扱い、刑訴法上の捜索・押収に含めない解釈との間にはギャップが存在

---

(39)　我が国の憲法は硬性憲法であり、簡単には変更できない。憲法の採択した基本的考え方を堅持する考え方に立つが、時代、環境、技術状況は変化する。かかる状況下で、憲法を死文化させることなく、生きた文書として機能することを可能ならしめ、一方では市民の自由を守るために行われる捜査活動を不可能にしない配慮をするとともに、他方では、政府の、無制約な気まぐれ的な判断による、プライヴァシーへの正当根拠を欠く不当な干渉を許すことがないように、限界づけることが求められる。憲法は、「憲法解釈」を通して、かかる新たな事態に対処することができる「生きた文書」として柔軟性を持つ。

する。

　刑訴法上は明文で定められていない捜査活動についても、検証の規定を通

（40）　これ以外の方法による取得が許されるのか否かについては、解釈の余地があるが、横浜地裁等などの判断（前掲注(38)）においては、制限列挙のような趣旨に解している。こうした裁判例を検討したものとし、四方光「押収済みのパソコンから検証許可状に基づき海外メールサーバーにリモートアクセスを行った捜査に重大な違法があるとして証拠排除した事例」刑事法ジャーナル58号（2018年）143頁を参照。

　　もっとも、プロヴァイダの場合には、通常、証拠破壊のインセンティブはなく、また、システム上、一定の情報を取り出すにはプロバイダの管理者の協力が必要なので、記録命令付差押令状が望ましいが、判明したIDとパスワードを使った捜査機関からのダイレクト・アクセスができないのかについては、議論のあるところであり、その利用者にはプロバイダは利用の窓口を開いているのであり、憲法上の捜索・押収の実体要件がある場合のダイレクト・アクセスは一般探索的な捜索・押収ではない。

　　この他に、外国の主権との関係が残る。

　　外国（サイバー犯罪条約の締結国）にあるサーバーのファイルを、リモート・アクセスによって、電磁的記録の複写の処分を許可した令状（刑訴法218条2項）により取得した捜査活動を認めた近時の最高裁判断（最（二小）決令和3年2月1日裁判所ウェブサイト）がある。この判例は、かかるリモート・アクセスについての被疑者の合法的かつ任意の同意があり、電磁的記録を保管した記録媒体が、我が国も加盟する「サイバー犯罪条約の締約国に所在」した場合であり、同意によるリモート・アクセスがなされた場合である。同条約では、同意がある場合のアクセスを認めている（同条約第32条b）ので、ここでは、サイバー犯罪条約との関係で主権侵害の問題は生じない。

　　我が国も加盟しているヨーロッパ・サイバー犯罪条約との関係で、相手国の同意を重視する考え方が強調されるが、データの保管国が判明しない場合には、相手国の同意を得るべくも無いのであり、同条約もそのことを禁ずる立場には立っていないと解される。かかる場合には、そのデータへの捜査上のダイレクト・アクセスは同条約との関係でも禁止されないと解すべきであろう。

（41）　前掲注(37)・最（三小）決平成11年12月16日、Katz v. United States, 389 U. S. 347 (1967). を合わせて参照。最（二小）決平成20年4月15日刑集62巻5号1398頁は、強盗殺人の容疑者が公道上を歩行する姿及びパチンコ店でパチンコをしていた時にして腕時計（ATMで現金を引き出した者がしていた腕時計との同一性確認目的のため）をビデオ撮影した事例で、これらの場所は「通常、人が他人から容ぼう等を観察されること自体は受忍せざるを得ない場所」であり、無令状でのビデオ撮影を、捜査目的達成のため、必要な範囲で、相当な方法で行われたものであると判示し、プライヴァシー侵害であるとの主張を却けている。

（42）　前掲注(37)・最（三小）決平成11年12月16日（通信傍受）、最（三小）決平成21年9月28日刑集63巻7号868頁等。

（43）　同条は次のように定める。「捜査については、その目的を達するため必要な取調をすることができる。但し、強制の処分は、この法律に特別の定のある場合でなければ、これをすることができない。(但し書き部分、下線筆者)」

して検証令状による対処がなされてきている[42]が、ここで問題となるのは、刑訴法197条１項但書の「強制処分法定主義」の規定[43]との関係である。

　この規定については、強制処分と解される捜査活動については、明文規定がなければならないとする立場が一方にあり[44]、他方では、この規定は明文規定がある場合にはそれに従って捜査なされるべきことを定めているのにとどまり、明文で定められていない活動については、明文で定められていないからというだけで自動的に禁止されることにはならず、その活動の性質、必要性、プライヴァシーへの干渉度を分析して、憲法の捜索・押収及び刑訴法上の捜査活動の規律に関する基本的考え方（一般探索的捜索・押収の禁止）を踏まえて、問題となる捜査活動がプライヴァシーの（合理的）期待に干渉するものであれば、捜索・押収令状を基本とする対処によるべきであるとする立場がある[45]。

　前者の立場による場合、対象者の「意思の自由」を害したり、制圧したりする活動を強制処分と解する立場に立てば[46]、多くの捜査活動は、捜査を受ける者の、捜査の対象にはなりたくない、との意向には反するので、「強制処分」として捉えられる場合が多くなり、明文規定がなければ、許されない、との判断や、立法を要するとの判断[47]に傾くことになろう。

　この意思の自由に対する侵害という一方向からする考え方は、双方向的な利益の衝突の場合に関する憲法35条のプライバシーの保護の視点とは異なる視点である[48]。

　捜索・押収後のハードディスクの解析で判明したID、パスワード等を利用した捜査機関による、ISP等からのメール情報等の直接取得を定めた明文

---

(44)　前掲注[19]・最大判平成29年３月15日。

(45)　渥美東洋『全訂刑事訴訟法［第２版］』（2009年、有斐閣）134頁。刑訴法上の「検証」
　　令状を活用する方法にも言及する。

(46)　捜索・押収、検証に関係するプライヴァシーの保障を捜査の問題に関して扱う際に
　　は、「意思の自由が害されているか」という一方の側のベクトルだけから考察するので
　　はなく、犯罪を解明する捜査の必要と、捜索対象となる者のプライヴァシーの期待の双
　　方を考慮に入れて、一般探索的捜索・押収の禁止の原理を踏まえて、適切なバランスを
　　はかる法解釈が求められる。

(47)　前掲注[19]・最大判平成29年３月15日。

規定は確かに欠けているが、それを否定する趣旨で立法がなされたという趣旨まで読み取ることはできるかは疑問である。多くの場合、立法は、その立法がされた限度で立法府の意思が示されたものにとどまる。

　捜索・押収が終了した後に判明したID、パスワードを利用したメールの直接取得は、憲法上はその取得が一般探索的捜索・押収活動に当たるのか否かが問われる問いであり、刑訴法上の検証の場合にも問いは同様である。一般探索的捜索・押収、検証では「ない」という場合に、明文規定がなければならないのか否かは、法律についての理解の仕方による。

　刑訴法上、法律（立法）を重視する考え方を強調するのが近時の傾向だが、政治過程を経て法律になるまでにかなりの時間を要し、法律ができた頃には技術状況が変化して新たな事態に対応できない事態をもたらし常に後手後手に回るという事態を避けるには、正義の実現と自由の保障に関する原理的バランスを踏まえた、法の柔軟な解釈による対処が不可欠というべきであろう。あらゆる事態をはじめから遺漏なく定めることには限界があり、新たな事態は常に生ずるものだとみて、特に今のように新たなデジタル技術が日々開発されている状況に鑑みれば特に、それを既存の法の「柔軟な解釈」によって対処することが不可欠であろう。変化が激しい時代にあっては特にこのことに留意される必要がある。法の解釈にあっては、正義と自由のバランスが問われる。厳格解釈を唱え、明文の立法が欠けるので、自由の侵害となる捜査機関の活動は許されないとする立場は、一見すると、自由を尊重するようにみえるが、この解釈は、法が新しい事態に対処する力を失わせ、犯罪の被害に遭う人々の自由を保護しないことになっていることも十分に考慮しなければならない。捜査における新しい捜査の必要とプライヴァシーのバランスを図る場合は、罪刑法定主義が妥当する実体法の解釈の場合とは異なっ

---

(48)　GPSに関する最高裁判例は、個人の意思の制圧にも言及するが、対象者の意思を基準とするならば，犯行者はトラッキングされたくないという意向を有していたといえる。プライヴァシーにも言及されているが、プライヴァシーと意思の制圧がどのような関係に立つのかは明確ではない。また、プライヴァシーの場合として言及されているのは、通信傍受の場合の要件であり、大部分を公道上を走行している場合をGPSでトラッキングしている場合を、通信傍受の場合と同視することが適切なのかという問題も残る。

ている(49)。

　現行法では確かにプロバイダに記録命令付差押え令状を発付するという方法が予定されているが、その方法を利用できる場合にはその方法によればよいが、情報が消去されるのを防ぐために、早急にそのプロバイダに預けた情報を取得する緊急の必要がある場合もあり、また、メールサーバーの所在が不明な場合もあり、かかる場合にISP等のその被疑者のメールにダイレクトにアクセスする必要が生ずる場合があろう。この場合、ダイレクトにISP等のメールサーバーにアクセスしても、それはその被疑者の利用のためにISP等が開いているアカウントであり、このアカウントの限度でアクセスしているのにとどまる。適法に法的権限の下に知り得た被疑者のアカウントの権限を行使してアクセスしているともいえる。また、サーバーが別に設けら

---

(49)　立法があれば一定の指針を捜査活動に提供し、それに従って自由を保障できることになるが、社会と技術の変化は激しい。既存の法を柔軟に解釈して、自由保障の原理と正義の実現に関する原理をほどほどのところで調和させる解釈が目指されるべきであろう。憲法31条は「何人も、法律の定める手続によらなければ、その生命若しくは自由を奪はれ、又はその他の刑罰を科せられない。」と定めるが、ここにいう「法律」の定める手続とは、いわゆる「法の適正手続（Due Process of Law）」について定めた規定と解されるのであり、議会の定めた法律のみを指すものではなく、判例法も含む。英文自体も、ここでいう「法律」は、statuteではなくlawとなっている。実体法の場合には、何を犯罪とし、法定刑をどのように定めるのかは議会の判断が前提にあり、裁判所はそれを前提にして解釈するという立場を採ってきているが、これは、事前の犯罪に当たるとの警告が、その人の選択が誤りであったことに非難を加えるために必要だからであり、刑罰の恣意的運用を防ぐためである。だが、自由の保障に関しては、事前の警告は問題とされておらず、裁判所は、正義の実現と自由の保障との関係について、明文の規定を欠く場合でも、関連法規の趣旨を踏まえた柔軟な解釈を通して、新たな事態に対処できる判断を示し、法の趣旨を実現する職責を果たすことが求められていると解される。日本国憲法は、三権分立に関して、議会と裁判所のダイナミックな関係を想定し、権力が集中することを防ぎ、裁判所が、変化する社会の中で、正義の実現と自由保障の適切なバランスを、具体的事件における法解釈を通して示すことを予定していると解することができ、日本国憲法は、仏蘭西革命当初の、裁判所は議会の定めた法を適用する機関にとどまるとの考え方とは異なる考え方に立つ。法の原理と立法趣旨を踏まえた裁判所による柔軟な法解釈を通して、変化する事態に対処する役割を日本国憲法は予定している。中野目善則「法定主義について：三権分立の観点からの検討」亜細亜法学31巻1号（1996年）139頁。

　かかる視点からすると、明文がない、というだけで、一般探索的ではない、検証令状を用いた犯罪に関わるメール情報を取得する活動を、違法だと判断することには疑問が残る。

れていてその物理的場所が判明しない場合には、ダイレクトアクセス以外に
そのサーバーにアクセスする方法はない。そのアカウントへの検証令状によ
るアクセスは一般探索的な捜索・押収ではなく、他の利用者の情報を地引き
網的に得ようとする一般探索的捜索・押収ではない。

　かかる点で、押収後のハードディスク解析により判明したIDとパスワー
ドを利用した捜査機関による検証令状によるメールの取得を、明文規定を欠
くことを理由に、強制処分法定主義違反だとする考え方には疑問が残る。

2　パッシヴな対応の限界

　我が国おいては、捜査機関がハッキング・ツールを送り込むなどして、相
手方の情報を把握する捜査方法は、技術的には可能であるとしても、法的に
は明文規定がない。

　このこともあってか、銀行情報を不正に取得した者による被害者の銀行口
座への不正なアクセスと送金要求があったときに、実際には送金されない、
無害な情報を相手方に引き渡すのにとどまる対処がされている[50]ようである
が、問題の根本的な解決にはならない。必要なのは、誰がこのような犯行を
行っているのかを追跡できるようにすること（追跡システムの利用を法的に可
能にすること）であり、有体物の場合であれば捜索・押収によりなし得るこ
とを、デジタル情報に関しても、情報取得ができるようにすることである。

　通信傍受で会話内容の傍受ができるとしたように、犯行に関する相当理由
のあるIPアドレス等が判明していればそれを解析してどこが発信源かを追
求するための対処や、さらには、音声、キー操作、映像等を取得するための
捜査活動も、令状の下に行われるべきことが検討されてよい。犯行を行え
ば、誰が犯行者かが突き止められ処罰されることになる、という実効性のあ
るメッセージを犯行者に示すことができなければ、犯行者は自己のIDを秘
匿したりごまかしたりして犯行を継続することになる。

　これらは新しい捜査手法であり、立法によることが望ましい手法である

---

(50)　平成27年度総合セキュリティ対策会議報告書「サイバー犯罪捜査及び被害防止対策
における官民連携の更なる推進」7頁。

が、同時に従来の規定の柔軟な解釈によっても対処し得ないわけではない。

　米国やドイツ等の、ハッキング・ツールを相手方のコンピュータに送り込んで相手のコンピュータの動作を把握するような捜査活動[51]は、犯罪を解明する上で有効性があるが、かかる活動を認める明文規定がないところで強制処分法定主義は明文の捜査活動を常に要求するものであるとの考え方に立てば、技術的に犯罪を解明する上での有効なツールであり、そのツールを駆使する必要性が高く、憲法上も一般探索的捜索・押収には当たらない正当な捜査活動であるといえる場合にも、そのツールを駆使して犯罪を解明し、犯罪を処罰し、抑止するための活動ができないことになる。

　刑訴法の規定自体は有体物を中心とする規定であり、デジタル情報それ自体の取得に関する捜索・押収の規定ではないとの前提で解釈されてきているが、この点も、刑訴法の解釈の変更が必要であろう。法解釈の変更で対処できないと解する立場に立てば立法が必要だが、その場合には、「迅速な」立法が求められる。

3　国境を越える犯罪への対処[52]

　サイバー犯罪は国境を越える犯罪に如何に対処するかという面があり、外国に物理的に存在するサーバーへのアクセスは、他国の国家主権との関係で限界があるのではないかという見解も根強い。

　このような中で、自国または自国民の被害を阻止し、正義を実現するためには、他国から犯行を行う犯罪者の摘発・発見が重要となる。

　サイバー空間は地理的国境がない一体的な仮想空間であるが、他方、国家の捜査・訴追・処罰に関する権限は、従来の地理的な「国境」の概念に縛られる傾向があり、そのために、他国に捜査を及ぼせないとか、主権国家の同

(51)　米国のように、現在は連邦刑事訴訟規則41条に明文規定が定められているが、捜索・押収規定の柔軟解釈によりNIT令状を認める考え方をとってきた国もあれば、ドイツのように、法定主義を重視する考え方を採る国もある。米国については第13章を参照。ドイツについては、第13章の他、アルントゥ・ジン／滝沢誠訳「ダークネットにおける犯罪捜査」警察学論集73巻1号（2020年）17頁。参考資料として滝沢誠教授による、ドイツ連邦共和国の法令の訳が付されている。
(52)　第10章、12章及び第13章を合わせて参照。

意を必要とするという対処が主張される。

　我が国は、従来の捜査において、他国が関係する場合には、強制捜査の場合は勿論、任意捜査の場合でも、相手国の同意を必要とするという立場を採ってきている。

　だが、少なくとも、web 上に公開された情報のように一体的なオープンな仮想空間として位置づけられるサイバー空間においては、情報収集活動は行えることになろう。

　強制捜査に及ぶ活動については、常に相手国の同意を必要とすることになるのだろうか。

　複数国が関係する場合には、多国間の共同捜査体制が構築され、そのような多国間の捜査機関間の情報共有と共同捜査により、犯罪の捜査が進められ処罰に結びつく場合がある。Ransome Ware について捜査した事例などがこの一つの例である。

　だが、特定の日本企業だけを対象にしたり、個人を被害者とするような場合にはこのような共同捜査の体制には限界が伴う場合があり、迅速な対処に遅れが生ずる場合もあろう。

　このような場合に、日本国の主権をどの範囲で及ぼすことができるのかが問われる。

　立法上の主権（実体法上の主権が及ぶ範囲）は、属地主義、属人主義、国家主義、世界主義（普遍主義）等によって従来考えられてきており、海外でまたは海外から行われる犯罪行為に対して日本国の主権を外国人に対しても、外国にいる犯行者に対しても一定限度で及ぼすことができる。

　他方、執行上の主権の場合には、実際に相手の領土高権に干渉する場合があるので、他国の主権への尊重（礼譲）の観点から、強制捜査の場合には相手国の承諾を得ることが原則とされてきた。

　この方法による場合、外交ルートを通した依頼では、8 ヶ月以上の時間を要するため、その間に犯行者は自己の犯行の証拠を隠匿したり、痕跡を消してしまったりするので、有効な対処とはいえない。リエゾン（連絡官）を通した体制の場合でも、プライヴァシーを強調して主権国家の承諾を得ることを強調する EU の GDPR（General Data Protection Rule 情報保護一般規則）の

ような考え方によれば、承諾が得られるまでに時間がかかりその間に証拠が
隠匿されたり破壊されたりする危険が残る。

　外国の一国による対処をどこまで許容するのかに関して各国の間には差が
ある[53]。EU 内では、法の一体的運用が強められてきている傾向にある（ヨー
ロッパ逮捕令状等）が、EU の域外との関係では、EU 内と同じ対処ができる
のか、という問題がある。他方で米国の場合には、サイバー空間の最上位
DNS サーバーがある関係で情報の把握がしやすく、また、連邦刑事訴訟規
則41条の改正[54]で、国内外のテロリズムに関係する場合に、そのテロリズム
に関係する行為がなされたと思料される地域の令状発付官は域外にいる者ま
たは財産に関する捜索・押収令状を発付することを認め（41条（b）（3））、①
被害発生地区の（district）の令状発付官は、管轄域外の電子的装置媒体また
は情報の場所が判明せず、かつ、それらが技術的手段で隠されている場合又
は②保護されたンピュータ（金融のために利用されているコンピュータや州際
通商若しくは外国との通商に利用されるコンピュータ、連邦の選挙のために利用
されるコンピュータ、州際通商に利用されるコンピュータ等）に意図的に不正に
アクセスするか、そのコンピュータに損害を生ぜしめる等の犯罪の捜査に関
係して、不正なアクセスにより損害を被った保護されたコンピュータが５つ
以上の地区に位置している場合には、地区外の（管轄域外の）電子的メディ
アに、捜索のためのリモートアクセス令状を発付するか又は域内外に電子的
に蔵置された情報の押収またはコピーを取得する令状を発することができる
旨定める（41条（b）（5））。テロリズムに関しては、U. S. Patriot Act（愛国
者法）が管轄区域外での令状を認め、18 U. S. Code §3117では、管轄域内で
追跡デバイスがインストールされた場合には管轄外でのそのデバイスの使用
を認める。電子的媒体や情報の場所が不明で技術的手段で隠匿されている場
合については、外国に関係する場合にもこの令状の効力を及ぼすのか否かに
ついては、見解の対立がある[55]。

---

(53)　EU と米国の対処の差異について論じた論文として、Daskal, Privacy and Security
　　　Across Borders, Yale Law Journal Forum, April 1, 2019。なお、中野目善則「サイバー
　　　犯罪の捜査と捜査権の及ぶ範囲」警察政策22巻（2020年）130頁参照。
(54)　Federal Rules of Criminal Procedure, rule 41b（3）,（5）.

　サイバー犯罪は、国外から犯行が行われる場合が多い。クロスボーダー
の、国境を越える活動についてどのように対処ができるのかが重要であり、
犯行を行う活動、犯行者をトラッキングできる手法を用いることができなけ
れば犯行者を捉えることができない場合も多い。原理的には、自国民を保護
する立場からすれば、犯行者をトラッキングできるトレーシング（ハッキン
グ）の手法を用いることができる制度を用意する必要は高い。

　他国の主権も関係するが、不正なアクセスをする、情報を盗む、Ransome
Ware による暗号化や暴露型脅迫等で脅迫する等の犯罪者を追跡するという
限度で信号を捉える捜査活動は、一般探索的に他国に干渉を及ぼすことを
狙った活動ではない、防御的な限定的捜査活動である。

　各国とも自国の主権を強調する傾向があると同時に、自国への干渉は嫌う
傾向がある。国外にあるコンピュータに蔵置された情報に、犯罪があった場
合に、逆探知等の方法を利用して探知されるのは不正な侵入や不正な情報の
盗みだし行為、脅迫行為等をしているからであり、自国のシステムのみなら
ず、自国民を保護する活動は、不正な侵入から保護するための防御的活動で
あり、繰り返される不正アクセス、不正侵入に根本的に対処するためにその
犯罪者を割り出すことも防御的な活動の一つといえるであろう。主権や他国
から干渉を受けない自由は強調されすぎれば、正義の実現はおぼつかなくな
り、多数の被害者がいても、拱手傍観する他ないような事態となる。サイ
バー空間が安全な公共空間となり、多くの一般の利用者が安んじてサイバー
空間の利便性を享受できるようにするためには、正義を実現する観点から、
犯罪者にセイフ・ヘブン（正義の追求を受けることのない、犯罪者にとって安
全な避難地）を提供しない考え方に立つことが必要であろう。

　今後、犯罪の証拠も海外のサーバーやデータセンターに保存される場合が
増えてくるであろうことを考慮すると[56]、捜査機関が犯罪の立証・解明に必
要な情報を迅速に入手することができるように、基本権保障を要件とする機
動的な国際的協力関係を促進するとともに[57]、自国民や自国が被害を受けて

---

(55)　Ahmed Ghappour, Searching Places Unknown Jurisdiction on the Dark Web, 69
　　Stan. L. Rev. 1075,　1081（2017）; Jonnathan Mayer, Government Hacking, 127 Yale L. J.
　　570, 625–628（2018）

いる場合や受けそうな場合に、一国が、防御的に正義の実現に対処すること
ができるとの考え方も、一体的な国境のない公共空間として機能すべきサイ
バー空間を利用した犯罪行為に対処するために必要とされてきているのでは
なかろうか[58]。その意味で、従来の地理的な国境を前提とする概念とは全く
異なる対処について相互承認が必要とされてきているものと思われる[59]。

（なかのめ・よしのり）

---

(56)　今後は、さらに、証拠が暗号化される可能性が高くなる。暗号化を解読する鍵をど
　　のようにして入手するのかという問題も起こるであろう。米国では既にアップルとの関
　　係ではこの問題が起こっている。奥隆行「国際化するサイバー犯罪の傾向、課題及び対
　　策について」警察学論集73巻4号（2020年）5頁参照。

(57)　現時点では、EUのように、データを保管する国又はデータ所有者の同意を得なけ
　　れば、刑事訴追を受けたり巨額の制裁金を課されたりする可能性があり、こうした事態
　　を避けるためには、国際的な協議・協調・合意が重要である。

(58)　一国が他国にあるデータに直接アクセスする場合については、見解の相違があり、
　　国際的合意はできあがっておらず、形成期にある。Daskal, Transnational Government
　　Hacking, 10 NAT'l Sec. L & POL'y 677（2020）.
　　　他国も同様に我が国にある機器に保存されたデータにアクセスすることが想定される
　　ので、一般探索的捜索・押収とならない条件など、基本権の保障の最低限度の条件を充
　　たされていることが関係各国間の執行の前提となろう。他国の安全を脅かすようなアク
　　セスは許されない。

(59)　なお、中野目善則「サイバー犯罪捜査と捜査権の及ぶ範囲――プライヴァシーの理
　　解の在り方、他国へのアクセスの及ぶ範囲等の観点からの検討――」警察政策22巻130
　　頁（2020年）を合わせて参照されたい。

事 項 索 引

判 例 索 引

【執筆者紹介】

＊中野目　善則　　中央大学法学部教授
　　　第1章、第13章、第14章

＊四　方　　光　　中央大学法学部教授
　　　第1章、第2章、第6章、第12章、第13章

　渡辺　和巳　　東京都都民安全推進本部総合推進部都民安全推進課長
　　第3章　　　（元警察庁生活安全局情報技術犯罪対策課課長補佐）

　髙良　幸哉　　筑波大学情報学群知識情報・図書館学類助教
　　第4章、第5章

　北條　孝佳　　弁護士
　　第7章

　中村　真利子　中央大学国際情報学部准教授
　　第8章

　島田　健一　　中央大学大学院法務研究科特任教授（東京高等検察庁検事）
　　第9章

　川澄　真樹　　中央大学法学部兼任講師
　　第10章

　人見　友章　　警察庁交通局交通規制課課長補佐
　　第11章　　　（元警察庁生活安全局情報技術犯罪対策課課長補佐）

　滝沢　　誠　　中央大学大学院法務研究科教授
　　第13章

（＊編著者、掲載順）

【著者紹介】

中野目　善則（なかのめ・よしのり）

1953年　福島県生まれ
1975年　中央大学法学部法律学科卒業
1983年　中央大学大学院法学研究科博士後期課程（刑事法専攻）退学
1998年〜2004年 3 月　中央大学法学部教授
2004年 4 月〜2014年 3 月　中央大学法科大学院教授
2014年 4 月〜　中央大学法学部教授（現在に至る）
2016年 7 月〜2019年 7 月　警察政策学会会長
2019年　博士（法学）

〈主要業績〉
『国際刑事法』（中野目善則編）（中央大学出版部、2013年）
『二重危険の法理』（著書）（中央大学出版部、2015年）
『証拠に基づく少年司法制度構築のための手引き』（ハウエル他著・翻訳、中央大学出版部、2017年）

四方　光（しかた・こう）

1963年　高知県生まれ、東京都世田谷区にて育つ
1987年　東京大学経済学部経済学科卒業、警察庁入庁
2007年　中央大学大学院総合政策研究科博士後期課程修了。博士（総合政策）
2010年　警察庁生活安全局情報技術犯罪対策課長
2013年　慶應義塾大学総合政策学部教授（有期）
2018年　警察庁退職。中央大学法学部教授（現在に至る）

〈主要業績〉
『社会安全政策のシステム論的展開』（成文堂、2007年）
『サイバー犯罪対策概論：法と政策』（立花書房、2014年）

サイバー犯罪対策

2021年 7 月15日　初版第 1 刷発行
2022年10月 1 日　初版第 2 刷発行

編 著 者	中 野 目　善　則 四　方　　　光
発 行 者	阿　部　成　一

〒162-0041　東京都新宿区早稲田鶴巻町514番地
発 行 所　　株式会社　成　文　堂
電話 03(3203)9201(代)　FAX 03(3203)9206
http://www.seibundoh.co.jp

製版・印刷・製本　恵友印刷　　　　　　検印省略